Erich Fromm

Wissenschaft vom Menschen

Ein Lesebuch

Die von Rainer Funk herausgegebene Reihe »Erich Fromm psychosozial« möchte mit Beiträgen von Erich Fromm bekannt machen, die nicht so sehr im Fokus der Aufmerksamkeit stehen wie Fromms Bestseller *Die Kunst des Liebens* oder *Haben oder Sein.* Sie macht Schriften von Fromm in gedruckter Form zugänglich, die das breite Spektrum seines sozialpsychologischen Denkens dokumentieren und die Aktualität seiner humanistischen Ideen verdeutlichen.

Dr. Rainer Funk war von 1974 bis 1980 Fromms wissenschaftlicher Mitarbeiter und ist sein Nachlass- und Rechteverwalter. Er leitet in Tübingen das Erich-Fromm-Institut.

ERICH FROMM PSYCHOSOZIAL

Herausgegeben von Rainer Funk

Erich Fromm

Wissenschaft vom Menschen

Ein Lesebuch

Herausgegeben und eingeleitet

von Rainer Funk

Psychosozial-Verlag

Erstveröffentlichung 2020 im Psychosozial-Verlag.

Angaben zu den Quellen und zum Copyright der einzelnen Texte
finden sich am Ende des Buches.

Bibliografische Information der Deutschen Nationalbibliothek:

Die Deutsche Nationalbibliothek verzeichnet diese Publikation in der
Deutschen Nationalbibliografie; detaillierte bibliografische Daten
sind im Internet über http://dnb.d-nb.de abrufbar.

Gesetzlich vertreten durch die persönlich haftende Gesellschaft Wirth GmbH,
Geschäftsführer: Johann Wirth
Walltorstraße 10, 35390 Gießen, Deutschland
0641 969978 0
info@psychosozial-verlag.de
www.psychosozial-verlag.de

Umschlagabbildung: William Alanson White Institute, New York;
Copyright © by The Estate of Erich Fromm

Gestaltung, Satz: Johannes Zachhuber, Neuhofen/Ybbs

Druck und Bindung: Druckhaus Bechstein GmbH
Willy-Bechstein-Straße 4, 35576 Wetzlar, Deutschland
Printed in Germany

ISBN 978-3-8379-2958-4
ISSN 3053-5506

INHALT

Einleitung des Herausgebers

Ein Lesebuch eignet sich besonders, mit eher unbekannten Aspekten eines Autors bekannt zu machen. Den meisten Leserinnen und Lesern ist Erich Fromm als Autor von *Die Kunst des Liebens* und von *Haben oder Sein* bekannt. Weniger bekannt ist, dass Fromm einen wichtigen wissenschaftlichen Beitrag zur Frage geleistet hat, wie die Gesellschaft auf die Psyche des Menschen einwirkt und unser alltägliches Denken, Fühlen und Handeln prägt. Tatsächlich hat Erich Fromm einen bis heute gültigen und empirisch nutzbaren Versuch gemacht, soziologisches und psychologisches Denken zu verbinden und damit eine interdisziplinäre Wissenschaft vom Menschen zu begründen.

Der promovierte Soziologe Fromm kam in den 1920er Jahren mit der Psychoanalyse Freuds in Kontakt und machte schließlich bis 1930 eine Ausbildung zum Psychoanalytiker. Sigmund Freuds Erkenntnis, dass das Denken, Fühlen und Handeln des Menschen auf weiten Strecken von unbewussten Strebungen mitgestaltet wird, vermag zu erklären, warum Menschen in vielen Hinsichten irrational handeln. Warum aber zogen »ganz normale Menschen« mit Begeisterung in einen so vernichtenden Krieg wie den Ersten Weltkrieg? Wie lässt sich psychologisch erklären, dass viele Menschen aus ihnen nicht bewussten inneren Antrieben irrational denken, fühlen und handeln?

Erich Fromm erkannte, dass das psychologische Grundproblem des Menschen sein Bezogensein auf die Wirklichkeit ist und dass jeder Mensch sich einer sozialen Gruppierung zugehörig fühlen muss, um einem unerträglichen Gefühl der Isolierung zu entkommen. Das Bezogensein auf eine gesellschaftliche Gruppierung muss deshalb bei der neuronalen und psychischen Entwicklung fest im Menschen verankert sein – in einer eigenen psychischen Strukturbildung (oder wie viele heute sagen würden: in einer eigenen neuronalen Netzwerkbildung, die mit den Emotionszentren fest verschaltet ist).

Was also innerlich eine gesellschaftliche Gruppierung zusammenhält und ein soziales Identitätserleben ermöglicht, muss in inneren Bildern und Strebungen des Menschen repräsentiert sein. Fromm hat diese psychische Strukturbildung mit dem psychoanalytischen Begriff des »Sozialcharakters« (oder »Gesellschaftscharakters«) zu fassen versucht. Der Sozialcharakter veranlasst viele einzelne Menschen, die eine Lebenspraxis teilen, dazu, so zu denken, zu fühlen und zu handeln, wie es die wirtschaftlichen, kulturellen und gesellschaftlichen Erfordernisse des Zusammenlebens verlangen.

Es muss also in jedem einzelnen Menschen auch zu psychischen Antriebskräften und Strebungen kommen, die diesen gemäß der gesellschaftlichen Gruppe verhalten lassen, so dass das, was eine Gesellschaft psychisch zusammenhält (oder auch zerbrechen lässt) in den sozialcharakterlichen Strebungen ihrer Mitglieder erkannt und erforscht werden kann.

Die Sozialcharakterbildungen bilden sich selbst dann in den vielen Einzelnen aus, wenn sie nicht für das psychische Gelingen des Einzelnen und der Gesellschaft dienlich sind. So wichtige Fähigkeiten wie das Streben nach Autonomie, Solidarität, prosozialem Verhalten oder Selbstwirksamkeit müssen dann aus gesellschaftlichen Gründen verdrängt werden. Der Mensch kann sich also auch aus gesellschaftlichen Gründen solcher »produktiver« Fähigkeiten und Eigenkräfte entfremden, um als »normal« zu gelten. Psychologisch gesehen, leidet er in Wirklichkeit an einem gesellschaftlich geprägten Defekt, der für das individuelle Wohl-Sein, aber auch für das Gemein-Wohl pathogene Effekte hat.

Diese knappe Skizze der sozialpsychologischen Verbindung von Psychoanalyse und Soziologie wird im ersten Kapitel mit entsprechenden Texten illustriert. Die Verbindung zielt wissenschaftstheoretisch auf eine interdisziplinäre Wissenschaft vom Menschen, die sich humanistischen Werten verpflichtet weiß, wovon der letzte Text des ersten Kapitels spricht. Die Auswahl der Texte berücksichtigt auch den Paradigmenwechsel, den Fromm Mitte der 1930er Jahre vollzogen hat: Nicht ein angeborener Trieb (wie die Sexualität) ist der »Motor« für psychische Strukturbildungen, sondern das Bindungsbedürfnis des seiner selbst bewussten Menschen. Selbstbewusstsein und Vorstellungsvermögen ermöglich dem Menschen, nötigen ihn aber auch, eigene, spezifisch menschliche Bezogenheitsformen des Denkens und Fühlens zu entwickeln, die sich in entsprechenden Charakterbildungen manifestieren.

Das zweite Kapitel verdeutlicht von diesem Ansatz her Fromms Menschenbild. Fromm grenzt sich sowohl von einem Naturalismus und Essentialismus als auch von einem radikalen Relativismus und Konstruktivismus ab. Die psychische Notwendigkeit des Bezogenseins ist eine objektive Gegebenheit: Es gibt den Menschen nicht anders denn als ein mit seinen kognitiven und affektiv-emotionalen Bindungskräften bezogenes Wesen. Bei der Frage, wie diese Bezogenheitsbedürfnisse befriedigt werden, sind dem Menschen kaum Grenzen gesetzt. Alles ist möglich und zu allem ist der Mensch auf Grund seines Vorstellungsvermögens und der Plastizität seines Gehirns auch fähig – auch zu spezifisch menschlichen Formen der Kreativität und der Destruktivität.

Darüber hinaus ist es Fromms Überzeugung, dass der Mensch auch an der von Biologen gestützten These, dass Lebendiges danach strebt, die konstruktiven Möglichkeiten des Lebens auch ausschöpfen zu wollen, Anteil hat. Diese genetische Anlage zur Biophilie kann beim Menschen allerdings behindert und vereitelt werden und degeneriert unter Umständen zu einem Angezogensein vom Leblosen und Destruktiven (Nekrophilie). Dennoch kommt jeder Mensch nach Fromm mit der angeborenen Tendenz zur Biophilie auf die Welt und stellt das Angezogensein vom Lebendigen deshalb eine »primäre Potenzialität« dar.

Die entscheidende Frage ist nach Fromm deshalb, was vor allem Einfluss darauf nimmt, ob die existenziellen Bedürfnisse nach Bezogenheit konstruktiv oder destruktiv befriedigt werden und zu entsprechenden produktiven oder nicht-produktiven Charakterorientierungen führen. Neben genetisch-konstitutionellen Faktoren und persönlichen Lebensschicksalsfragen interessieren Fromm vor allem die wirtschaftlichen, kulturellen und gesellschaftlichen Erfordernisse, die sich in entsprechenden Gesellschafts-Charakterbildungen bei vielen Menschen niederschlagen. Im dritten Kapitel werden deshalb die von Fromm ausführlich beschriebenen Sozialcharakter-Orientierungen mit signifikanten Texten vorgestellt: der produktive, der autoritäre, der am Marketing orientierte, der narzisstische und der nekrophile Charakter.

Die folgenden Kapitel bauen auf Fromms Menschenbild auf und bringen sein Konzept des Sozialcharakters zur Anwendung. Im vierten Kapitel wird die Rolle des Unbewussten und Verdrängten thematisiert. Der sozial-psychoanalytische Ansatz führt bei Fromm auch zu einem anderen Verständnis des Unbewussten. Es sind vor allem die Erfordernisse des gesellschaftlichen Zusammenlebens, die darüber bestimmen, was dem Menschen aus dem Reichtum des Unbewussten bewusst werden und also gedacht, gefühlt, fantasiert und in die Tat umgesetzt werden darf und was an bewusst Wahrgenommenem verdrängt werden muss.

Der Ansatz beim Bindungsbedürfnis hat den Psychoanalytiker Fromm schon sehr früh dazu gebracht, die Tatsache zu reflektieren, dass der Mensch das einzige Lebewesen ist, das sich selbst und sein Bezogensein auf die Wirklichkeit und andere zum Gegenstand der Erkenntnis machen kann. Wie ein solches Selbst als Internalisierung von Bezogenheitserfahrungen entwicklungspsychologisch zustande kommt, hat Fromm 1941 in seinem Buch *Die Furcht vor der Freiheit* erstmals beschrieben und wird im fünften Kapitel mit Texten belegt.

Der wichtigste Punkt dabei ist die Erkenntnis, dass es mit der Verinnerlichung von Bezogenheitserfahrungen zu einer wachsenden Unabhängigkeit von Bezugspersonen kommt, die bedingungslos lieben können, denen man blindlings vertrauen kann, die Nähe, Schutz und Sicherheit gewähren und mögliche Gefahren von einem abwenden. Das Kind wird zunehmend fähig, sich autonom mit Hilfe der verinnerlichten Bindungserfahrungen aus eigenen kognitiven und emotionalen Kräften zu steuern, so dass es zu einer relativen Freiheit und Unabhängigkeit von ihm nicht eigenen Kräften kommt. Wie wichtig bei dieser Autonomie-Entwicklung die Liebe zu sich selbst ist, hat Fromm bereits 1939 in einem Aufsatz beschrieben und das selbstsüchtige und narzisstische Beschäftigtsein mit sich selbst als Mangel an Selbstliebe begriffen.

Der Sozialcharakter entsteht auf Grund des für den Menschen überlebensnotwendigen Bedürfnisses nach sozialer Identität. Die Art der Orientierung und der besonderen Strebungen des Sozialcharakters hängt dabei weitgehend von den besonderen historischen Erfordernissen und Möglichkeiten des Zusammenlebens ab. Eine Änderung zum Beispiel eines destruktiven Sozialcharakterzugs setzt deshalb immer die Veränderung jener sozio-ökonomischen Verhältnisse voraus, die eine solche Strebung als wünschenswert und »normal« begünstigen. Soll der Mensch als Mensch gelingen, müssen die Verhältnisse so geändert werden, dass eine Sozialcharakter-Orientierung entsteht, die für das Gelingen nicht nur der Gesellschaft, sondern auch jedes einzelnen Menschen förderlich ist. Davon handeln die Texte des sechsten Kapitels über seelische Gesundheit und Gesellschaft.

Die eigene seelische Gesundheit ist nach Fromm immer auch gesellschaftlich bedingt. Die Sorge um das psychische Wohlsein muss nach Fromm deshalb mit dem Mut und dem Willen zur politischen Veränderung jener wirtschaftlichen, gesellschaftlichen und arbeitsorganisatorischen Verhältnisse gepaart sein, die für eine bestimmte Orientierung des Sozialcharakters verantwortlich sind. Den Zusammenhang zwischen seelischer Gesundheit und Gesellschaftsform hat Fromm in dem 1955 publizierten Buch *Wege aus einer kranken Gesellschaft* zur Darstellung gebracht.

Für sich selbst zog Fromm daraus die Konsequenz, als »Psychoanalytiker der Gesellschaft« politisch aktiv zu werden. So engagierte er sich für einen humanistischen und basisdemokratischen Sozialismus (als Alternative zum real existierenden Sozialismus und zum Kapitalismus). Er gründete die größte amerikanische Friedensbewegung mit, belieferte US-Kongress-Abgeordnete mit sozialpsychologischen Analysen, schrieb ein Buch über amerikanischen und sowjetische Außenpolitik, nahm an Friedenskonferenzen teil, war ein Aktivist gegen den Vietnamkrieg und kämpfte für atomare Abrüstung und eine Politik der Entspannung.

Die Bedeutung, die der Sozialcharakter für das psychische Gelingen von Mensch und Gesellschaft hat, spiegelt sich auch in seinem Verständnis von Psychotherapie sowie in der Art der psychotherapeutischen Beziehung wider. Die Texte des siebten Kapitels handeln hiervon. Ausgangspunkt ist der Paradigmenwechsel von der Freud'schen Erklärung der psychischen Antriebe mit Hilfe von instinkthaft nach Entspannung strebenden Trieben zu einer Erklärung, in der die Notwendigkeit des Bezogenseins im Mittelpunkt steht und der Mensch die Gestaltungsverantwortung für seine Geschichte übernimmt.

Erich Fromm war ab 1930 bis Ende der 1970er Jahre hauptberuflich als Psychoanalytiker therapeutisch tätig; er gründete 1943 in New York das William Alanson White Institute mit und baute nach seiner Übersiedlung nach Mexiko in den 1950er Jahren ein psychoanalytisches Ausbildungsinstitut in Mexiko-Stadt auf. Trotz der deutlichen Abgrenzungen zur Psychoanalyse Freuds gründete Fromm keine eigene therapeutische Schule, sondern nutzte die von Freud entwickelten Zugänge zum Unbewussten (das Verstehen von Träumen, Fehlleistungen und Symptombildungen, das Phänomen von Übertragung und Gegenübertragung sowie des Widerstands gegen Deutungen), um einen Zugang zum sozialen Unbewussten und zum gesellschaftlich Verdrängten zu erhalten. Der Schwerpunkt der ausgewählten Texte liegt dennoch auf den Besonderheiten der Frommschen Psychotherapie: dem deutlich anderen Verständnis der therapeutischen Beziehung.

Die Texte des abschließenden achten Kapitels handeln von Fromms Verständnis des Religionsphänomens. In Frankfurt am Main in einem orthodox lebenden jüdischen Elternhaus groß geworden, wollte Fromm zunächst Talmudlehrer werden, wandte sich dann aber mit 26 Jahren von seiner Mutter- bzw. Vaterreligion ab, um von da an jede Praxis einer persönlichen Gottesbeziehung als Götzendienst zu denunzieren. Er selbst verstand sich nicht als Atheist, weil Atheisten noch immer mit der Abschaffung Gottes beschäftigt sind, und auch nicht als Agnostiker, weil man damit dem Religionsphänomen nicht gerecht wird. Fromm verstand sich vielmehr als Nicht-Theist: Im Nicht-Theismus (wie er in manchen mystischen Richtungen gelebt wird) ist das Freisein von jedem Wissen und jeder Vorstellung von Gott zwingende Voraussetzung für religiöse Erfahrung.

Es ging Fromm um eine säkulare, nicht-theistische Spiritualität und Religiosität, die auf jede Art von Jenseits- und Gottesvorstellung verzichtet und eine Transzendenzerfahrung im Menschen-Möglichen sucht – und deshalb zutiefst humanistisch ist. Diese scharfe Religionskritik begründete Fromm darüber hinaus mit der Abhängigkeit aller etablierten Religionen vom vorherrschenden Sozialcharakter. So unterzog er 1950 in seinem Buch *Psychoanalyse und Religion* die christliche Religion einer scharfen Kritik, weil sie in erster Linie dazu diene, autoritäre Strukturen in Gesellschaft und Kultur aufrecht zu erhalten, während eine humanistische Religion das Ziel verfolgt, jede Abhängigkeit des Menschen aufzulösen – auch die von Gott.

Fromm war nicht nur einer der schärfsten Religionskritiker des 20. Jahrhunderts, sondern sah im Religionsphänomen zugleich etwas Urmenschliches. Jeder Mensch muss nämlich auch auf einen Rahmen der Orientierung und auf ein Objekt der Hingabe bezogen sein. Dieses spezifisch menschliche Bedürfnis wurde traditionell vor allem mit den etablierten Religionen befriedigt; Wissenschaft, Philosophie, Kunst und andere nicht-theistische Weltverständnisse sind oft religions- und gesellschaftskritischer und deshalb besser geeignet, das Bedürfnis nach Orientierung und Sinn zu befriedigen. Wie ein solches humanistisches Weltverständnis konkret aussehen kann, hat Fromm in dem abschließenden »Credo eines Humanisten« zum Ausdruck gebracht.

Abschließend noch ein Wort zur Auswahl der Texte: Ich habe bereits 1985 ein Erich Fromm-Lesebuch (bei der Deutschen Verlags-Anstalt) veröffentlicht, das eine ähnliche Zielsetzung hatte, nämlich die Leserin und den Leser mit dem eher »unbekannten« und »anderen« Fromm bekannt zu machen. Inzwischen konnte ich aus dem Nachlass viele Texte posthum publizieren, die für die hier ausgewählten Themen besonders erhellend sind. So entstand ein hinsichtlich der Themen und der Auswahl völlig neues Erich Fromm-Lesebuch, das auch viele Texte aus den nachgelassenen Schriften enthält. Auch habe ich den Versuch gemacht, anhand von Texten zunächst mit den zentralen Theorien und Konzepten Erich Fromms bekannt zu machen, um dann deren Bedeutung und Anwendung für verschiedene Themenbereiche zu illustrieren. Tatsächlich lässt sich die Bedeutung der Texte etwa zum Unbewussten oder zu Fromms Religionsverständnis erst richtig vor dem Hintergrund seines sozial-psychoanalytischen Ansatzes oder seines Verständnisses von Sozialcharakter verstehen. So gesehen, stellen die Texte des ersten Kapitels eine Verständnishilfe für das Folgende dar.

Kürzungen innerhalb der Texte werden immer mit [...] angezeigt. Fußnoten im Original sind entweder in den Text einbezogen oder bleiben unberücksichtigt. Am Ende der Textsammlung stehen die Quellennachweise für alle Texte, so dass auch eine Vertiefung und Erweiterung der Lektüre möglich ist.

Tübingen, im Januar 2020
Rainer Funk

I

Psychoanalyse der Gesellschaft

1. Die Verbindung von Psychoanalyse und Soziologie

Das Problem der Beziehungen zwischen Psychoanalyse und Soziologie hat zwei Seiten. [...] Die eine ist die Anwendung der Psychoanalyse auf die Soziologie, die andere diejenige der Soziologie auf die Psychoanalyse.

Die Anwendung der Psychoanalyse auf die Soziologie muss sich gewiss vor dem Fehler hüten, da psychoanalytische Antworten geben zu wollen, wo ökonomische, technische, politische Tatsachen die wirkliche und ausreichende Erklärung soziologischer Fragen geben. Andererseits muss der Psychoanalytiker darauf hinweisen, dass der Gegenstand der Soziologie, die Gesellschaft, in Wirklichkeit aus einzelnen Menschen besteht, und dass diese Menschen, und nicht eine abstrakte Gesellschaft als solche, es sind, deren Handeln, Denken und Fühlen Gegenstand soziologischer Forschung ist.

Diese Menschen haben nicht eine »Individualseele«, die dann funktioniert, wenn der Mensch als Individuum agiert, und die Objekt der Psychoanalyse wäre, und daneben eine davon separate »Massenseele« mit allerhand vagen Gemeinschaftsgefühlen, Solidaritätsgefühlen, Masseninstinkten usw., die in Aktion tritt, wenn der Mensch als Massenteil auftritt, und wenn der Soziologe sich einige Verlegenheitsbegriffe für ihm unbekannte psychoanalytische Tatsachen schafft. Diese zwei Seelen sind aber nicht in des Menschen Brust, sondern nur eine, in der die gleichen Mechanismen und Gesetze gelten, ob der Mensch als Individuum auftritt oder die Menschen als Gesellschaft, Klasse, Gemeinschaft oder wie sonst.

Das, was die Psychoanalyse der Soziologie zu bringen hat, ist die – wenn auch noch unvollkommene – Kenntnis des seelischen Apparates des Menschen, der neben technischen, ökonomischen und wirtschaftlichen Faktoren eine Determinante der gesellschaftlichen Entwicklung darstellt und nicht weniger Berücksichtigung verdient als die anderen eben genannten. Es ist die gemeinsame Problemstellung beider Wissenschaften, zu untersuchen, inwieweit und in welcher Weise der seelische Apparat des Menschen verursachend oder bestimmend auf die Entwicklung oder Gestaltung der Gesellschaft gewirkt hat.

Es sei hier nur ein wesentliches konkretes Problem herausgehoben: Wir meinen die Untersuchung der Frage, welche Rolle das Triebhafte, Unbewusste im Menschen auf die Gestaltungen und Entwicklungen der Gesellschaft und auf einzelne gesellschaftliche Tatsachen spielt, und inwiefern die Veränderungen der psychologischen Struktur des Menschen im Sinne eines Wachstums der Ich-Organisation und damit der rationalen Bewältigung des Triebhaften und Natürlichen ein soziologisch relevanter Faktor ist.

Nun die andere Seite des Problems, die Anwendung soziologischer Gesichtspunkte auf die Psychoanalyse: So wichtig es ist, den Soziologen auf die banale Tatsache hinzuweisen, dass die Gesellschaft aus lebendigen Menschen besteht und die Psychologie einer der in der gesellschaftlichen Entwicklung wirksamen Faktoren ist, sowenig darf der Psychologe die Tatsache verkennen, dass der einzelne Mensch aber in Wirklichkeit nur als vergesellschafteter Mensch existiert. Die Psychoanalyse darf für sich in Anspruch nehmen, dass sie im Gegensatz zu manchen anderen psychologischen Schulen diese Tatsache von Anfang an verstanden hat. Ja, dass die Erkenntnis der Tatsache, dass es keinen *homo psychologicus*, keinen psychologischen Robinson Crusoe gibt, zu den Fundamenten ihrer Theorie gehört. Die Psychoanalyse ist vorwiegend genetisch eingestellt, sie widmet der Kindheit des Menschen ihr besonderes Interesse, und sie lehrt einen ganz wesentlichen Teil der Entwicklung des seelischen Apparates des Menschen verstehen aus seiner

Verbundenheit mit Mutter, Vater, Geschwistern, kurz der Familie und damit der Gesellschaft. Die Psychoanalyse versteht die Entwicklung des Menschen gerade aus der Entwicklung seiner Beziehung zu seiner nächsten und engsten Umwelt, sie versteht den seelischen Apparat als durch diese Beziehungen aufs Entscheidendste geformt.

Dies ist gewiss nur ein Ansatz, und es ergeben sich von hier eine Reihe weiterer und wichtiger Probleme, die bisher kaum noch in Angriff genommen sind; z.B. die Frage, inwieweit die Familie selber das Produkt einer bestimmten Gesellschaftsform ist und eine durch die gesellschaftliche Entwicklung bedingte Veränderung der Familie als solcher von Einfluss auf die Entwicklung des seelischen Apparates des Individuums sein könnte. Oder etwa die Frage, welche Bedeutung das Wachstum der Technik, d.h. einer immer weiter gehenden Triebbefriedigung, bzw. geringer werdender Versagungen für die Psyche des Einzelnen hat.

Die Einteilung, von der wir eben ausgehen, in Probleme, die sich aus der Anwendung der Psychoanalyse auf die Soziologie und der Soziologie auf die Psychoanalyse ergeben, ist natürlich nur eine grobe, praktischen Bedürfnissen entsprechende. Der Tatsache der gegenseitigen Bedingtheit von Mensch und Gesellschaft entsprechend, gibt es natürlich eine ganze Reihe und gerade solche der wichtigsten Probleme, wo von einer Anwendung der einen auf die andere Methode nicht wohl gesprochen werden kann, sondern wo ein Tatbestand, der ebenso wohl ein psychologischer wie ein soziologischer ist, auch von beiden Methoden her untersucht und nur von beiden Seiten her verstanden werden kann.

Ein solches Problem ist es, das den Gegenstand des letzten Buches von Freud [*Die Zukunft einer Illusion* (1927c), G.W. 14, S. 323–380.] bildet, nämlich die Frage, inwieweit bestimmte psychische Inhalte, die zugleich auch gesellschaftliche Phänomene sind, wie die Religion, in ihrem Erscheinen und Vergehen von der materiellen Entwicklung der Menschheit abhängig sind. Freud vertritt dort die Meinung, dass die Religion das psychische Korrelat der Hilflosigkeit der Menschen gegenüber der Natur sei. Er eröffnet von hierher den

Ausblick auf ein Problem, das wohl zu den wichtigsten psychologisch-soziologischen Fragen gerechnet werden darf: die Frage, welche Zusammenhänge zwischen der gesellschaftlichen Entwicklung der Menschheit, speziell ihrer ökonomisch-technischen, und der Entwicklung des seelischen Apparates, speziell der Ich-Organisation, des Menschen besteht. Kurz, er stellt die Frage nach der Entwicklungsgeschichte der Psyche. Die Psychoanalyse hat diese Frage bisher nur für das Individuum gestellt und beantwortet. Freud hat in seinem letzten Buche diese genetische Fragestellung auf die seelische Entwicklung der Gesellschaft ausgedehnt und damit künftiger psychoanalytisch-soziologischer Arbeit wichtige Fingerzeige gegeben.

Zusammenfassend möchte ich sagen: Die Psychoanalyse, die den Menschen als vergesellschafteten, seinen seelischen Apparat als wesentlich durch die Beziehungen des Einzelnen zur Gesellschaft entwickelt und bestimmt versteht, muss es als ihre Aufgabe ansehen, sich an der Beantwortung soziologischer Probleme zu beteiligen, soweit der Mensch, bzw. seine Psyche, überhaupt eine Rolle spielt. Sie darf bei dieser Bemühung die Worte – nicht eines Psychologen – sondern eines der genialsten Soziologen zitieren: Die Geschichte tut nichts, sie besitzt keinen ungeheuren Reichtum, sie kämpft keine Kämpfe. Es ist vielmehr der Mensch, der wirkliche, lebendige Mensch, der alles tut, besitzt und kämpft. [Vgl. K. Marx, *Frühe Schriften,* Band I, Stuttgart 1962 (Cotta-Verlag), S. 777.]

2. Zur Methode der Analytischen Sozialpsychologie

Es ist eine der nicht unwesentlichen Leistungen der Psychoanalyse, dass sie die falsche prinzipielle Unterscheidung zwischen einer Sozialpsychologie und einer Psychologie des Individuums (Personalpsychologie) überwunden hat. Freud hat einerseits betont, dass es eine Personalpsychologie, deren Objekt der isolierte, aus dem sozialen Zusammenhang gelöste Mensch ist, nicht gibt, weil es eben diesen isolierten Menschen in Wirklichkeit nirgends gibt. Er kennt keinen *homo psychologicus*, keinen psychologischen Robinson Crusoe, wie er etwa als ökonomischer der klassischen Nationalökonomie vorgeschwebt hat. Im Gegenteil ist ja eine der wesentlichsten Entdeckungen Freuds die, dass er die psychische Entwicklung des Individuums gerade aus seinen frühesten sozialen Beziehungen, denen zu Eltern und Geschwistern, verstehen gelernt hat.

> Die Individualpsychologie ist zwar auf den einzelnen Menschen eingestellt und verfolgt, auf welchen Wegen derselbe die Befriedigung seiner Triebregungen zu erreichen sucht, allein sie kommt dabei nur selten, unter bestimmten Ausnahmebedingungen, in die Lage, von den Beziehungen dieses einzelnen zu anderen Individuen abzusehen. Im Seelenleben des einzelnen kommt ganz regelmäßig der andere als Vorbild, als Objekt, als Helfer und als Gegner in Betracht, und die Individualpsychologie ist daher von Anfang an auch gleichzeitig Sozialpsychologie in diesem erweiterten, aber durchaus berechtigten Sinne. (S. Freud, *Massenpsychologie und Ich-Analyse*, G.W. 13, S. 73.)

Anderseits aber hat Freud gründlich mit der Illusion einer Sozialpsychologie gebrochen, deren Objekt eine Gruppe als solche ist. Sowenig er einen isolierten Menschen als Objekt der Psychologie kennt, sowenig einen »sozialen Trieb«. Das, was man als solchen bezeichnet hat, ist für ihn »kein ursprünglicher und unzerlegbarer« Trieb, sondern er sieht »die Anfänge seiner Bildung in einem engeren Kreis, wie etwa in der Familie« (ebd., S. 74) und er hat gezeigt, dass die in der Gruppe wirksamen psychischen Erscheinungen aus den im Einzelmenschen wirksamen psychischen Mechanismen heraus zu verstehen sind und nicht etwa aus einer »Gruppenseele« als solcher. Der Unterschied zwischen Personalpsychologie und Sozialpsychologie erweist sich als ein quantitativer, nicht als ein qualitativer. Die Personalpsychologie berücksichtigt alle Determinanten, die auf das Schicksal des Einzelnen eingewirkt haben und kommt so zu einem maximal vollständigen Bild von dessen individueller psychischer Struktur. Je mehr wir den Gegenstand der psychologischen Untersuchung verbreitern, d.h. je größer die Zahl der Menschen ist, deren Gemeinsamkeiten es rechtfertigen, sie als Gruppe zum Objekt einer psychologischen Untersuchung zu machen, desto mehr müssen wir an Umfang der Einsicht in das Ganze der seelischen Struktur des einzelnen Gruppenmitgliedes verzichten. In diesem Sinne etwa müssen wir »Psychologie des Kindes« als Sozialpsychologie bezeichnen: Es wird hier eine Gruppe von Menschen untersucht, deren Schicksal in einer Reihe von Beziehungen, die psychologisch relevant sind, gemeinsam ist. Je mehr wir den Umfang des Objektes einschränken, also etwa durch Beschränkung auf die Psychologie des einzelnen oder mittleren Kindes, desto größer wird der Umfang unserer Einsicht in die Struktur des einzelnen Kindes dieser Gruppe. Dasselbe gilt für alle sozialpsychologischen Untersuchungen.

Je größer also die Zahl der Objekte einer psychologischen Untersuchung ist, desto geringer ist die Einsicht in die Ganzheit der psychischen Struktur des Einzelnen innerhalb der zu untersuchenden Gruppe. Wenn dies nicht erkannt wird, kommt es leicht bei der Beurteilung der Ergebnisse sozialpsychologischer Untersuchungen zu Missverständnissen. Man erwartet, etwas von der individuellen psychischen Struktur des einzelnen Gruppenmitgliedes zu hören, während die sozialpsychologische Untersuchung immer nur etwas über die allen Gruppenmitgliedern gemeinsamen psychischen Charaktere aussagen kann und die individuelle psychische Situation des Einzelnen diesseits jener Gemeinsamkeiten nicht berücksichtigt.

Die Darstellung der besonderen psychischen Eigenart des Einzelnen kann niemals Aufgabe der Sozialpsychologie sein und ist immer nur möglich, wenn eine weitgehende Kenntnis des Lebensschicksals des Individuums vorhanden ist. Wenn also z.B. in einer sozialpsychologischen Untersuchung festgestellt wird, dass eine Gruppe eine Regression von einer vaterfeindlichen Einstellung zu einer passiv-gefügigen Haltung vornimmt, so bedeutet diese Aussage etwas anderes, als wenn in einer personalpsychologischen Untersuchung dies vom Einzelnen ausgesagt wird. Während es hier hieße, dass diese Regression für die gesamte Sohneseinstellung des Individuums gilt, heißt es dort, dass sie einen durchschnittlich allen Gruppenmitgliedern gemeinsamen Zug darstellt, der an bestimmter, näher anzugebender Stelle in Erscheinung tritt, aber im Leben des Einzelnen, neben anderen durch sein individuelles Schicksal bestimmten Tendenzen, gegebenenfalls eine untergeordnete Rolle spielen kann. Der Wert sozialpsychologischer Einsicht kann also nicht darin liegen, dass wir einen Einblick in die psychische Eigenart des einzelnen Gruppenmitgliedes bekommen, sondern nur darin, dass wir diese gemeinsamen psychischen Tendenzen feststellen, deren überragende Bedeutung darin liegt, dass sie als gemeinsame eine entscheidende Rolle in der gesellschaftlichen Entwicklung spielen.

Die Überwindung einer prinzipiellen Gegenüberstellung von Personal- und Sozialpsychologie, wie sie von der Psychoanalyse geleistet wurde, führt als Konsequenz zur Einsicht, dass die Methode einer sozialpsychologischen Untersuchung grundsätzlich und im wesentlichen keine andere sein kann als die, welche die Psychoanalyse bei der Erforschung der Psyche des Einzelnen anwendet. Es wird also gut sein, sich kurz auf das Wesentliche dieser Methode, insoweit es für unser Problem hier von Bedeutung ist, zu besinnen.

Freud geht davon aus, dass in der Verursachung der Neurosen – und dasselbe gilt für die Triebstruktur des Gesunden – mitgebrachte Sexualkonstitution und Erleben eine Ergänzungsreihe bilden.

> An dem einen Ende der Reihe stehen die extremen Fälle, von denen Sie mit Überzeugung sagen können: Diese Menschen wären infolge ihrer absonderlichen Libidoentwicklung auf jeden Fall erkrankt, was immer sie erlebt hätten, wie sorgfältig sie das Leben auch geschont hätte. Am anderen Ende stehen die Fälle, bei denen Sie umgekehrt urteilen müssen, sie wären gewiss der Krankheit entgangen, wenn das Leben sie nicht in diese oder jene Lage gebracht hätte. Bei den Fällen innerhalb der Reihe trifft ein Mehr oder Min-

> der von disponierender Sexualkonstitution mit einem Minder oder Mehr von schädigenden Lebensanforderungen zusammen. Ihre Sexualkonstitution hätte ihnen nicht die Neurose gebracht, wenn sie nicht solche Erlebnisse gehabt hätten, und diese Erlebnisse hätten nicht traumatisch auf sie gewirkt, wenn die Verhältnisse der Libido andere gewesen wären. (S. Freud, *Vorlesungen zur Einführung in die Psychoanalyse*, G.W. 11, S. 360.)

Der konstitutionelle Anteil an der psychischen Struktur des gesunden oder kranken Menschen bleibt bei der psychischen Erforschung der Einzelnen für die Psychoanalyse – und beim heutigen Stande der Wissenschaft weitgehend für diese überhaupt – eine zu beachtende, aber unbekannte und nicht näher bestimmbare Größe. Das, worum sich die Psychoanalyse kümmert, ist das Erleben, und die Erforschung seines Einflusses auf die Triebentwicklung bei einer gegebenen psychischen Konstitution ist ihr Hauptziel. Sie weiß zwar, dass die Triebentwicklung des Einzelnen mehr oder weniger von seiner Konstitution bestimmt ist, diese Einsicht ist eine Voraussetzung der psychoanalytischen Arbeit, aber diese selbst gilt ausschließlich der Erforschung der Frage nach der Einwirkung des Lebensschicksals auf die Triebentwicklung.

In der Praxis bedeutet das, dass für die psychoanalytische Methode eine maximale Kenntnis des Lebensschicksals des Einzelnen, vor allem seiner frühkindlichen Erlebnisse, aber durchaus nicht nur dieser, eine wesentliche Bedingung ist. Sie sucht den Zusammenhang zwischen der Spezifität der Schicksale und der Spezifität der Triebentwicklung. Da, wo man die Lebensschicksale des Einzelnen nicht weitgehend kennt, ist jede Analyse unmöglich. Man kann wohl bei bestimmten typischen Verhaltensweisen, denen bestimmte typische Schicksale erfahrungsgemäß zugeordnet sind, auf Grund eines Analogieschlusses die entsprechenden Schicksale vermuten, aber alle solche Analogieschlüsse enthalten doch einen mehr oder weniger großen Unsicherheitsfaktor, und es kommt ihnen nur eine sehr beschränkte wissenschaftliche Geltung zu.

Die Methode der Psychoanalyse des Einzelnen ist also eine exquisit historische: Verständnis der Triebentwicklung aus der Kenntnis des Lebensschicksals. Die Methode der Anwendung der Psychoanalyse auf Gruppen kann keine andere sein. Auch die gemeinsamen psychischen Haltungen der Angehörigen einer Gruppe sind nur zu verstehen aus den ihnen gemeinsamen Lebensschicksalen. Die psychoanalytische Sozialpsychologie kann nur eine ebenso historische Methode haben wie die psychoanalytische Personalpsychologie. So wie diese aus der Kenntnis der Lebensschicksale des Einzelnen seine Triebkonstellation zu verstehen sucht, kann auch die Sozialpsychologie nur durch die genaue Kenntnis des Lebensschicksals eine Einsicht in die Triebstruktur der zu untersuchenden Gruppe gewinnen. Dabei besteht für den notwendigen Umfang der Kenntnis der Lebensschicksale ihrer Objekte dieselbe quantitative Differenz, wie sie oben für den Umfang des sozialpsychologisch erforschbaren Sektors der Einzelseele dargelegt wurde. So wie die Sozialpsychologie nur Aussagen über die allen gemeinsamen psychischen Haltungen machen kann, bedarf sie auch nur der Kenntnis der allen gemeinsamen und für alle charakteristischen Lebensschicksale. Nicht mehr, aber bestimmt auch nicht weniger.

Wenn auch die Methode der Sozialpsychologie grundsätzlich keine andere ist als die der Personalpsychologie, so gibt es doch eine Differenz, auf die hinzuweisen notwendig ist. Die psychoanalytische Forschung hat es vorwiegend mit neurotischen, d.h. kranken Individuen zu tun, die sozialpsychologische Forschung mit Massen, beziehungsweise gesellschaftlichen Gruppen von normalen, d.h. nicht neurotisch erkrankten Personen.

Der neurotische Mensch ist charakterisiert dadurch, dass es ihm nicht gelungen ist, sich psychisch der ihn umgebenden Realität anzupassen, sondern dass er durch Fixierung gewisser Triebregungen, bestimmter psychischer Mechanismen, die in einer frühen Periode seiner Kindheit einmal angepasst und entsprechend waren, in Konflikte mit der Realität kommt, die in der Neurose ihren Ausdruck finden. Die seelische Struktur des Neurotikers ist eben deshalb ohne die Kenntnis seiner frühkindlichen Erlebnisse fast ganz unverständlich, weil infolge seiner Neurose als Ausdruck seiner mangelnden Angepasstheit, beziehungsweise des besonderen Umfangs infantiler Fixierungen, auch seine Situation als Erwachsener im wesentlichen von jener Situation als Kind determiniert ist.

Auch für den Normalen sind die frühkindlichen Erlebnisse von entscheidender Bedeutung. Sein Charakter (im weitesten Sinn) ist von ihnen bestimmt und in seiner Totalität ohne sie unverständlich. Aber weil er sich in viel höherem Maße seelisch an seine Realität angepasst hat als der Neurotiker, ist auch ein weit größerer Sektor seiner seelischen Struktur aus der realen Lebenssituation, in der er sich befindet, verständlich als bei diesem.

Da die Sozialpsychologie nicht den Anspruch erhebt, die Totalität der psychischen Struktur des Gruppenmitgliedes zu verstehen, sondern nur die den Gruppenmitgliedern gemeinsamen psychischen Einstellungen, kann sie also, weil sie es mit Normalen, d.h. mit Menschen zu tun hat, auf deren seelische Situation die Realität einen ungleich höheren Einfluss hat als auf den Neurotiker, auch auf die Kenntnis der individuellen Kindheitserlebnisse der einzelnen Mitglieder der zu untersuchenden Gruppe verzichten und aus der Kenntnis der realen gesellschaftlich bedingten Lebenssituation, in die diese Menschen nach den ersten Kindheitsjahren gestellt sind, Verständnis für die ihnen gemeinsamen psychischen Haltungen gewinnen.

Die Problemstellung der sozialpsychologischen Untersuchung entspricht der *Methodik:* Sie will erforschen, in welcher Weise gewisse, den Mitgliedern einer Gruppe gemeinsame, psychische Haltungen ihren gemeinsamen Lebensschicksalen zugeordnet sind. Sowenig es beim Einzelnen ein Produkt des Zufalls ist, ob diese oder jene Triebrichtung dominiert, ob der Ödipuskomplex diesen oder jenen Ausgang findet, ebenso wenig ist es ein Zufall, ob in der gesellschaftlichen Entwicklung, sei es im zeitlichen Ablauf bei der gleichen, sei es gleichzeitig bei verschiedenen Schichten, Veränderungen der psychischen Eigenart stattfinden. Das Problem der sozialpsychologischen Untersuchung ist es aufzuzeigen, warum solche

Veränderungen stattfinden und wie sie sich aus dem gemeinsamen Lebensschicksal der Gruppenangehörigen verstehen lassen.

Auch die sozialpsychologische Untersuchung rechnet dabei mit den Gegebenheiten der psychischen Konstitution ihrer Objekte und übersieht nicht, dass das Erleben nur die eine Seite der »Ergänzungsreihe« darstellt. Aber in der Aufzeigung der Einwirkung des Lebensschicksals auf die psychische Struktur, beziehungsweise deren Rückwirkung auf das Lebensschicksal, besteht das eigentliche analytische Problem für die Sozialpsychologie ebenso gut wie für die Personalpsychologie.

3. Der sozial typische Charakter

Gesellschaft und Individuum stehen sich nicht »gegenüber«. *Die Gesellschaft ist nichts als die lebendigen, konkreten Individuen, und das Individuum kann nur als vergesellschaftetes Individuum leben.* Seine individuelle Lebenspraxis ist notwendigerweise die seiner Gesellschaft beziehungsweise Klasse und letzten Endes durch die Produktionsweise der betreffenden Gesellschaft bedingt, das heißt dadurch, wie diese Gesellschaft produziert und wie sie organisiert ist, um die Bedürfnisse ihrer Mitglieder zu befriedigen. Die Verschiedenheit der Produktions- und Lebensweise der verschiedenen Gesellschaften beziehungsweise Klassen führt zur Herausbildung verschiedener, für diese Gesellschaft typische Charakterstrukturen. Die einzelnen Gesellschaften unterscheiden sich nicht nur durch die Verschiedenheit in der Produktionsweise und ihrer sozialen und politischen Organisation, sondern auch dadurch, dass ihre Menschen bei allen individuellen Unterschieden eine typische Charakterstruktur aufweisen. Wir wollen diese den *sozial typischen Charakter* nennen.

Der sozial typische Charakter ist eine Kategorie, die mit Notwendigkeit weniger spezifisch ist als die des individuellen Charakters. Bei der Beschreibung des Charakters eines Individuums haben wir es mit der Gesamtheit aller Züge dieses Charakters zu tun, die in ihrer besonderen Konfiguration den Charakter eben dieses Individuums ausmachen. Wie bei jeder Typenbildung werden beim sozial typischen Charakter nur gewisse grundlegende Züge herausgegriffen, und zwar solche, die ihrer Dynamik und ihrem Gewicht nach von entscheidender Bedeutung für alle Individuen dieser Gesellschaft sind.

Die Fruchtbarkeit der Kategorie muss sich daran erweisen, dass bei aller Allgemeinheit des Typs er dennoch spezifisch für die betreffende Gesellschaft ist und sich vom sozial typischen Charakter anderer Gesellschaften deutlich abhebt; ferner daran, dass auch die Analyse des Charakters des Einzelnen mit allen seinen individuellen Zügen auf die Elemente des sozial typischen Charakters zurückführt, und dass erst das Verständnis des sozial typischen Charakters ein volles Verständnis des individuellen Charakters ermöglichen kann. In Klassengesellschaften weisen die Angehörigen der verschiedenen Klassen einen gemeinsamen, das heißt für sie alle geltenden sozial typischen Charakter auf, aber vermehrt um bestimmte, nur für die betreffende Klasse gültigen Züge in einer für diese Klasse typischen Konfiguration.

Bevor wir das Problem des sozial typischen Charakters weiter behandeln, ist es nötig, noch einmal an die grundsätzliche Auffassung vom *Charakter* zu erinnern, wie sie die Psychoanalyse herausgestellt hat und wie sie auch für die oben vorgeschlagene Modifizierung der Freudschen Triebtheorie gilt. Unter Charakter wird nicht verstanden die Summe der für einen Menschen typischen manifesten Verhaltungsweisen und Haltungen, sondern die *Struktur* derjenigen Impulse, Ängste und Haltungen, die, zum großen Teil selbst unbewusst, das für den Menschen typische manifeste Verhalten bedingen. Dabei ist besonders wichtig, die dynamische Qualität des Charakters zu verstehen, das heißt, dass Kräfte in ihm wirksam sind, die im Charakterzug in einer ganz bestimmten Weise gebunden und kanalisiert sind. Der Charakter ist die Form, in der ein großer Teil der menschlichen Energien ihren permanenten

Ausdruck findet, gleichsam das mit Triebenergie geladene Werkzeug des Individuums, mit dem es unter den gegebenen Lebensbedingungen seine Bedürfnisse durchsetzt und sich gegen Gefahren schützt.

Der sozial typische Charakter ist seinem Inhalt nach so verschieden, wie es die Produktions- und Lebensweise der verschiedenen Gesellschaftsformationen und der Klassen innerhalb ihrer ist. Sein Inhalt steht aber immer in einer besonderen Beziehung zu den Aufgaben, die ein bestimmtes Individuum im engeren Sinne seiner ökonomischen Tätigkeit als auch im weiteren Sinne seines sozialen Verhaltens zu vollziehen hat, und mit den Verboten, die es zu respektieren hat, speziell mit der Notwendigkeit, sich der herrschenden Klasse unterzuordnen. […]

Der Angehörige eines Stammes, der im wesentlichen durch Krieg und Raubzüge seinen Lebensunterhalt erwirbt, muss Lust am Krieg, am Raub, an persönlicher Auszeichnung entwickeln. Das Mitglied eines Stammes, der in erster Linie intensive Agrikultur auf kooperativer Basis betreibt, muss eine gewisse Hingabe an seine Arbeit und ein gewisses Maß an Freundlichkeit und Hilfsbereitschaft seinen Stammesgenossen gegenüber entwickeln. Der bürgerliche Mensch muss in seiner Charakterstruktur einen bestimmten Grad von Aggressivität entwickeln, eine bestimmte Stärke des Impulses zu erwerben, zu arbeiten, mit anderen zu konkurrieren und sie aus dem Felde schlagen zu wollen, seine Ansprüche auf eigenes Glück und Befriedigung zugunsten des Bedürfnisses nach Pflichterfüllung zu unterdrücken. Indem er aber eine Charakterstruktur entwickelt, in der solche Impulse und Haltungen vorhanden sind, wird die Praktizierung der geforderten Verhaltungsweisen wie Pflichterfüllung, Arbeit, Konkurrieren usw. zu etwas für ihn Befriedigendem. […]

Zwischen der ökonomischen Struktur einer Gesellschaft und der sozial typischen Charakterstruktur besteht ein gewisses labiles Gleichgewicht. Der Charakter entwickelt sich als Reaktion auf die gegebene Produktionsweise, und er entwickelt psychische Bedürfnisse, die auf einer bestimmten Stufe der Produktionsweise, vom Standpunkt des Individuums aus gesehen, relativ befriedigt werden können, und vom Standpunkt der Gesellschaft aus gesehen, die notwendige psychische Energie für die zu vollziehenden Aufgaben des Individuums liefern. Solange der Zustand dieses labilen Gleichgewichts besteht, tendiert der Charakter dazu, die bestehenden gesellschaftlichen Verhältnisse und speziell die in ihr vorhandenen Über- und Unterordnungsverhältnisse von innen her zu verfestigen. Er ist gleichsam der Kitt, der die gegebene gesellschaftliche Struktur zusammenhält. Er liefert die Impulse, die die Menschen dazu antreiben, das Gebotene zu tun, das Verbotene zu meiden, und im Sicheinfügen unter die bestehenden Verhältnisse ein gewisses Maß an Befriedigung zu finden.

Dieses labile Gleichgewicht wird aber immer wieder gestört. Indem sich die Gesellschaft entwickelt, werden vom Menschen neue Verhaltungsweisen verlangt, die nicht mehr den Bedürfnissen der bisher erzeugten psychischen Struktur entsprechen. Andererseits werden solche Bedürfnisse, die in der traditionellen Charakterstruktur verankert werden, nicht mehr befriedigt. Der Unternehmer der monopolkapitalistischen Ära bedarf anderer seelischer Impulse, wenn er erfolgreich sein will, als der Kaufmann früherer kapitalistischer Stadien. Die Eigenschaft kleinlichen Sparens zum Beispiel wäre ihm eher ein Hindernis als nützlich.

Ein besonders gutes Beispiel liefern die Verhältnisse in autoritären Staaten. Aufgrund der Verschlechterung der ökonomischen Lage des Kleinbürgertums sowie der durch die Krise bedingten und strukturellen Arbeitslosigkeit, konnten die im bürgerlichen Charakter angelegten Bedürfnisse nach ökonomischer Selbständigkeit, Sparen, Arbeit und auch teilweise wachsendem Genuss materieller Güter nicht mehr befriedigt werden. Diese Unbefriedigung der in der traditionellen Charakterstruktur angelegten Bedürfnisse führt dazu, dass die Menschen insgesamt mit den bestehenden Verhältnissen immer unzufriedener werden, und sich die im Charakter verankerten Bedürfnisse aus einem zusammenhaltenden in ein auflösendes und die bestehende Gesellschaft bedrohendes Element verwandeln, so dass aus dem Kitt gleichsam der Sprengstoff entsteht.

Der Widerspruch zwischen den ökonomischen Verhältnissen und der gegebenen Charakterstruktur kann, schematisch gesprochen, in einer doppelten Weise gelöst werden. Einmal, indem die ökonomischen Verhältnisse in einer Weise geändert werden, dass die Bedürfnisse, wie sie aus der bestehenden Charakterstruktur stammen, befriedigt werden können. Die andere Möglichkeit ist, dass, wenn auf Grund der Machtverhältnisse in einer bestimmten Gesellschaft die für die erste Lösung notwendigen ökonomischen Veränderungen nicht vorgenommen werden, der Versuch gemacht werden muss, eine Charakterstruktur zu erzeugen, deren Bedürfnisse unter den gegebenen ökonomischen Bedingungen befriedigt werden können. In den autoritären Staaten versucht man, die Menschen in diesem Sinne innerlich umzugestalten. Ein Charakter mit dem Bedürfnis nach Unterordnung, Selbstaufopferung, Heldenverehrung statt dem nach persönlichem Erfolg, Arbeit und Glück, wie es der traditionelle bürgerliche Charakter war, wird mit allen Mitteln der Propaganda und Beeinflussung zu schaffen versucht.

Es ist allerdings nicht zu vermeiden, dass die ideologische Beeinflussung nur eine beschränkte Wirkung auf die Formung der Charakterstruktur hat. Diese stammt zu so wesentlichen Teilen aus den realen Lebensverhältnissen der Menschen, dass der Erfolg einer Ideologie, die im Widerspruch zu diesen Verhältnissen steht, und je mehr sie dies tut, auf die Dauer zweifelhaft ist. Die menschliche Solidarität, die unter den Bedingungen des Zusammenarbeitens von Arbeitermassen in großen Unternehmungen sich entwickelt, ein intellektuelles Niveau, wie es sich im Zusammenhang mit der Tätigkeit des qualifizierten Arbeiters herausstellt, ein Gefühl der Individualität, wie es in einer Produktionsweise entsteht, in der der Einzelne recht komplizierte Leistungen zu vollbringen hat, ist nicht leicht durch eine ideologische Beeinflussung entgegengesetzter Art zu zerstören.

Fassen wir kurz die hier vorgetragene Auffassung vom sozial typischen Charakter zusammen. Die menschlichen Energien erscheinen im gesellschaftlichen Leben nicht in irgendeiner allgemeinen Form, sondern in diejenigen Kanäle geleitet, die sie nutzbar für das

Funktionieren einer bestimmten Gesellschaft machen. Von diesem Gesichtspunkt her gesehen ist der Charakter die bestimmte Form, in der die psychische Energie als Produktivkraft im gesellschaftlichen Prozess auftritt. Oder anders ausgedrückt, der sozial typische Charakter ist ein Teil der gesamten gesellschaftlichen Maschinerie, ohne welchen sie nicht funktionieren würde.

4. Die Aufgabe des Gesellschafts-Charakters

Die sozialpsychologische Auffassung, welche in meinen eigenen Arbeiten vertreten wird, stellt den Begriff des »Gesellschafts-Charakters« [oder »Sozialcharakters«] in den Mittelpunkt. Ich verstehe unter Gesellschafts-Charakter den Kern der Charakterstruktur, welcher bei den meisten Gliedern einer gleichen Kultur übereinstimmt, im Gegensatz zum individuellen Charakter, durch den sich jede Person innerhalb desselben kulturellen Milieus von der anderen unterscheidet. Der Begriff des Gesellschafts-Charakters ist kein statistischer in dem Sinn, als wäre er die Summe der Charakterzüge, die die Mehrzahl der Menschen einer bestimmten Kultur aufweisen. Er kann nur in Bezug auf die Funktion des Gesellschafts-Charakters verstanden werden, die wir nun betrachten wollen.

Jede Gesellschaft hat einen bestimmten Aufbau und handelt auf eine bestimmte Weise, die durch eine Anzahl objektiver Gegebenheiten notwendig wird. Solche Bedingungen sind die Produktionsweise und die Güterverteilung, welche ihrerseits von den Rohmaterialien und Herstellungstechniken, vom Klima usw. abhängen, sowie von politischen und geographischen Faktoren und kulturellen Traditionen und Einflüssen, denen die Gesellschaft ausgesetzt ist. Es gibt keine »Gesellschaft« als solche, sondern nur bestimmte Gesellschaftsstrukturen, welche sich in verschiedenen und feststellbaren Weisen auswirken. Obgleich diese Gesellschaftsstrukturen im Lauf der Geschichte sich ändern, sind sie während eines bestimmten geschichtlichen Zeitabschnitts doch relativ beständig, und eine Gesellschaft kann nur bestehen, insofern sie sich innerhalb des Rahmens dieser bestimmten Struktur bewegt. Die Mitglieder der Gesellschaft und/oder ihrer verschiedenen Klassen oder Stände haben sich derart zu verhalten, dass sie in dem von der Gesellschaft geforderten Sinne funktionieren.

Die Aufgabe des Gesellschafts-Charakters besteht darin, die Energien der Mitglieder der Gesellschaft so zu formen, dass ihr Verhalten nicht mehr einer bewussten Entscheidung bedarf, ob sie sich dem Sozialgefüge einordnen sollen oder nicht; dass die Menschen vielmehr so handeln wollen, wie sie handeln müssen, und dass sie gleichzeitig darin eine Genugtuung finden, sich gemäß den Errungenschaften der Kultur zu verhalten. Der Gesellschafts-Charakter formt die menschliche Energie so, dass sie das reibungslose Funktionieren einer gegebenen Gesellschaft garantiert. Die heutige industrielle Gesellschaft zum Beispiel hätte ihre Zwecke nicht erreicht, wenn sie nicht die Energien freier Menschen in noch nie dagewesenem Maße in die Arbeit eingespannt hätte. Der Mensch musste in dem Sinne umgewandelt werden, dass er darauf erpicht war, seine Hauptenergie in Arbeit zu verwandeln, Disziplin, insbesondere Ordentlichkeit und Pünktlichkeit zu lernen – und dies in einem Maß, wie es in den meisten anderen Kulturen unbekannt ist.

Es würde nicht ausreichen, wenn jeder Einzelne jeden Tag erst gewissenhaft den Entschluss fassen müsste, arbeiten zu wollen, pünktlich zu sein usw., da jeder dieser bewussten Entschlüsse zu viel mehr Ausnahmen führen würde, als das reibungslose Funktionieren der Gesellschaft vertragen könnte. Auch Drohung und Gewalt würden als Motiv zur Arbeit nicht genügen, da die hoch differenzierten Erzeugnisse der modernen industriellen Gesellschaft nur das Werk freier Menschen und nicht das von Zwangsarbeitern sein kann. Die *Notwendigkeit* von Arbeit, der Zwang zu Pünktlichkeit und Gewissenhaftigkeit musste in einen *Trieb* zu solchen Eigenschaften verwandelt werden. Das bedeutet, dass die Gesellschaft einen Gesellschafts-Charakter hervorbringen musste, der diese Strebungen umfasst.

Die Genese des Gesellschafts-Charakters kann nicht aus der Zurückführung auf eine einzelne Ursache einsichtig werden, sondern nur aus dem Verständnis eines Zusammenwirkens ökonomischer, ideologischer und soziologischer Faktoren. Da die politischen und ökonomischen Faktoren weniger leicht zu verändern sind, haben sie ein gewisses Übergewicht in diesem Zusammenspiel. Gleichwohl sind religiöse, politische und philosophische Ansichten nicht nur durch Projektionen entstandene Systeme. Indem sie im Gesellschafts-Charakter wurzeln, bestimmen sie ihrerseits auch diesen Gesellschafts-Charakter und vor allem systematisieren und stabilisieren sie ihn.

Grundlegende menschliche Bedürfnisse, die in der Natur des Menschen verwurzelt sind, spielen ebenfalls eine aktive Rolle in diesem Zusammenspiel. Es stimmt zwar, dass der Mensch sich an beinahe alle Lebensbedingungen gewöhnen kann, trotzdem ist er kein leeres Blatt Papier, auf welches die Kultur ihren Text schreibt. Die seiner Natur eingeborenen Bedürfnisse wie das Streben nach Glück, Harmonie, Liebe und Freiheit, sind dynamische Faktoren im Geschichtsprozess, die psychische Reaktionen hervorrufen, wenn sie auf Versagung stoßen. Mit der Zeit suchen diese Reaktionen neue Bedingungen zu schaffen, die den menschlichen Grundbedürfnissen besser entsprechen.

Solange die objektiven Bedingungen einer Gesellschaft und Kultur stabil bleiben, hat der Gesellschafts-Charakter eine vorwiegend stabilisierende Funktion. Ändern sich dagegen die Bedingungen derart, dass sie nicht länger mit der Tradition und dem Gesellschafts-Charakter übereinstimmen, entsteht eine *Unstimmigkeit* zwischen beiden, welche die Charakterfunktion zu einem Element der Desintegration anstatt der Stabilisierung werden lässt, zum Sprengstoff statt zum Mörtel des Sozialgefüges.

Vorausgesetzt, dass diese Auffassung über die Entstehung und Funktion des Gesellschafts-Charakters richtig ist, finden wir uns vor einem verwirrenden Problem. Widerspricht nicht die Annahme, dass die Charakterstruktur durch die Rolle geformt wird, die das

Individuum in der Kultur zu spielen hat, jener, wonach der Charakter eines Menschen in seiner Kindheit gebildet wird? Können beide Auffassungen den Anspruch erheben, richtig zu sein angesichts der Tatsache, dass das Kind in seinen ersten Lebensjahren verhältnismäßig wenig Kontakt mit der Gesellschaft als solcher hat? Diese Frage ist nicht so schwierig zu beantworten, wie es auf den ersten Blick erscheint.

Wir haben zu unterscheiden zwischen Faktoren, die für die besonderen *Inhalte* des Gesellschafts-Charakters verantwortlich sind, und den *Methoden,* durch die der Gesellschafts-Charakter geformt wird. Die Gesellschaftsstruktur und die Aufgabe des Individuums in der Gesellschaft können als die Grundlage des Gesellschafts-Charakters angesehen werden. Die Familie andererseits kann als die *psychische Agentur der Gesellschaft* gelten, als Einrichtung, welche die Forderungen der Gesellschaft dem heranwachsenden Kinde nahebringt.

Die Familie erfüllt diese Aufgabe auf zwei Weisen. Erstens durch den Einfluss, den der Charakter der Eltern auf die Charakterbildung des Heranwachsenden ausübt. Dies ist der wichtigste Punkt. Da nämlich der Charakter der meisten Eltern ein Ausdruck des Gesellschafts-Charakters ist, übertragen sie auf diese Weise die wesentlichen Merkmale der gesellschaftlich erwünschten Charakterstrukturen auf das Kind. Liebe und Zufriedenheit der Eltern werden ebenso auf das Kind übertragen wie ihre Angst und Feindseligkeit.

Im Verein mit dem Charakter der Eltern dient zweitens auch der Stil der Kindererziehung, wie er in einer Kultur gebräuchlich ist, dazu, den Charakter des Kindes in einer gesellschaftlich erwünschten Richtung zu prägen. Allerdings bestehen verschiedene Methoden und Techniken der Kindererziehung, welche zum selben Resultat führen können; andererseits können sich scheinbar identische Methoden trotzdem verschieden auswirken auf Grund der Charakterstruktur jener, welche sie anwenden. Daher lässt sich durch die Betrachtung der Erziehungsmethoden der Gesellschafts-Charakter nie erklären. Erziehungsmethoden sind nur als Mechanismen der

Vermittlung bedeutungsvoll, und sie können nur richtig verstanden werden, wenn wir zuvor genau erfassen, welche Art von Persönlichkeiten in einer bestimmten Kultur erwünscht und notwendig sind.

Eine solche Anwendung der Psychoanalyse auf die Kultur wurde stark gefördert durch eine Revision der Libidotheorie Freuds. Wenn die Charakterbildung durch den Einfluss der Umgebung auf die Entwicklung der prägenitalen Sexualität hervorgerufen wird, dann sind tatsächlich die Erziehungsmethoden die *prima causa* des Gesellschafts-Charakters. Eine Theorie aber, die annimmt, der Charakter werde durch die Art der zwischenmenschlichen Beziehung geformt, wie sie in einer bestimmten Kultur existiert und gefordert wird, muss, um mit H. S. Sullivan zu sprechen, eine Theorie der *zwischenmenschlichen Beziehungen* sein.

Freuds Auffassung vom Menschen stand in Übereinstimmung mit dem Materialismus des 19. Jahrhunderts. Er sah das Individuum als isolierte Einheit, ausgestattet mit gewissen Trieben, die in seinem Chemismus wurzeln. Die Theorie der zwischenmenschlichen Beziehungen aber ist eine relationale, sie versteht den Menschen aus der Beziehung des Individuums zu den Menschen, zur Umwelt und zu sich selbst. [...]

Es muss deshalb hervorgehoben werden, dass sich Studien nicht nur auf die Kindererziehung konzentrieren sollten, sondern auf die Struktur der Gesellschaft als ganzer und auf die Funktionen des Individuums innerhalb dieser Struktur. Die Erziehung muss im Zusammenhang mit der Gesellschaftsstruktur verstanden werden und vor allem als *Schlüsselmechanismus bei der Überführung gesellschaftlicher Notwendigkeiten in Charakterzüge.*

5. Mein wissenschaftlicher Ansatz

Nicht nur in der wissenschaftlichen Literatur zur Psychoanalyse und zur Sozialpsychologie, sondern auch ganz allgemein in der Öffentlichkeit ist die Annahme weit verbreitet, dass es innerhalb der Psychoanalyse einen grundlegenden Widerspruch zwischen einer biologischen und einer gesellschaftlichen (oder kulturellen) Ausrichtung gibt. Die Freudsche Richtung wird oft biologisch, die Theorien der sogenannten neofreudianischen »Schulen«, besonders jene von Harry Stack Sullivan, Karen Horney und mir, werden »kulturalistisch« genannt, als ob diese im Widerspruch zu einer biologischen Ausrichtung stünden. Die Gegenüberstellung von biologischer und kultureller Betrachtungsweise ist nicht nur oberflächlich, sondern völlig irreführend. Dies gilt zumindest im Hinblick auf meine Schriften und meine theoretischen Auffassungen, die sich in grundsätzlichen Fragen von den Auffassungen von Sullivan und Horney unterscheiden, deren Positionen ihrerseits verschieden sind. […]

Im Folgenden möchte ich eine kurze Zusammenfassung der wichtigsten Punkte geben, die meine *sozio-biologische Ausrichtung* [in der Psychoanalyse] wiedergeben.

(1) Meine sozio-biologische Ausrichtung beruht vor allem auf einem bestimmten Verständnis von *Evolution*. Evolutionäres Denken ist historisches Denken. Wir nennen historisches Denken »evolutionär«, wenn wir von körperlichen Veränderungen sprechen, wie sie in der Geschichte der Entwicklung der Tiere vorkommen. Wir sprechen von »geschichtlichen« Veränderungen, wenn es um solche Veränderungen geht, die nicht mehr in Veränderungen des Organismus begründet sind. Der Mensch taucht an einem bestimmten Punkt der tierischen Evolution auf. Dieser Punkt ist durch das fast völlige Verschwinden der instinktiven Determination und das Wachstum der Hirnentwicklung gekennzeichnet, mit der Selbstbewusstsein, Vorstellungsvermögen, Planen und Zweifeln einhergehen. Haben diese beiden Faktoren einen bestimmten Schwellenwert erreicht, entsteht der Mensch. Von da an sind all seine Impulse von seinem Bedürfnis bestimmt, unter den Bedingungen zu überleben, die an diesem Punkt seiner Evolution entstanden sind.

Die »evolutionären« Veränderungen bei Lebewesen finden auf Grund von Änderungen der physischen Struktur statt; dies gilt von den Einzellern bis zu den Säugetieren. Die »geschichtlichen« Veränderungen, das heißt die Evolution des Menschen, beruhen nicht auf Veränderungen seiner anatomischen oder physiologischen Struktur, sondern finden auf Grund psychischer Veränderungen statt, die sich bei der Anpassung an das gesellschaftliche System, in das ein Mensch hineingeboren wird, ergeben. Das gesellschaftliche System hängt seinerseits von vielen Faktoren wie Klima, Bodenschätzen, Bevölkerungsdichte, Mittel zur Kommunikation mit anderen Gruppen, Produktionsweise usw. ab. Die geschichtlichen Veränderungen beim Menschen finden im Bereich seiner intellektuellen Fähigkeiten und seiner emotionalen Reife statt.

Eine wichtige Bemerkung muss hinzugefügt werden: Auch wenn es stimmt, dass der Mensch jene anatomische und physiologische Konstitution nicht überschritten hat, die er zum Zeitpunkt des Auftauchens aus dem Tierreich hatte, so ist doch das Wissen um das Verhalten und die neurophysiologischen Prozesse bei den Tieren, und hier besonders bei den Säugetieren, von beträchtlichem Interesse für die Erforschung des Menschen. Selbstverständlich sind oberflächliche Analogien der Art, wie sie Konrad Lorenz zu machen beliebt, von geringem wissenschaftlichem Wert. Auch muss man äußerst vorsichtig sein, für das menschliche Verhalten irgendwelche Schlussfolgerungen aus dem tierischen zu ziehen, und zwar genau deshalb, weil der Mensch ein System *sui generis* darstellt, das durch das gleichzeitige Vorhandensein von Schwäche der Instinktausstattung und einem hochentwickelten Gehirn gekennzeichnet ist.

Ist man sich dieser Fallstricke bewusst, können die Ergebnisse der Erforschungen tierischen Verhaltens und der neurophysiologischen Prozesse bei Tieren sehr anregend für die Erforschung des Menschen sein. Dies gilt selbstverständlich auch für die psychoanalytische Erforschung des Menschen: Auch sie kann von den den Menschen betreffenden neurophysiologischen Erkenntnissen Gebrauch machen. Zwar sind Psychoanalyse und Neurophysiologie Wissenschaften mit völlig verschiedenen Methoden, die nicht notwendig zu neuen Einsichten kommen, wenn sie dasselbe Problem zur gleichen Zeit angehen. Deshalb muss auch jede dieser Wissenschaften der Logik ihrer eigenen Methoden folgen. Es kann aber doch erwartet werden, dass sich eines Tages psychoanalytische und neurophysiologische Ergebnisse zusammenfügen lassen. Solange dies noch nicht möglich ist, sollten die Disziplinen der Wissenschaft vom Menschen nicht nur Respekt vor der jeweils anderen haben, sondern sich gegenseitig stimulieren, indem sie ihre Ergebnisse veröffentlichen und Fragen formulieren, die der Forschung in dem jeweils anderen Gebiet förderlich sind.

(2) Ein weiterer Drehpunkt der sozio-biologischen Ausrichtung ist die Frage des Überlebens: Wie kann der Mensch mit seiner physiologischen und neurophysiologischen Ausrüstung und angesichts seiner existenziellen Widersprüche physisch und psychisch überleben? Dass der Mensch physisch überleben muss, bedarf keiner Erklärung. Doch die Behauptung, dass er auch psychisch überleben muss, bedarf einiger weiterer Erläuterungen.

Vor allen Dingen ist der Mensch ein gesellschaftliches Wesen. Seine physische Konstitution ist derart, dass er in Gruppen leben muss, und dies bedeutet, dass er zumindest zum Zweck der Arbeit und der Verteidigung zur Kooperation mit anderen fähig ist. Voraussetzung für eine solche Kooperation ist, dass er seelisch gesund ist. Um psychisch gesund zu bleiben, das heißt, um psychisch (und indirekt auch physisch) zu überleben, muss der Mensch auf andere bezogen sein, und er braucht einen Rahmen der Orientierung, der es ihm erlaubt, die Wirklichkeit zu begreifen und einen relativ konstanten Bezugsrahmen zu haben, der ihm einen Orientierungspunkt in einer ansonsten chaotischen Wirklichkeit ermöglicht. Dieser Rahmen der Orientierung befähigt ihn zugleich, mit anderen zu kommunizieren.

Der Mensch braucht einen Rahmen der Hingabe, der auch Werte einschließt, und der ihn befähigt, seine Energie in eine besondere Richtung zu bündeln und zu kanalisieren, womit er das rein physische Überleben transzendiert. Die Art des Rahmens der Orientierung ist zum Teil eine Frage der Wahrnehmung und wird über das Erlernen der Denkformen seiner Gesellschaft erworben; zum größeren Teil ist sie eine Frage des Charakters.

Der *Charakter* ist jene Form, in die menschliche Energie im Prozess der »Sozialisation« (in der Bezogenheit zu anderen) und der »Assimilierung« (in der Art und Weise der Aneignung von Dingen) kanalisiert wird. Der Charakter ist eigentlich der Ersatz für die fehlenden Instinkte. Müsste der Mensch, weil er in seinen Handlungen nicht mehr durch die Instinkte determiniert ist, vor jeder Handlung erst entscheiden, wie er handelt, wäre er unfähig, jemals rasch zu handeln. Zu Entscheidungen zu kommen, würde zu lange dauern; auch gäbe es keine Konsistenz seiner Handlungen. Handelt er gemäß seinem Charakter, dann handelt er quasi-automatisch und konsistent. Die Energie, mit der die Charakterzüge geladen sind, garantiert eine rasche und schlüssige Handlung – mehr, als jeder Zwang zum Lernen leisten würde.

Freud nahm an, dass die Charakterzüge in der Libido und besonders in den libidinös besetzten erogenen Zonen wurzeln. In meiner Revision des Charakterbegriffs wird der Charakter als ein biologisch notwendiges Phänomen gesehen, notwendig deshalb, weil er das psychische und physische Überleben des Menschen garantiert. Auch die Begriffe »Sozialisation« und »Assimilierung« als Aspekte der Charakterorientierungen gründen auf der biologischen Betrachtung, dass der Mensch ein zweifaches Bedürfnis hat: sich auf andere zu beziehen und sich Dinge anzueignen.

Wer mit meinen früheren Schriften vertraut ist, weiß, dass ich Freuds klinische Beschreibung der verschiedenen Charaktersyndrome voll und ganz akzeptiere. Der Unterschied liegt in den verschiedenen biologischen Ansätzen. Darüber hinaus gibt es noch einen anderen Unterschied, der eigens erwähnt sein soll: Für Freud sind die Charakterzüge mit libidinöser Energie geladen, das heißt, sie sind sexuell (in dem weiten Wortsinn, in dem Freud diesen Begriff benutzte). Die Energie, von der ich spreche, ist die Energie des lebendigen Organismus mit seinem Wunsch zu überleben; sie wird in verschiedene Bahnen kanalisiert, die es dem Einzelnen ermöglichen, seinen Anforderungen gemäß zu reagieren. (Carl Gustav Jung war der erste, der von Energie im allgemeinen statt von sexueller

Energie im engeren Sinn sprach. Allerdings verband er sein anderes Energieverständnis nicht mit der sozio-biologischen Funktion des Charakters.)

Die sozio-biologische Funktion des Charakters bestimmt nicht nur die Bildung des individuellen Charakters, sondern auch die des *Gesellschafts-Charakters*. Der Gesellschafts-Charakter enthält die »Matrix« oder den »Kern« der Charakterstruktur der meisten Mitglieder einer gesellschaftlichen Gruppe. Er bildet sich als das Ergebnis der grundlegenden Erfahrungen und der Lebensweise, die eben dieser Gruppe gemeinsam sind. Von einer sozio-biologischen Warte aus hat der Gesellschafts-Charakter die Funktion, menschliche Energie derart umzugestalten, dass sie als »Rohmaterial« für die Zwecke der besonderen Struktur einer gegebenen Gesellschaft benützt werden kann. Ich möchte hier eigens anmerken, dass es so etwas wie eine Gesellschaft als solche nicht gibt, sondern nur verschiedene Gesellschaftsstrukturen; genauso wenig gibt es psychische Energie als solche, sondern nur auf verschiedene Weisen kanalisierte psychische Energie, die jeweils für eine gegebene Charakterstruktur typisch ist.

Die Entwicklung des Gesellschafts-Charakters ist unabdingbar für das Funktionieren einer gegebenen Gesellschaft; das gesellschaftliche Überleben aber ist eine biologische Notwendigkeit für das Überleben des Menschen. Dies bedeutet freilich nicht, dass der gegebene Gesellschafts-Charakter die Stabilität einer gegebenen Gesellschaft garantiert. Widerspricht die Gesellschaftsstruktur den menschlichen Bedürfnissen zu sehr und kommt es gleichzeitig zu neuen technischen und sozio-ökonomischen Möglichkeiten, dann werden bisher verdrängte Charakterelemente in den fortschrittlichsten Individuen und Gruppen zum Vorschein kommen, und diese neuen Charakterzüge werden dabei helfen, die Gesellschaft in menschlich befriedigendere Formen zu verwandeln. So sehr der Gesellschafts-Charakter in Perioden sozio-ökonomischer Stabilität der Zement der Gesellschaft ist, so wird er in Zeiten drastischer Änderungen zu Dynamit.

Ich fasse zusammen: Es gibt keine »kulturelle« Ausrichtung, die im Gegensatz zu einer »biologischen« stände, wobei Freud für die biologische und ich für die kulturelle Schule stehen würde. Ganz abgesehen von der Tatsache, dass ich kein Gründer einer Schule bin, sondern ein Psychoanalytiker, der Freuds Theorie dadurch zu fördern versuchte, dass ich bestimmte Revisionen vornahm, ist meine Ausrichtung eine sozio-biologische. Für diese tritt der Mensch an einem bestimmten und definierbaren Punkt der Evolution des tierischen Lebens auf. Die Entwicklung der Persönlichkeit wird als der Versuch des Menschen verstanden, mit Hilfe einer dynamischen Anpassung an die gesellschaftliche Struktur, in die er geboren wird, zu überleben.

6. Eine humanistische Wissenschaft vom Menschen

Vorüberlegungen: Charakteristisch für unsere heutige Zeit ist die Kluft zwischen dem Wissensstand der Naturwissenschaften wie auch der Technik und den eher geringen Erkenntnissen, die wir vom Menschen haben. Diese Diskrepanz ist nicht einfach theoretischer Natur, sondern von großer praktischer Bedeutung: Wenn der Mensch nicht mehr über sich selbst weiß und dieses Wissen nicht für eine bessere Gestaltung seines Lebens einsetzt, dann wird er durch die eigenen wissenschaftlichen Errungenschaften zerstört werden. [...]

Folgende Gründe sprechen für eine [humanistische Wissenschaft vom Menschen]:

(1) Die heutigen Sozialwissenschaften – von einigen bemerkenswerten Ausnahmen abgesehen – sind beeindruckt vom Erfolg und dem Prestige der Naturwissenschaften und versuchen daher, die naturwissenschaftlichen Methoden auch auf die Erforschung des Menschen anzuwenden. Sie fragen nicht einmal, ob eine Methode, welche auf Dinge anwendbar ist, auch auf die Erforschung des Menschen übertragen werden kann. Diese Vorstellung der

wissenschaftlichen Methodik ist naiv und überholt. Sie glauben, dass nur Methoden als wissenschaftlich gelten, welche zählen und messen. Dabei vergessen sie, dass die am weitesten fortgeschrittenen Naturwissenschaften, wie etwa die theoretische Physik, aus Rückschlüssen gewagte Hypothesen aufstellen und – wie Einstein – selbst Intuition nicht verachten. Wird diese falsch verstandene wissenschaftliche Methode nachgeahmt, so führt dies dazu, dass die Methode der „Tatsachen und Zahlen" die zu untersuchenden Probleme bestimmt. Es werden unbedeutende Probleme gewählt, einfach deshalb, weil die Resultate leicht graphisch dargestellt und mittels mathematischer Formeln ausgedrückt werden können, anstatt ein bedeutendes Problem zu wählen und zu dessen Lösung neue, passende Methoden zu entwickeln.

(2) So ergeben sich Tausende von Forschungsprojekten, von denen die meisten die grundlegenden Fragen des Menschen nicht einmal berühren. Das Denken, das in diesen Forschungsprojekten Anwendung findet, ist nicht produktiv, sondern bewegt sich auf einem ziemlich naiven und praktisch-technischen Niveau. Es verwundert deshalb nicht, dass nicht die Sozialwissenschaften, sondern die weiter fortgeschrittenen Naturwissenschaften die besten Köpfe der Nation anziehen.

(3) Eng verwandt mit dem Problem einer falsch verstandenen wissenschaftlichen Methode ist der Relativismus, von dem die Sozialwissenschaften durchdrungen sind. Während wir der großen humanistischen Tradition noch Lippenbekenntnisse zollen, ist die Einstellung der meisten Sozialwissenschaftler rein relativistisch – eine Haltung, bei der Werte zur Geschmackssache deklariert werden, ihnen aber keine objektive Gültigkeit zuerkannt wird. Weil es schwieriger ist, die objektive Gültigkeit von Werten zu erforschen, haben sich die Sozialwissenschaften für den bequemeren Weg entschieden: sie haben das Problem eliminiert. Auf diese Weise missachten sie die Tatsache, dass überall in zunehmendem Maße das Gespür für die Bedeutung von Werten verlorengeht und es demzufolge zu einer immer größer werdenden Unfähigkeit kommt, von

den Früchten unseres Denkens und unserer Anstrengungen in den Naturwissenschaften konstruktiv Gebrauch zu machen.

(4) Ein weiterer Aspekt dieses Relativismus ist der Verlust der Vorstellung vom Menschen als einem definierbaren Wesen, das den mannigfaltigen Erscheinungen des Menschen in verschiedenen Kulturen zugrunde liegt. Man fasst den Menschen auf, als ob er ein unbeschriebenes Blatt Papier wäre, auf das jede Kultur ihren eigenen Text schreibt, statt ihn als ein nicht nur biologisch, sondern auch psychologisch definierbares Wesen zu begreifen. Wie können wir erwarten, das zunehmende geographische und soziale Einswerden des Menschen, das sich für die Zukunft abzeichnet, erfolgreich zu gebrauchen, solange wir die Vorstellung vom Menschen als einer Realität nicht zurückgewinnen?

Aufbauend auf diese vorbereitenden Überlegungen kommen wir nun zur Formulierung der allgemeinen Zielsetzung für [eine humanistische Wissenschaft vom Menschen]:

Allgemeine Ziele: Jede wissenschaftliche Forschung des Menschen soll im Geiste des Humanismus erfolgen. Dies bedeutet im einzelnen: Die Erforschung des Menschen muss von erklärten menschlichen Interessen ausgehen, in erster Linie von solchen, die die Belange aller humanistischen Religionen und philosophischen Traditionen repräsentieren: die Idee der Würde des Menschen und seiner Fähigkeiten zu Liebe und Vernunft, welche sich unter günstigen Voraussetzungen entwickeln können. Die Erforschung des Menschen muss besonders von jenen Problemen ausgehen, die sich aus unserer eigenen historischen Situation ergeben: der Zusammenbruch unseres überlieferten Wertesystems, das unkontrollierte und strukturlose Wachstum der rein intellektuellen und technischen Betätigungen haben das Bedürfnis entstehen lassen, den Werten der humanistischen Tradition eine neue rationale Grundlage zu verschaffen. Dies geschieht unter der Annahme, dass der Mensch trotz aller Verschiedenheiten eine Spezies ist, und zwar nicht nur in biologischer und physiologischer, sondern auch in geistiger und psychologischer Hinsicht.

Diese allgemeinen Zielsetzungen können nur dann wirklich erreicht werden, wenn die Methoden, die zur Erforschung des Menschen adäquat sind, geprüft und entwickelt werden. Die Hauptschwierigkeit liegt nicht so sehr in der Frage einer wissenschaftlichen oder unwissenschaftlichen Erforschung des Menschen, sondern in der Frage, auf was sich eine adäquate und rationale Methode zur Erforschung des Menschen gründet und worauf sie sich nicht gründet. Eine humanistische Wissenschaft vom Menschen muss das Erbe großer Menschenkenner der Vergangenheit wie Aristoteles und Spinoza fortsetzen, bereichert durch neue Erkenntnisse aus Biologie, Physiologie und Soziologie und durch unsere eigenen Erfahrungen als Menschen, die im Zeitalter des Übergangs leben und besorgt sind um die Zukunft des Menschen.

Bezüglich des letzteren scheint eine zusätzliche Bemerkung notwendig. Sozialwissenschaftler behaupten häufig, dass das Fehlen jeglicher Interessen oder vorgefasster Zielsetzungen eine Voraussetzung wissenschaftlichen Forschens sei.

Dass dies eine naive Annahme ist, zeigt deutlich die Entwicklung der Naturwissenschaften. Diese werden nämlich weitgehend durch praktische Ziele – durch Erfordernisse – gefördert und nicht behindert. Es gehört zur Verantwortung des Wissenschaftlers, mit seinen Daten objektiv umzugehen; dies bedeutet aber nicht, ohne Zielsetzungen zu forschen, denn diese verleihen seiner Arbeit erst Sinn und Antrieb. Ebenso wie jede Zeit ihre spezifischen ökonomischen und technischen Probleme hat, so hat sie auch ihre spezifischen menschlichen Probleme. Die Erforschung des Menschen muss es sich daher zur Aufgabe machen, sich den Fragen und Problemen zu stellen, die die aktuelle historische Situation hervorruft.

Spezielle Zielsetzungen sind: *Die Erforschung geeigneter Methoden für die Wissenschaft vom Menschen:* Es gilt festzustellen, welche Unterschiede im methodischen Ansatz bei der Erforschung von Dingen und bei der Erforschung von Lebendigem – insbesondere des Menschen – bestehen. So gilt es beispielsweise zu unterscheiden zwischen einer „objektiven" Einstellung, bei der das Objekt eben bloß ein Objekt ist, und einer Einstellung, bei der der Beobachter zugleich einfühlend auf die beobachtete Person bezogen ist.

Untersuchungen zum Menschenbild und zur menschlichen Natur: Während die humanistische Philosophie die Einheit aller Menschen annimmt, besteht ein großes Bedürfnis nach einem rationalen und demonstrierbaren Nachweis dafür, dass es so etwas wie den Menschen und die menschliche Natur jenseits des rein anatomischen und physiologischen Bereichs gibt. Der Begriff der menschlichen Natur muss hervorgehen aus der Verknüpfung von dem, was wir aus der Vergangenheit, und dem, was wir heute über den Menschen in den verschieden hoch entwickelten und in den relativ primitiven Kulturen wissen. Die Aufgabe besteht darin, über eine deskriptive Anthropologie hinauszugehen und die grundlegenden menschlichen Kräfte hinter der Mannigfaltigkeit ihrer manifesten Ausdrucksformen zu erforschen. Ein gründliches und dynamisches Erforschen aller Manifestationen der menschlichen Natur wird auf ein vorläufiges Bild der Natur des Menschen und der Gesetze, die für sie bestimmend sind, rückschließen lassen. Eine humanistische Wissenschaft vom Menschen muss von einer Vorstellung der Natur des Menschen ausgehen und gleichzeitig bestrebt sein, diese menschliche Natur weiter zu ergründen. Selbstverständlich sollten eine Reihe von Forschungen in unterschiedlichen Gesellschaften (industriellen, weniger entwickelten bis primitiven) durchgeführt werden, mit denen die Hypothesen über die Natur des Menschen überprüft werden.

Forschungen zur Frage der Werte: Es muss gezeigt werden, dass bestimmte Werte nicht einfach Geschmacksache sind, sondern dass sie tief in der menschlichen Existenz wurzeln. Es muss anschaulich gemacht werden, welches diese grundlegenden Werte sind, und wie sie in eben dieser Natur des Menschen verwurzelt sind. Man muss die Werte in allen Kulturen untersuchen, um die zugrunde liegenden Gemeinsamkeiten zu finden. Auch sollte versucht werden, die sittliche Entwicklung der Menschheit zu erforschen. Ferner gilt es aufzuzeigen, welche Auswirkungen die Verletzung der grundlegenden Normen für den Einzelnen und die Kultur hat. Gemäß einer relativistischen Normtheorie hat jede Norm Gültigkeit – und gehe es um Mord oder Liebe –, sobald sie von einer Gesellschaft akzeptiert ist. Die humanistische Normtheorie hingegen behauptet, dass sich bestimmte Normen aus des Menschen existenzieller Situation ergeben und dass deren Verletzung bestimmte lebensfeindliche Auswirkungen nach sich zieht.

Forschungen zur Destruktivität: In enger Beziehung zum Vorangegangenen steht die Erforschung der Destruktivität in ihren Erscheinungsformen (Zerstörung anderer, Selbstzerstörung, Sadismus und Masochismus). Wir wissen fast nichts über die Ursachen der Destruktivität, und dies obgleich es hier eine Fülle empirischer Daten gibt, die es uns zumindest erlauben würden, eine Hypothese über die individuellen und gesellschaftlichen Ursachen der Destruktivität aufzustellen.

Untersuchungen zur Kreativität: Ein ebenfalls breites Beobachtungsfeld bietet die Erforschung kreativer Impulse bei Kindern, Jugendlichen und Erwachsenen und jener Faktoren, die diese Impulse fördern oder hemmen. Derartige Untersuchungen – wie auch jene über die Destruktivität – müssen über den amerikanischen Schauplatz hinausgehen. Dabei sollten – wenn möglich – Forschungsunterlagen aus den verschiedensten Kulturen verwendet werden.

Untersuchungen zur Autorität: Das moderne Zeitalter der Freiheit und des Individualismus kämpfte gegen Autorität und proklamierte als sein neues Ideal jegliches Fehlen von Autorität. Dieses Fehlen von offener Autorität begünstigte das Anwachsen der anonymen Autorität, welche ihrerseits zu einem Konformismus geführt hat. Das Problem der Autorität muss deshalb neu angegangen werden, wobei empirisch zwischen irrationalen und rationalen Formen von Autorität zu unterscheiden ist; ebenso muss das Phänomen des Konformismus mit all seinen Verästelungen neu untersucht werden.

Erforschung der psychologischen Voraussetzungen für eine demokratische Organisation: Die Idee des verantwortungsvollen und gut informierten Bürgers, der an allen wichtigen Entscheidungen der

Gemeinschaft direkt beteiligt ist, gehört zur Idealvorstellung von Demokratie. Aber auf Grund des Bevölkerungszuwachses und der Methoden der Massensuggestion wird die Demokratie in ihrem Kern geschwächt. Untersuchungen sind erforderlich, die zeigen, was im Kopf des Wählers vor sich geht (jenseits seiner Meinung bei der Stimmabgabe), wie beeinflussbar er ist und wie die Tatsache, dass er das politische Geschehen wenig beeinflussen kann, sich auf seine Wachsamkeit im politischen Denken auswirkt. Experimente mit Gruppendiskussion und Entscheidungsfindungen müssen gefördert und ihre Ergebnisse erforscht werden.

Untersuchungen zu Fragen der Erziehung: Es stimmt, dass wir einen höheren Standard der Ausbildung haben als andere Völker je irgendwo in der Welt hatten. Dennoch trägt unser System höherer Ausbildung relativ wenig dazu bei, kritisches Denken zu stimulieren und auf die Charakterbildung einzuwirken. Wie verschiedene Studien gezeigt haben, sind Schüler von der Persönlichkeit des Lehrers wenig berührt. Sie erhalten nicht viel mehr als bestenfalls rein intellektuelles Wissen. Neue Untersuchungen werden benötigt, um den eigentlichen Lernprozess und das Schüler-Lehrer-Verhältnis zu erforschen. Es geht darum, die Erziehung über die rein verbal-intellektuellen Vorgänge hinaus in den Bereich der Sinnfrage wirksam werden zu lassen.

Erforschung der Geschichte als Geschichte der Evolution des Menschen: Die herkömmliche Geschichtsforschung wurde provinziell betrieben: Die Wurzeln unserer Kultur sind in Palästina, Griechenland und Rom; dann rückte die europäische und amerikanische Geschichte in den Mittelpunkt. Was wir brauchen, ist eine Weltgeschichte, in der die Evolution des Menschen in ihren tatsächlichen Gegebenheiten gezeigt wird. Es sollte dargestellt werden, wie die gleichen grundlegenden Ideen aus verschiedenen Zweigen der menschlichen Familie hervorgegangen sind, wie manche verschmolzen, andere aber getrennt geblieben sind, und dass die Verschiedenartigkeiten im Vergleich zu den Gemeinsamkeiten überbetont wurden. In einer solchen Geschichte vom Menschen könnte die

Entwicklung des Menschen, seines Charakters und seiner Ideen gezeigt werden sowie sein Hineinwachsen in ein größeres Ganzes. Dabei müssten aber die tatsächlichen Beiträge verschiedener Kulturen und Zeitalter angemessen betont werden. Eine derartige Erforschung der Geschichte müsste den Menschen befähigen, ein objektives Bild der gesamten menschlichen Rasse, ihres Wachstums, ihrer Integration und Einheit zu erhalten. In den letzten Jahren sind mehrere derartige Universalgeschichten geschrieben worden. Sie erfüllen aber nicht das dringende Bedürfnis nach einem mehrbändigen wissenschaftlichen Werk hervorragender Fachleute, die eine gemeinsame humanistische Gesinnung eint.

II

Das humanistische Menschenbild

7. Gibt es eine Natur des Menschen?

Für die meisten Denker des griechischen Altertums, des Mittelalters, bis hin zur Zeit Kants war es selbstverständlich, dass es so etwas wie eine »Natur des Menschen« gibt, also etwas, das – philosophisch gesprochen – das »Wesen« des Menschen ausmacht. Zwar gab es unterschiedliche Ansichten darüber, was zu diesem »Wesen« gehört, doch war man sich darüber einig, dass es ein »Wesen« gibt, das heißt etwas, was den Menschen zum Menschen macht.

Vor einhundert Jahren, oder sogar schon früher, begann man, diese herkömmliche Ansicht in Frage zu stellen. Ein Grund hierfür war die intensivere Erforschung der menschlichen Geschichte. Die Untersuchungen zur Entwicklung der Menschheit zeigten, dass sich der Mensch unserer Epoche so sehr vom Menschen früherer Zeiten unterschied, dass die Annahme, es gäbe eine sich durch alle historischen Epochen durchhaltende »Natur des Menschen«, unrealistisch wurde. Die historischen Forschungen wurden in unserem Jahrhundert vor allem durch kulturanthropologische Untersuchungen vertieft. Die Erforschung der sogenannten primitiven Völker hat eine solche Vielfalt unterschiedlicher Sitten, Werte, Empfindungen und Gedanken ans Licht gebracht, dass viele Anthropologen zu der Auffassung gelangten, der Mensch werde als ein unbeschriebenes Blatt Papier geboren, auf das die jeweilige Kultur ihren Text schreibe.

Zu den Auswirkungen der Untersuchungen zur Geschichte und zur Kulturanthropologie kam der Einfluss der Evolutionstheorie. Auch sie erschütterte den Glauben an eine allgemeine »Natur des Menschen«. Jean-Baptiste de Lamarck und Charles Darwin vor allem, aber auch andere Biologen haben nachgewiesen, dass alle Lebewesen evolutionäre Veränderungen erfahren. Schließlich konnte die moderne Physik zeigen, dass auch die physikalische Welt Evolutionen und Veränderungen unterliegt. Es ist keine bloße Metapher, wenn wir sagen, dass die Totalität der Welt eine Totalität in Bewegung ist, die sich – wie Alfred North Whitehead sagen würde – in einem Zustand des »Prozesses« befindet.

Noch ein anderer Faktor trug zu der Tendenz bei, das Vorhandensein einer festgelegten menschlichen Natur, eines Wesens des Menschen zu verneinen: Der Begriff der menschlichen Natur wurde so oft missbraucht und als Schild benutzt, hinter dem die schlimmsten Ungerechtigkeiten begangen wurden, dass wir bei seiner Erwähnung geneigt sind, seinen moralischen Wert ernsthaft zu bezweifeln, ja sogar ihn für sinnlos zu halten. Unter Berufung auf die Natur des Menschen haben Plato, Aristoteles und die meisten Denker bis ins 18. Jahrhundert hinein die Sklaverei verteidigt. (Ausnahmen waren bei den Griechen die Stoiker, welche von der Gleichheit aller Menschen überzeugt waren, sowie in der Renaissance Humanisten wie Erasmus von Rotterdam, Thomas Morus oder Juan Luis Vives.) Unter Berufung auf eine solche »Natur des Menschen« entstanden der Nationalismus und der Rassismus. Und unter Berufung auf die angebliche Überlegenheit der arischen Natur haben die Nationalsozialisten mehr als sechs Millionen Menschen umgebracht. Unter Berufung auf einen bestimmten abstrakten Begriff von menschlicher Natur fühlt sich der Weiße dem Farbigen, der Mächtige dem Hilflosen und der Starke dem Schwachen überlegen. Der Begriff der »menschlichen Natur« musste bis in unsere Tage nur allzu oft für die Zwecke von Staat und Gesellschaft herhalten.

Muss man deshalb zu dem Schluss kommen, dass es so etwas wie eine menschliche Natur nicht gibt? Eine solche Annahme dürfte ebenso viele Gefahren in sich bergen wie der Begriff einer eindeutig festgelegten Natur. Wenn es kein allen Menschen gemeinsames Wesen gäbe, könnte es auch keine Einheit der Menschen, keine für alle Menschen gültigen Werte und Normen geben, ja, es gäbe keine Wissenschaft der Psychologie oder Anthropologie, die den Menschen zum Erkenntnisobjekt hat. Finden wir uns demnach nicht in der Zwickmühle zwischen zwei nicht wünschenswerten, ja gefährlichen Annahmen: zwischen der reaktionären Ansicht, welche eine genau festgelegte, unveränderliche menschliche Natur annimmt, und der relativistischen, welche zu dem Schluss führt, dass der Mensch mit anderen Menschen nur seine anatomischen und physiologischen Attribute teilt?

Vielleicht hilft es uns weiter, wenn wir zwischen dem Begriff der Natur oder des Wesens des Menschen und dem bestimmter Attribute unterscheiden, die allen Menschen gemeinsam sind und die trotzdem noch nicht allein den vollen Begriff der Natur oder des Wesens des Menschen ausmachen. Wir könnten sie als *wesentliche Attribute* bezeichnen, das heißt als Attribute, die zum Menschen als solchem gehören, und sie trotzdem vom »Wesen« des Menschen unterscheiden, das alle diese Attribute und sogar noch mehr umfassen könnte und vielleicht zu definieren wäre als das, woraus sich die mannigfachen Attribute ergeben.

Das bekannteste unter diesen Attributen finden wir bei den griechischen Philosophen, bei den Denkern des Mittelalters und des 18. Jahrhunderts und vor allem bei Kant: die Bestimmung des Menschen als eines *mit Vernunft begabten Wesens (animal rationale).* Diese Definition erschien als nicht hinterfragbar und selbstverständlich – bis zur Entdeckung der tiefen Irrationalität des Menschen. Diese hatten zwar Platon, die griechischen Dramatiker, Dante, Shakespeare, Dostojewski und viele andere bereits erkannt, doch erst Freud hat sie in den Mittelpunkt seiner empirischen, wissenschaftlichen Untersuchungen gestellt. Der Mensch mag wohl ein mit Vernunft begabtes Wesen sein, aber die Frage bleibt, welches Gewicht seine Irrationalität hat und wo deren Ursachen liegen.

Eine andere wichtige Bestimmung des Menschen lautet, er sei ein *zoon politikon,* ein *soziales Wesen* oder – genauer gesagt – ein Wesen, dessen Existenz unausweichlich an eine gesellschaftliche Organisation gebunden ist. Man kann zwar die Definition des Menschen als soziales Wesen kaum bestreiten, doch ist sie ziemlich allgemein gehalten und sagt nur wenig über die Natur des Menschen aus, außer dass er – wie man es auch formulieren könnte – mehr ein Herdentier als ein Einzelwesen ist.

Eine weitere Definition lautet, dass der Mensch ein *homo faber* sei, ein Lebewesen, das etwas »fabrizieren« kann. Auch diese Definition ist richtig und weist auf eine wichtige Eigenschaft hin, die den Menschen vom Tier unterscheidet, doch auch sie ist recht allgemein gehalten und bedarf weiterer Bestimmungen, um richtig verstanden zu werden. Denn auch das Tier »fabriziert« etwas: Es gibt kaum ein besseres Beispiel als die Wachswaben, die die Bienen herstellen, um ihren Honig darin aufzubewahren. Es besteht aber – wie schon Marx dargelegt hat – ein großer Unterschied zwischen dem *animal faber* und dem *homo faber.* Das Tier produziert entsprechend einem instinktgesteuerten Verhaltensmuster, der Mensch hingegen nach einem Plan, den er sich zuvor zurechtgelegt hat.

Noch etwas anderes unterscheidet den produzierenden Menschen vom produzierenden Tier: Der Mensch produziert mit Hilfe von Werkzeugen, die er kraft seines Verstandes als Erweiterung seiner eigenen Gliedmaßen herstellt, um seine Fähigkeit zur Produktion noch zu erhöhen. Im Verlaufe seiner Entwicklung hat der Mensch nicht nur Werkzeuge hergestellt, sondern auch die Energie (Dampf, Elektrizität, Öl, Atomenergie) so gebändigt, dass sie die tierische und menschliche Kraft ersetzen kann, die man früher noch für die Produktion einsetzte. Neuerdings – und das kennzeichnet die zweite industrielle Revolution – stellt der Mensch Apparate her, die nicht nur seine physische Energie ersetzen, sondern sogar (in Automation und Kybernetik) Denkfunktionen übernehmen.

Schließlich ist noch eine letzte, wichtige Bestimmung des Menschen zu nennen, die Ernst Cassirer und Philosophen, die sich mit den Symbolen beschäftigten, herausgestellt haben. Der Mensch ist ein *Symbole schaffendes Wesen,* und das wichtigste Symbol, das er geschaffen hat, ist das Wort. Mit Hilfe des Wortes kann er mit anderen Menschen seine Gedanken austauschen, wodurch der Denk- und Arbeitsprozess wesentlich erleichtert wird.

Diese Attribute des Menschen – seine Vernunft, seine Fähigkeit, etwas zu produzieren und eine gesellschaftliche Organisation aufzubauen, sowie die Fähigkeit Symbole zu schaffen – sind wesentlich, doch machen sie nicht die Totalität der menschlichen Natur aus. Es sind nur allgemeine menschliche Potenziale und noch nicht das, was man die »Natur des Menschen« nennt. Auch wenn er alle diese Attribute besitzt, kann der Mensch frei oder determiniert, gut oder böse, von seiner Gier oder von Idealen bestimmt sein. Er kann sich Gesetze zu Beherrschung der Natur geben oder auch nicht. Und alle Menschen könnten neben den genannten Attributen noch eine ihnen gemeinsame Natur besitzen – oder auch nicht. Es kann allen Menschen gemeinsame Werte geben oder auch nicht.

Wir stehen also immer noch vor dem eingangs gestellten Problem: Gibt es – neben gewissen allgemeinen Attributen – etwas, was man als »Natur des Menschen« oder als das »Wesen des Menschen« bezeichnen kann? Eine relativ neue Theorie scheint geeignet, die Lösung des Problems zu erleichtern, aber gleichzeitig auch wieder zu erschweren. Eine Reihe von Philosophen von Kierkegaard und Karl Marx bis hin zu William James, Henri Bergson und Teilhard de Chardin haben erkannt, dass der Mensch *sich selber erzeugt,* dass der Mensch der Urheber seiner Geschichte ist. In früheren Zeiten glaubte man, das Leben auf unserer Welt reiche von der Schöpfung bis zum Ende des Universums, und beim Menschen handele es sich um ein Wesen, das in die Welt hineingestellt wurde, um in irgendeinem Augenblick seines Lebens das Heil zu erlangen oder der Verdammnis anheimzufallen. Aber die Zeit spielt inzwischen in der Philosophie und Psychologie unserer Tage eine zentrale Rolle. Marx fasste die Geschichte als einen stetig ablaufenden Prozess auf, in dem der Mensch sich selbst als Individuum und als Spezies erschafft. James war der Ansicht, dass das Leben des Geistes der »Strom des Bewusstseins« sei. Bergson glaubte, dass wir im tiefsten Grund unserer Seele »Dauer«, das heißt persönliche und nicht-übertragbare gelebte Zeit seien; die Existenzialisten ihrerseits haben uns gesagt, dass wir kein Wesen besäßen, sondern in erster Linie eine

Existenz seien, das heißt, dass wir das seien, zu dem wir uns im Laufe unseres Lebens machen.

Wenn nun aber der Mensch historisch und zeitgebunden ist, wenn er sich selbst entwirft und macht in dem Maße, wie er sich mit der Zeit und innerhalb der Zeit verändert und modifiziert, dann dürfte es doch auf der Hand liegen, dass wir nicht länger von einer »Natur des Menschen« und von einem »Wesen des Menschen« reden können. Der Mensch *ist* dann kein mit Vernunft begabtes Wesen mehr – er *wird* erst dazu. Er *ist* nicht mehr sozial – er *wird* es erst. Er *ist* nicht mehr religiös – er *wird* es erst. Und wie steht es dann mit der menschlichen Natur? Können wir überhaupt noch davon sprechen?

Ich möchte eine Antwort darauf vorschlagen, die mir die der Wirklichkeit am meisten entsprechende Antwort auf die Frage nach der Natur des Menschen zu sein scheint. Sie ist auch geeignet, die durch die beiden extremen Positionen verursachten Schwierigkeiten zu überwinden – dass es nämlich eine festgelegte und unveränderliche Natur des Menschen gibt, oder aber dass es nichts gibt, was allen Menschen gemeinsam wäre, sieht man einmal von einigen wesentlichen Attributen ab. […]

Ich selbst sehe das Wesen oder die Natur des Menschen in gewissen, in der menschlichen Existenz – im Gegensatz zur tierischen Existenz – inhärenten Widersprüchen. Der Mensch ist ein Tier, aber ein solches, das nicht genügend mit Instinkten ausgerüstet ist, um es bei seinem Handeln zu leiten. Er besitzt nicht nur Intelligenz – die auch das Tier besitzt –, sondern ein Bewusstsein seiner selbst; und doch ist er nicht fähig, den Geboten der Natur zu entrinnen. Er ist »eine Laune der Natur«, da er der Natur angehört und sie gleichzeitig transzendiert.

Diese Widersprüche rufen Konflikte und Ängste hervor, ein Ungleichgewicht, mit dem der Mensch fertig werden muss, um zu einem besseren Gleichgewicht zu kommen. Aber sobald er dieses erreicht hat, tauchen neue Widersprüche auf, so dass er nach einem neuen Ausgleich streben muss, und so immer weiter. *Die Fragen, und nicht die Antworten machen also das Wesen des Menschen aus.*

Die Antworten, mit denen man die Dichotomien zu lösen versucht, führen zu verschiedenen Manifestationen der menschlichen Natur. Die Dichotomien und das daraus resultierende Ungleichgewicht sind ein unausrottbarer Bestandteil des Menschen als Menschen; die verschiedenartigen Lösungen dieser Widersprüche hängen von sozio-ökonomischen, kulturellen und psychischen Faktoren ab, doch sind sie keineswegs willkürlich und zahlenmäßig unbegrenzt.

Es gibt eine begrenzte Zahl von Antworten, die im Verlauf der Menschheitsgeschichte erreicht oder wenigstens geahnt worden sind. Diese Antworten sind zwar durch die historischen Umstände bedingt, doch unterscheiden sie sich gleichzeitig darin, wieweit sie Lösungen bieten, die dazu geeignet sind, menschliche Vitalität, Stärke, Freude und den Mut zu fördern. Dass diese Lösungen von vielen Faktoren abhängen, schließt nicht aus, dass menschliche Einsicht und menschlicher Wille darauf hinwirken können, bessere statt schlechtere Lösungen zu finden.

Insgesamt lässt sich also eine bedeutsame Übereinstimmung unter all denen feststellen, die die Natur des Menschen untersucht haben. Es herrscht die Überzeugung, dass der Mensch in seiner ganzen Konkretheit als ein körperliches Wesen anzusehen ist, das in eine spezifische psychische und gesellschaftliche Welt hineingestellt ist, mit allen Grenzen und Schwächen, die sich aus diesem Aspekt des menschlichen Daseins ergeben. Gleichzeitig ist der Mensch das einzige Geschöpf, in dem das Leben sich seiner selbst bewusst geworden ist, das zu einem ständig wachsenden Bewusstsein seiner selbst und seiner Umwelt gelangt und das die Möglichkeit zur Entwicklung neuer materieller und spiritueller Fähigkeiten in sich trägt, welche sein Leben zu einem offenen Weg mit einem determinierbaren Ziel machen. Pascal drückt es in den *Pensées* (Nr. 347) so aus: »Nur ein Schilfrohr, das zerbrechlichste in der Welt, ist der Mensch, aber ein Schilfrohr, das denkt.«

Der Mensch ist nicht völlig definierbar. Dennoch können uns jene »Wesensattribute«, von denen gesprochen wurde, ein annäherungsweise recht gutes Bild dessen geben, was als »Natur des Menschen«

bezeichnet werden kann. Die Natur des Menschen ist aber nicht nur ein Prinzip, sondern auch eine Fähigkeit: Der Mensch erreicht sein Wesen in dem Maße, wie er seine Fähigkeiten der Vernunft und der Liebe entwickelt. Der Mensch ist zu Vernunft und Liebe fähig, weil er ist, und es gilt umgekehrt: Der Mensch ist, weil er vernünftig urteilen und weil er lieben kann. Die Fähigkeit, sich seiner selbst bewusst zu werden und sich Rechenschaft über sich selbst und seine existenzielle Situation zu geben, macht ihn zum Menschen. Und eben diese Fähigkeit ist grundlegend für seine Natur.

Diese Überzeugung teilten viele der großen Philosophen, Mystiker und Theologen des Ostens wie des Westens. Für sie alle ist der Mensch durch seine geistige Wirklichkeit gekennzeichnet, die eben darauf zurückzuführen ist, dass er sich selbst und andere erkennen kann, und die ein Bestandteil des Lebens selber ist. Es ist jedoch nicht so, dass nur jene am Geist des Menschen interessierten Philosophen diese Ansicht vertreten. Wenn auch mit anderen Begriffen, so betonen auch viele der sogenannten Materialisten, dass eben dieser existenzielle Konflikt die Grundlage des menschlichen Lebens sei. Ein Beispiel hierfür ist im alten Griechenland Demokrit. Auch die griechischen Skeptiker gehören hierher, die die Ansicht vertraten, es komme nicht darauf an zu reden, sondern sich schweigend der Kontemplation hinzugeben. Es gilt auch für Feuerbach und Marx, für die der Mensch Selbstzweck ist.

Schließlich ist noch zu unterscheiden zwischen jenen, die den Menschen als Selbstzweck auffassen, und jenen, die meinen, er sei, wie alle anderen Dinge in der Natur, nur ein Mittel für andere Zwecke – für den Staat, die Familie, für Besitz, Macht und dergleichen. Viele der großen Denker gehören zu der ersten Gruppe. Für sie alle gilt, dass der Mensch die Fähigkeit hat, bewusst zu erleben, zu staunen und Werte und Ziele zu finden, welche optimale Lösungen für seine existenziellen Dichotomien darstellen. Ganz gleich ob diese Denker in theistischen oder in nicht-theistischen Bezugsrahmen dachten, betrachteten sie doch alle den Menschen als ein Wesen, dessen Größe auf seiner Fähigkeit beruht, sich seiner Grenzen bewusst zu werden und im Prozess der zunehmenden Bewusstwerdung diese Grenzen zu überwinden.

Sind wir davon überzeugt, dass der Mensch kein Ding ist und für niemanden als Mittel zum Zweck dienen darf, dann gilt wirklich, dass es noch nie so schwer war wie in unserer gegenwärtigen Industriegesellschaft, die Natur des Menschen zu verstehen. Mit Hilfe des Verstandes hat es diese Gesellschaft fertiggebracht, die Natur in einer Weise zu beherrschen, wie es sich vor hundert Jahren noch niemand hätte träumen lassen.

Angefeuert durch seine ständig wachsenden technischen Fähigkeiten, hat der Mensch seine gesamte Energie auf die Produktion und den Konsum von Dingen konzentriert. Bei diesem Prozess erlebt er sich selbst als ein Ding, das Maschinen manipuliert und von ihnen manipuliert wird. Soweit er nicht von anderen ausgebeutet wird, beutet er sich selber aus. Er stellt sein menschliches Wesen in den Dienst seines Lebensunterhalts; seine menschlichen Kräfte benutzt er zur Befriedigung seiner stets wachsenden, großenteils künstlich erzeugten Bedürfnisse. Er läuft damit Gefahr zu vergessen, dass er ein Mensch ist. Deshalb war es nie schwieriger, aber auch nie notwendiger als heute, die traditionellen Anschauungen über die Natur des Menschen neu zu überdenken.

8. Die grundlegende Alternative des Menschen

Das Wesen des Menschen (ist) nicht als eine gegebene Qualität oder als eine Substanz, sondern als *ein der menschlichen Existenz innewohnender Widerspruch* (zu definieren). Dieser Widerspruch zeigt sich an zwei Phänomenen: Erstens ist der Mensch ein Tier, das jedoch im Vergleich zu anderen Tieren nur unzureichend mit Instinkten ausgerüstet ist, sodass sein Überleben nur gesichert ist, wenn er die Mittel produziert, die seine materiellen Bedürfnisse befriedigen, und wenn er eine Sprache und Werkzeuge entwickelt. Zweitens besitzt der Mensch wie andere Tiere auch Intelligenz, die es ihm erlaubt, Denkvorgänge zur Erreichung unmittelbarer praktischer Ziele einzusetzen.

Aber der Mensch besitzt noch eine andere geistige Eigenschaft, die dem Tier fehlt. Er ist sich seiner selbst bewusst, seiner Vergangenheit und seiner Zukunft, die der Tod ist; er ist sich seiner Kleinheit und Ohnmacht bewusst; er nimmt die anderen als andere wahr – als Freunde, als Feinde oder als Fremde. Der Mensch transzendiert alles übrige Leben, denn er ist zum ersten Mal *Leben, das sich seiner selbst bewusst ist.*

Der Mensch befindet sich *innerhalb* der Natur, er ist ihren Diktaten und Wechselfällen unterworfen, und dennoch *transzendiert* er die Natur, weil ihm die Unreflektiertheit des Tieres abgeht, die dieses zu einem Teil der Natur macht, es eins mit der Natur sein lässt. Der Mensch sieht sich mit dem erschreckenden Konflikt konfrontiert, ein Gefangener der Natur und trotzdem in Bezug auf seine Gedanken frei zu sein, Teil der Natur und doch sozusagen eine Laune der Natur zu sein, weder hier noch da zu stehen. Dieses Bewusstsein seiner selbst hat den Menschen zu einem Fremdling in der Welt gemacht, von allen abgesondert, einsam und angsterfüllt.

Es handelt sich bei dem hier beschriebenen Widerspruch im wesentlichen um den gleichen Gegensatz, den wir in der klassischen Auffassung finden, dass der Mensch […] zwei im Konflikt miteinander stehenden Welten angehört. Ich möchte hier zeigen, dass es nicht genügt, das Wesen des Menschen in diesem Konflikt zu sehen, so als ob er dadurch erst zum Menschen würde. Man muss noch einen Schritt weitergehen und erkennen, dass eben dieser Konflikt im Menschen *nach einer Lösung verlangt.*

Erkennt man den Konflikt, so drängen sich sofort gewisse Fragen auf: Was kann der Mensch tun, um mit dem schrecklichen Dilemma fertig zu werden, das seiner Existenz mitgegeben ist? Was kann er tun, um zu jener Harmonie hinzufinden, die ihn von der Qual des Alleinseins befreit und ihm die Möglichkeit gibt, sich in der Welt daheim zu fühlen und zu einem Gefühl der Einheit zu gelangen?

Die Antwort des Menschen auf diese Fragen darf keine theoretische sein (wenngleich sie sich in den Gedanken und Theorien über das Leben widerspiegelt); er muss sie vielmehr mit seinem ganzen Sein, seinem ganzen Fühlen und Handeln geben. Diese Antwort mag gut oder schlecht sein, aber selbst die schlechteste Antwort ist immer noch besser als gar keine.

Eine Bedingung freilich muss jede Antwort erfüllen: Sie muss dem Menschen helfen, das Gefühl des Abgesondertseins zu überwinden und ein Gefühl für Einheit, des Einsseins und der Zusammengehörigkeit zu gewinnen. Es gibt eine ganze Reihe von Antworten, die sich der Mensch auf die Frage geben kann, die ihm durch sein Menschsein gestellt ist. Ich möchte sie im Folgenden kurz erörtern. Zunächst sei noch einmal betont, dass keine dieser Antworten als solche bereits das Wesen des Menschen ausmacht; *was das Wesen des Menschen ausmacht, ist vielmehr die Frage und das Bedürfnis nach einer Antwort*; die verschiedenen Daseinsformen des Menschen machen nicht sein Wesen aus, aber es sind Antworten auf den Konflikt, der selbst das Wesen des Menschen ist.

Die erste Antwort auf das Streben, das Abgesondertsein zu überwinden und zu einer Einheit zu gelangen, möchte ich als die *regressive Antwort* bezeichnen. Wenn der Mensch zur Einheit zu gelangen sucht, wenn er sich von der Angst des Alleinseins und der Ungewissheit zu befreien sucht, kann er versuchen, dorthin zurückzukehren, wo er hergekommen ist – zur Natur, zum animalischen Leben oder zu seinen Ahnen. Er kann versuchen, alles von sich abzuschütteln, was ihn zum Menschen macht und doch quält: seine Vernunft und das Bewusstsein seiner selbst. Offenbar hat der Mensch seit Hunderttausenden von Jahren genau das versucht. Die Geschichte primitiver Religionen zeugt ebenso von diesem Versuch wie schwere psychische Erkrankungen beim Einzelnen.

In der einen oder anderen Form finden wir sowohl in primitiven Religionen als auch in der Individualpsychologie die gleiche schwere Krankheitserscheinung: die Regression zur animalischen Existenz, zum Zustand der Prä-Individuation, den Versuch, alles loszuwerden, was spezifisch menschlich ist. Diese Feststellung müssen wir jedoch in einer Hinsicht qualifizieren. Wenn regressive archaische Tendenzen von vielen geteilt werden, so haben wir es mit einer *folie à millions* zu tun; und eben die Tatsache, dass dieser Wahn von so vielen geteilt wird, lässt ihn als Weisheit, lässt das Fiktive als das Wirkliche erscheinen. Der Einzelne, der an diesem Massenwahn teilhat, verliert das Gefühl seiner völligen Isolation und Abgesondertheit und entgeht auf diese Weise der intensiven Angst, unter der er in einer progredierenden Gesellschaft leiden würde. Man sollte nicht vergessen, dass für die meisten Menschen Vernunft und Realität nichts anderes sind als der allgemeine Konsens. Man »hat nicht den Verstand verloren«, wenn alle so denken wie man selbst.

Die Alternative zur regressiven, archaischen Lösung für das Problem der menschlichen Existenz, für die Last, ein Mensch zu sein, ist die *progressive Lösung,* die darin besteht, dass man nicht durch Regression, sondern durch die volle Entwicklung aller *menschlichen Kräfte,* der Menschlichkeit in uns selbst zu einer neuen Harmonie gelangt. Es gibt viele Religionen, die den Übergang zwischen den archaisch-regressiven und den humanistischen Religionen spiegeln, aber die progressive Lösung wurde zum ersten Mal in radikaler Form in jener bemerkenswerten Epoche der menschlichen Geschichte zwischen 1500 und 500 v. Chr. ins Auge gefasst. Sie tauchte um 1350 v. Chr. in Ägypten in den Lehren Echnatons auf und etwa gleichzeitig bei den Hebräern in den Lehren von Moses; um 600 bis 500 v. Chr. verkündete Lao-Tse in China den gleichen Gedanken, in Indien tat es der Buddha, Zarathustra verkündete ihn in Persien, und wir finden ihn ebenso bei den griechischen Philosophen wie bei den Propheten Israels.

Das neue Ziel des Menschen, voll menschlich zu werden und auf diese Weise seine verlorene Harmonie zurückzugewinnen, wurde in unterschiedlichen Begriffen und Symbolen zum Ausdruck gebracht. Für Echnaton symbolisierte die Sonne das Ziel; für Moses tat es der unbekannte Gott der Geschichte; Lao-Tse bezeichnete das Ziel als Tao (Weg); Buddha symbolisierte es im Nirwana; die griechischen Philosophen nannten es den unbewegten Beweger, die Perser gaben ihm den Namen Zarathustra; die Propheten sprachen von dem messianischen »Ende der Tage«.

Diese Begriffe wurden großenteils durch die Denkformen und letzten Endes durch die Lebenspraxis und die sozio-ökonomisch-politische Struktur der jeweiligen Kultur bestimmt. Aber während die spezielle Form, in der das neue Ziel seinen Ausdruck fand, von den unterschiedlichen historischen Gegebenheiten abhing, war das Ziel im wesentlichen dasselbe: das Problem der menschlichen Existenz dadurch zu lösen, dass man die richtige Antwort auf die Frage gab, die das Leben stellt, nämlich die, wie der Mensch ganz menschlich wird und so die Angst vor seiner Isoliertheit verliert.

Als das Christentum und der Islam fünfhundert beziehungsweise tausend Jahre später den gleichen Gedanken nach Europa und in die Mittelmeerländer brachten, erfuhr ein großer Teil der Welt die neue Botschaft. Aber kaum hatte der Mensch die Botschaft gehört, da fing er auch schon an, sie zu verfälschen. Anstatt selbst voll menschlich zu werden, machte er Gott und die Dogmen als Manifestationen des »neuen Ziels« zu seinen Götzen, womit er eine Figur oder ein Wort an die Stelle der Realität seiner eigenen Erfahrung setzte. Trotzdem hat der Mensch wieder und wieder versucht, zu seinem wahren Ziel zurückzukehren. Wir finden solche Versuche innerhalb der Religion, in ketzerischen Sekten, in neuen philosophischen Gedanken und in politischen Philosophien.

So verschieden die Denkvorstellungen all dieser neuen Religionen und Bewegungen auch sein mögen, gemeinsam ist ihnen allen die Idee von der grundlegenden Alternative des Menschen. Der Mensch hat nur zwischen zwei Möglichkeiten die Wahl: zurückzugehen oder voranzuschreiten. Er kann entweder zu einer archaischen, pathologischen Lösung regredieren, oder er kann progredieren und seine Menschlichkeit weiterentwickeln. […]

Wir finden dieselbe Alternative nicht nur in den verschiedenen humanistischen Religionen, sondern sie erscheint auch als der grundsätzliche Unterschied zwischen geistig-seelischer Gesundheit und Geisteskrankheit. Was wir als gesunden Menschen bezeichnen, hängt vom allgemeinen Bezugssystem der jeweiligen Kultur ab. Für die germanischen Berserker wäre jemand, der sich wie ein wildes Tier benehmen konnte, ein »gesunder« Mensch gewesen. Für uns heute wäre ein solcher Mensch ein Psychotiker.

Alle archaischen Formen seelischen Erlebens – die Nekrophilie, der extreme Narzissmus, die inzestuöse Symbiose – die in der einen oder anderen Form in regressiv-archaischen Kulturen als das »Normale« oder sogar das »Ideale« angesehen wurden, weil die Menschen sich in Bezug auf ihre archaischen Ziele einig waren, betrachtet man heute als schwere Formen von psychischen Krankheiten. Treten diese archaischen Kräfte in einer weniger intensiven Form auf und wirken ihnen entgegengesetzte Kräfte entgegen, so werden sie verdrängt, und diese Verdrängung führt zu einer »Neurose«.

Der wesentliche Unterschied zwischen der archaischen Orientierung in einer regressiven bzw. in einer progressiven Kultur liegt darin, dass der archaisch Orientierte sich in einer archaischen Kultur nicht isoliert, sondern im Gegenteil vom allgemeinen Konsens getragen fühlt, während in einer progressiven Kultur für einen solchen Menschen das Gegenteil der Fall ist. Er »verliert seinen Verstand«, weil er sich damit im Gegensatz zu allen anderen befindet. Tatsache ist, dass selbst in einer progressiven Kultur wie unserer heutigen viele Menschen, die ihr angehören, regressive Tendenzen von beträchtlicher Stärke aufweisen, die aber im Verlauf des normalen Lebens verdrängt und nur unter speziellen Bedingungen, wie zum Beispiel im Krieg, offen zutage treten.

Fassen wir noch einmal zusammen: Zunächst kommen wir bezüglich der Frage nach dem Wesen des Menschen zu dem Schluss, dass die Natur oder das Wesen des Menschen keine spezifische Substanz, wie das Gute oder das Böse, ist, sondern ein *Widerspruch,* der in den Bedingungen der menschlichen Existenz selbst begründet ist. Dieser Konflikt bedarf selbst einer Lösung, und es gibt dafür grundsätzlich nur die regressive oder die progressive Lösung. Was manchmal wie ein angeborener Trieb zum Fortschritt im Menschen erscheint, ist nichts anderes als die Dynamik der Suche nach neuen Lösungen. Auf jeder neuen Ebene, die der Mensch erreicht hat, tauchen neue Widersprüche auf, die ihn zwingen, weiter an der Aufgabe zu arbeiten, neue Lösungen zu finden. Dieser Prozess setzt sich so lange fort, bis der Mensch das Endziel erreicht hat, voll menschlich zu werden, und bis er mit der Welt ganz eins geworden ist.

Ob der Mensch dieses Endziel des vollen »Erwachens« erreichen kann, wo Gier und Konflikt verschwunden sind (wie es der Buddhismus lehrt), oder ob dies nur nach dem Tode möglich ist (wie es der christlichen Lehre entspricht), soll uns hier nicht bekümmern. Uns kommt es darauf an, dass in allen humanistischen Religionen und philosophischen Lehren das »Neue Ziel« das gleiche ist, und dass der Mensch von dem Glauben lebt, dass er diesem Ziel immer näher kommen kann.

9. Existenzielle Bedürfnisse und das Wohl-Sein des Menschen

Der Mensch ist aus seiner ursprünglichen Einheit mit der Natur, welche für das Leben der Tiere kennzeichnend ist, herausgerissen. Da er gleichzeitig Vernunft und Vorstellungsvermögen besitzt, ist er sich seiner Einsamkeit und Abgesondertheit, seiner Ohnmacht und Unwissenheit und der Zufälligkeit seiner Geburt und seines Todes bewusst. Er könnte diesen Zustand keinen Augenblick ertragen, wenn er nicht neue Bindungen an seine Mitmenschen finden könnte, welche die alten, von Instinkten regulierten, ersetzen.

Selbst wenn alle seine physiologischen Bedürfnisse befriedigt wären, würde er den Zustand der Einsamkeit und Individuation als Gefängnis empfinden, aus dem er ausbrechen müsste, um sich seine geistige Gesundheit zu erhalten. Tatsächlich handelt es sich ja beim Geisteskranken um einen Menschen, dem es nicht gelungen ist, eine Verbindung irgendwelcher Art einzugehen, und der auch dann, wenn er nicht hinter vergitterten Fenstern lebt, ein Gefangener ist.

Die Notwendigkeit, mit anderen lebenden Wesen eine Verbindung einzugehen, mit ihnen in Beziehung zu stehen, ist ein unverzichtbares Bedürfnis, von dessen Befriedigung die geistige Gesundheit des Menschen abhängt. Dieses *Bedürfnis nach Bezogenheit* steht hinter allen Phänomenen, welche die ganze Skala intimer menschlicher Beziehungen ausmachen, hinter allen Leidenschaften, die wir im weitesten Sinne des Wortes als Liebe bezeichnen.

Es gibt mehrere Wege, auf denen man diese Einheit suchen und finden kann. Der Mensch kann versuchen, mit der Welt eins zu werden, indem er sich einer anderen Person, einer Gruppe, einer Institution oder einem Gott völlig *unterwirft*. Auf diese Weise überwindet er das Abgetrenntsein seiner individuellen Existenz dadurch, dass er Teil eines anderen Menschen oder einer Einrichtung wird, die größer sind als er selber, und er erlebt dann seine Identität in der Verbindung mit der Macht, der er sich unterworfen hat.

Eine andere Möglichkeit, die Isolierung zu überwinden, liegt in entgegengesetzter Richtung: Der Mensch kann auch versuchen, dadurch mit der Welt eins zu werden, dass er *Macht* über sie gewinnt, dass er andere zu einem Bestandteil seiner selbst macht und dass er so durch die Herrschaft über diese anderen seine individuelle Existenz transzendiert. Das gemeinsame Element in der Unterwerfung wie auch in der Beherrschung ist die symbiotische Eigenart der Bezogenheit. Beide Beteiligten verlieren dabei ihre Integrität und Freiheit; einer lebt vom anderen. Beide befriedigen zwar ihre Sehnsucht nach Nähe, leiden aber unter einem Mangel an innerer Kraft und Selbstsicherheit, deren Voraussetzung Freiheit und Unabhängigkeit wären. Außerdem fühlen sie sich ständig durch die bewusste oder unbewusste Feindseligkeit bedroht, die bei jeder symbiotischen Beziehung unausweichlich entsteht.

Die Verwirklichung der unterwürfigen (masochistischen) oder beherrschenden (sadistischen) Leidenschaft führt nie zur Befriedigung. Beide besitzen eine Eigendynamik, und da keine noch so große Unterwerfung unter andere oder deren Beherrschung (oder auch Besitz und Ruhm) genügt, um uns ein Gefühl der Identität und des Einsseins zu geben, suchen wir immer nur nach mehr und immer mehr. Diese Leidenschaften sind schließlich stets zum Scheitern verurteilt; dies kann auch gar nicht anders sein, denn obgleich sie nach einem Gefühl des Einsseins streben, zerstören sie das Integritätsgefühl. Wer von einer dieser Leidenschaften getrieben wird, wird in Wirklichkeit von anderen abhängig; anstatt sein eigenes individuelles Sein zu entwickeln, ist er von denen abhängig, denen er sich unterwirft oder die er beherrscht.

Es gibt nur eine einzige Leidenschaft, die das Bedürfnis des Menschen, mit der Welt eins zu werden und gleichzeitig das Gefühl seiner Integrität und Individualität zu erlangen, befriedigt: *die Liebe. Liebe ist die Vereinigung* mit einem anderen Menschen oder Gegenstand außerhalb seiner selbst *unter der Voraussetzung der Beibehaltung des Abgetrenntseins und der Integrität des eigenen Selbst.* Liebe ist Erfahrung von Teilen und Gemeinsamkeit, die die volle Entfaltung der eigenen inneren Aktivität ermöglicht.

Das Erlebnis der Liebe beseitigt die Notwendigkeit, sich Illusionen hinzugeben. Ich habe es nicht mehr nötig, das Bild vom anderen oder von mir selbst aufzublähen, weil die Realität des eigenen Teilens und Liebens es mir ermöglicht, meine individuelle Existenz zu transzendieren und gleichzeitig mich selbst als Träger der aktiven Kräfte zu erfahren, die den Akt des Liebens ausmachen.

Worauf es ankommt, ist die besondere *Qualität des Liebens,* nicht sein Gegenstand. Liebe ist zu finden im Erlebnis der menschlichen Solidarität mit unseren Mitmenschen, in der erotischen Liebe von Mann und Frau, in der Liebe der Mutter zu ihrem Kind und auch in der Liebe zu uns selbst als einem menschlichen Wesen; wir finden sie in der mystischen Vereinigung. Im Akt des Liebens bin ich eins mit dem All und bin doch ich selbst, ein einzigartiges, getrenntes, begrenztes, sterbliches menschliches Wesen. Gerade aus der Polarität zwischen Abgetrenntsein und Vereinigung wird die Liebe immer neu geboren.

Ein zweiter Aspekt der menschlichen Situation, der in engem Zusammenhang mit dem Bedürfnis nach Bezogenheit steht, ist die Situation des Menschen als eines geschaffenen Wesens und sein *Be-*

dürfnis, den Zustand der passiven Kreatürlichkeit *zu transzendieren.* Der Mensch wird ohne seine Zustimmung und ohne es zu wollen in diese Welt hineingeworfen. In dieser Hinsicht unterscheidet er sich nicht vom Tier, von der Pflanze oder von der anorganischen Materie. Aber weil er mit Vernunft und Vorstellungsvermögen begabt ist, kann er sich nicht mit der passiven Rolle der Kreatur, mit der Rolle des aus dem Becher geworfenen Würfels begnügen. Es treibt ihn das Verlangen, die Rolle der Kreatürlichkeit, seine Zufälligkeit und die Passivität seiner Existenz dadurch zu transzendieren, dass er selbst zum »Schöpfer« wird.

Der Mensch kann Leben schaffen. Es ist dies die wunderbare Eigenschaft, die er zwar mit allen lebenden Wesen gemeinsam hat, jedoch mit dem Unterschied, dass er allein sich bewusst ist, zugleich Geschöpf und Schöpfer zu sein. Der Mensch, oder – besser gesagt – die Frau kann Leben hervorbringen, indem sie ein Kind gebiert und so lange für das Kind sorgt, bis es groß genug ist, um selbst für sich sorgen zu können.

Die Menschen – Mann wie Frau – können etwas erzeugen, indem sie Pflanzen säen, materielle Gegenstände herstellen, Kunstwerke schaffen, Ideen entwickeln und sich gegenseitig lieben. Im Akt der Schöpfung transzendiert der Mensch sich selbst als Kreatur und erhebt sich über die Passivität und Zufälligkeit seiner Existenz in den Bereich der Zielgerichtetheit und Freiheit. Das Bedürfnis des Menschen nach Transzendenz ist eine der Wurzeln der Liebe ebenso wie der Kunst, der Religion und der Erzeugung materieller Dinge. Die Voraussetzung dafür, dass man etwas schaffen kann, ist produktives Tätigsein und Fürsorge. Es setzt voraus, dass man das, was man schaffen will, liebt. Wie sonst könnte der Mensch das Problem, sich selbst zu transzendieren, lösen, wenn er nicht lieben könnte.

Es gibt aber noch eine andere Möglichkeit, dieses Bedürfnis nach Transzendenz zu befriedigen: Wenn ich nicht fähig bin, Leben zu erzeugen, kann ich *Leben zerstören. Auch indem ich Leben zerstöre, transzendiere ich es.* Dass der Mensch Leben zerstören kann, ist ebenso rätselhaft, wie dass er es erzeugen kann. Denn Leben ist das

Wunder schlechthin, das Unerklärliche. Auch im Akt der Zerstörung erhebt sich der Mensch über das Leben; er transzendiert sich damit als Kreatur.

So bleibt dem Menschen, insofern er danach strebt, sich zu transzendieren, letzten Endes keine andere Wahl, als entweder etwas zu schaffen oder etwas zu zerstören, entweder zu lieben oder zu hassen. Die ungeheure Macht des Zerstörungswillens, der wir in der Menschheitsgeschichte begegnen und die wir in unserer Zeit auf so entsetzliche Weise erlebt haben, wurzelt in der Natur des Menschen, genauso wie der Trieb etwas zu schaffen darin verwurzelt ist.

Wenn man sagt, der Mensch sei in der Lage, sein primäres Potenzial zu Liebe und Vernunft zu entwickeln, so impliziert dies nicht einen naiven Glauben an das Gutsein des Menschen. Destruktivität ist ein sekundäres Potenzial, welches ebenso in der Existenz des Menschen selbst verwurzelt ist und welches die gleiche Intensität und Macht besitzt, wie sie jede Leidenschaft besitzen kann. Aber – und das ist der wesentliche Punkt meines Arguments – sie ist die *Alternative* zur Kreativität. Schaffen und Zerstören, Lieben und Hassen sind nicht zwei voneinander unabhängig existierende Triebe. Beides sind Reaktionen auf das gleiche Bedürfnis nach Transzendenz, und der Wille zu zerstören muss sich regen, wenn der Wille zu schaffen nicht befriedigt werden kann. Aber die Befriedigung des Bedürfnisses nach Kreativität macht glücklich, während die Destruktivität Leiden erzeugt – vor allem bei dem Zerstörer selbst. […]

Es gibt [also] verschiedene Möglichkeiten, diese Bedürfnisse zu befriedigen; der Unterschied liegt darin, ob sie der Entwicklung des Menschen förderlich sind oder nicht. Das Bedürfnis nach Bezogenheit kann durch Unterwerfung oder Beherrschung befriedigt werden; aber nur in der Liebe wird auch noch ein anderes menschliches Bedürfnis erfüllt – nämlich das nach Unabhängigkeit und Integrität des Selbst. Das Bedürfnis nach Transzendenz lässt sich entweder durch Kreativität oder durch Destruktivität erfüllen; aber nur Kreativität bringt Freude mit sich, während Destruktivität einen selbst und andere leiden lässt. […]

Der Unterschied zwischen den verschiedenen Antworten entspricht dem Unterschied zwischen seelischer Gesundheit und seelischer Krankheit, zwischen Freude und Leid, Wachstum und Stagnation, Leben und Tod, zwischen Gut und Böse. Allen Antworten, die man als gut werten kann, ist gemeinsam, dass sie der wahren Natur des Lebens entsprechen, das eine ständige Geburt und immerwährendes Wachstum ist. Allen Antworten, die man als schlecht bewerten kann, ist gemeinsam, dass sie mit der Natur des Lebens in Konflikt stehen, dass sie zu Stagnation und schließlich zum Tod führen.

Schon im Augenblick der Geburt stellt das Leben dem Menschen eine Frage, die Frage der menschlichen Existenz. Er muss diese Frage in jedem Augenblick seines Lebens beantworten. *Er* muss sie beantworten, nicht sein Gehirn oder sein Körper, sondern *er,* seine ganze Person mit Füßen, Händen, Augen, Magen, Geist, Gefühl, seine reale – und nicht nur eingebildete oder abstrahierte – Person. Es gibt nur eine begrenzte Zahl von Antworten auf die Existenzfrage. Wir finden diese Antworten in der Geschichte der Religion von ihren primitivsten bis zu ihren höchsten Formen. Wir finden sie auch in der Vielfalt der Charaktere, von der vollkommensten geistig-seelischen Gesundheit bis zur schwersten Psychose. […]

Nur jene Antwort auf das Leben, die der Wirklichkeit der menschlichen Existenz entspricht, führt zu seelischer Gesundheit. Freilich wird im allgemeinen das, was man unter seelischer Gesundheit versteht, eher negativ als *Abwesenheit von Krankheit,* und nicht positiv als Wohlbefinden, als *Wohl-Sein (well-being)* des Menschen bestimmt. Es lassen sich deshalb auch in der psychiatrischen und psychologischen Literatur kaum irgendwelche Erörterungen darüber finden, was dieses Wohl-Sein ausmacht.

Wohlsein lässt sich als die *Fähigkeit* beschreiben, *kreativ zu sein, ganz bewusst zu leben und zu handeln;* es bedeutet, unabhängig zu sein und ganz tätig und gerade dadurch mit der Welt eins zu sein. Wohl-Sein besagt zu *sein,* und sich nicht um das *Haben* zu kümmern; es ist die Erfahrung von Freude im Vollzug des Lebens selbst, bei dem schöpferisch zu leben als der einzige Lebenssinn betrachtet wird. Wohl-Sein ist nicht nur eine Frage der verstandesmäßigen Einschätzung, sondern drückt sich im ganzen Körper, in der Art der Bewegung, der Sprache und im Tonus der Muskeln aus.

Freilich muss jeder, der dieses Ziel erreichen will, gegen viele Entwicklungen in der heutigen Kultur ankämpfen. Zwei dieser negativen Tendenzen sollen erwähnt werden: Die eine ist die *Spaltung zwischen Intellekt und Affekt,* die von Descartes bis zu Freud immer wieder gefördert wurde. Bei den Vertretern einer solchen Spaltung (natürlich gibt es auch Ausnahmen) wird angenommen, dass nur der Intellekt rational sei, während der Affekt seinem Wesen nach irrational sei. Bei Freud zeigt sich diese Spaltung vor allem in der Behauptung, die Liebe sei ihrem Wesen nach etwas Neurotisches, Infantiles und Irrationales. Sein Ziel war es, den Menschen dabei zu helfen, den irrationalen Affekt mit Hilfe des Intellekts zu beherrschen: »Wo Es war, soll Ich werden« (S. Freud, *Neue Folge der Vorlesungen zur Einführung in die Psychoanalyse* (1933a), G.W. 15, S. 86).

Aber diese dogmatische Trennung von Affekten und Denken entspricht nicht der Wirklichkeit der menschlichen Existenz und verhindert Wachstum. Wir können weder den Menschen ganz verstehen noch zu Wohl-Sein gelangen, wenn wir die Vorstellung einer solchen Spaltung nicht überwinden. Es geht darum, dem Menschen seine ursprüngliche Einheit wiederzugeben und zu erkennen, dass die Spaltung zwischen Affekten und Denken, zwischen Körper und Geist nichts anderes als das Produkt unseres eigenen Denkens ist, das der Wirklichkeit des Menschen nicht entspricht.

Das andere Hindernis für ein Wohl-Sein, das tief im Geiste der modernen Gesellschaft verwurzelt ist, ist die Entmachtung des Menschen von seinem höchsten Platz. Das 19. Jahrhundert formulierte: »Gott ist tot!« Für das 20. Jahrhundert könnte gelten: »Der Mensch ist tot!« Mittel wurden in Zwecke verwandelt, Produktion und Konsum sind die Ziele des Lebens geworden, dem sich das Leben unterordnen muss. Wir produzieren Dinge, die sich wie Menschen verhalten, und Menschen, die sich wie Dinge verhalten. Der Mensch hat sich in ein Ding verwandelt und betet die Erzeugnisse seiner eigenen Hände an. Er ist sich selbst fremd geworden und zum Götzendienst zurückgekehrt, obwohl er den Namen Gottes im Munde führt. Bereits Emerson hat gesehen, dass »die Dinge im Sattel sitzen und die Menschheit reiten«. Heute erkennen viele Menschen, dass dies tatsächlich so ist. Wohl-Sein aber werden wir nur unter der Bedingung erreichen, dass wir den Menschen wieder in den Sattel heben.

10. Die angeborene Fähigkeit zur Biophilie

Die *biophile* (Orientierung) ist ihrem Wesen nach Liebe zum Lebendigen. [...] Sie manifestiert sich in den körperlichen Prozessen eines Menschen, in seinen Gefühlen, seinen Gedanken und Gesten; die biophile Orientierung drückt sich im ganzen Menschen aus. In ihrer elementarsten Form kommt sie in der Tendenz zu leben zum Ausdruck, wie sie bei jedem lebendigen Organismus zu finden ist.

Im Gegensatz zu Freuds Theorie über den »Todestrieb« schließe ich mich der Ansicht vieler Biologen und Philosophen an, dass es eine einer jeglichen lebendigen Substanz innewohnende Eigenschaft ist, zu leben und sich am Leben zu erhalten. Spinoza drückt das so aus: »Ein jedes Ding strebt, soviel an ihm liegt, in seinem Sein zu beharren« (Spinoza, *Ethik* Teil III, 6. Lehrsatz). Er bezeichnet dieses Streben als »das wirkliche Wesen dieses Dinges selbst« (ebd., 7. Lehrsatz).

Wir beobachten diese Tendenz zu leben bei jeglicher belebten Substanz um uns; beim Gras, das sich durch Steine hindurch seinen Weg zum Licht und Leben sucht; beim Tier, das bis zum letzten kämpft, um dem Tod zu entrinnen; beim Menschen, der fast alles tut, um sich am Leben zu erhalten.

Die Tendenz, das Leben zu erhalten und sich gegen den Tod zu wehren, ist die elementarste Form der biophilen Orientierung und aller lebenden Substanz eigen. Insofern es sich dabei um eine Tendenz handelt, das Leben zu *erhalten* und sich gegen den Tod zu *wehren*, stellt sie nur *einen* Aspekt des Lebenstriebes dar. Der andere

Aspekt ist positiver: Die lebende Substanz hat die *Tendenz zur Integration und Vereinigung*; sie tendiert dazu, sich mit andersartigen und gegensätzlichen Wesenheiten zu vereinigen und einer Struktur gemäß zu wachsen. Vereinigung und integriertes Wachstum sind für alle Lebensprozesse charakteristisch, und dies trifft nicht nur für die Zellen zu, sondern auch für das Fühlen und Denken.

Der elementarste Ausdruck dieser Tendenz ist die Fusion von Zellen und Organismen, von der nicht-sexuellen Zellfusion bis zur sexuellen Vereinigung bei Tieren und Menschen. Im letzteren Fall kommt es zur sexuellen Vereinigung durch die zwischen dem männlichen und dem weiblichen Pol bestehende Anziehung. Die männlich-weibliche Polarität bildet den Kern des Bedürfnisses nach Vereinigung, von dem der Fortbestand der menschlichen Spezies abhängt. Eben aus diesem Grund scheint die Natur den Menschen mit dem intensivsten Lustgefühl bei der Vereinigung der beiden Pole ausgestattet zu haben. Biologisch entsteht bei dieser Vereinigung normalerweise ein neues Wesen. Vereinigung, Geburt und Wachstum machen den Lebenszyklus aus – so wie der Todeszyklus aus dem Aufhören des Wachstums, aus Desintegration und Verfall besteht.

Aber selbst der Geschlechtstrieb dient zwar *biologisch* dem Leben, ist aber *psychologisch* nicht unbedingt ein Ausdruck von Biophilie. Es scheint, als ob es kaum eine intensive Emotion gebe, die nicht vom Geschlechtstrieb angezogen und mit ihm vermischt werden könnte. Die Eitelkeit, der Wunsch nach Reichtum, die Abenteuerlust und selbst die Todessehnsucht können den Geschlechtstrieb gleichsam in ihren Dienst stellen. Man kann Spekulationen darüber anstellen, weshalb das so ist, und ist versucht anzunehmen, dass es eine List der Natur ist, dass sie den Geschlechtstrieb so anpassungsfähig gemacht hat, dass er durch intensive Begierden jeder Art mobilisiert werden kann, selbst wenn diese im Widerspruch zum Leben stehen. Aber was auch immer der Grund dafür sein mag, es besteht kaum ein Zweifel darüber, dass Geschlechtstrieb und Destruktivität miteinander verquickt sind. (Freud hat besonders in seiner Erörterung der Vermischung des Todestriebs mit dem Lebenstrieb, wie sie beim Sadismus und beim Masochismus anzutreffen ist, auf diese Verquickung hingewiesen.) Sadismus, Masochismus, Nekrophagie und Koprophagie sind Perversionen, nicht etwa weil sie von den üblichen Normen sexuellen Verhaltens abweichen, sondern eben deshalb, weil sie *die* fundamentale Perversion repräsentieren, nämlich die Vermischung von Lebendigem und Totem. (Viele Riten, die sich auf die Trennung des Reinen (des Lebendigen) vom Unreinen (dem Toten) beziehen, betonen, wie wichtig es ist, diese Perversion zu vermeiden.)

Die produktive Orientierung (vgl. E. Fromm, *Psychoanalyse und Ethik* (1947a), GA II, S. 56–71) ist die volle Entfaltung der Biophilie. Wer das Leben liebt, fühlt sich vom Lebens- und Wachstumsprozess in allen Bereichen angezogen. Er will lieber neu schaffen als bewahren. Er vermag zu staunen und erlebt lieber etwas Neues, als dass er in der Bestätigung des Altgewohnten Sicherheit sucht. Das Abenteuer zu leben ist ihm mehr wert als Sicherheit. Seine Einstellung zum Leben ist funktional und nicht mechanisch. Er sieht das Ganze und nicht nur seine Teile, er sieht Strukturen und nicht Summierungen. Er möchte formen und beeinflussen mit Liebe, Vernunft und Beispiel und nicht mit Gewalt, nicht indem er die Dinge auseinandernimmt und auf bürokratische Weise die Menschen verwaltet, so als ob es sich um Dinge handelte. Er erfreut sich am Leben und allen Lebensäußerungen mehr als an bloßen Reizmitteln.

Die *biophile Ethik* hat ihr eigenes Prinzip des Guten und Bösen. Gut ist alles, was dem Leben dient; böse ist alles, was dem Tod dient. Gut ist die »Ehrfurcht vor dem Leben«, alles, was dem Leben, dem Wachstum, der Entfaltung dient. (Es ist dies die Hauptthese Albert Schweitzers, der in seinen Schriften wie auch in seiner Person einer der großen Repräsentanten der Liebe zum Leben war.) Böse ist alles, was das Leben erstickt, es einengt und in Stücke zerlegt. Freude ist Tugend, und Traurigkeit ist Sünde. Und es entspricht dem Standpunkt der biophilen Ethik, wenn die Bibel als Hauptsünde der Hebräer erwähnt: »Weil du dem Herrn, deinem Gott, nicht gedient hast aus Freude und Dankbarkeit dafür, dass alles in Fülle da war« (Dtn 28,47).

Der biophile Mensch wird nicht von seinem Gewissen gezwungen, das Böse zu meiden und das Gute zu tun. Es handelt sich nicht um das von Freud beschriebene Über-Ich, das ein strenger Zuchtmeister ist und das sich um der Tugend willen des Sadismus gegen sich selbst bedient. Das biophile Gewissen wird vom Leben und von der Freude motiviert; Ziel seiner moralischen Bemühungen ist es, die lebensbejahende Seite im Menschen zu stärken. Aus diesem Grunde verweilt der biophile Mensch nicht bei seinen Gewissensbissen und Schuldgefühlen, die letzten Endes nur Aspekte des Selbsthasses und der Traurigkeit sind. Er wendet sich schnell dem Leben zu und versucht Gutes zu tun. Spinozas *Ethik* ist ein eindrucksvolles Beispiel für die biophile Moral. Er sagt: »Freude ist an und für sich nicht schlecht, sondern gut; Traurigkeit hingegen ist an und für sich schlecht« (*Ethik*, Teil IV, 41. Lehrsatz). Und im gleichen Geist heißt es bei ihm: »Über den Tod denkt der freie Mensch am wenigsten nach; seine Weisheit ist nicht ein Nachsinnen über den Tod, sondern über das Leben« (ebd., 67. Lehrsatz).

Die Liebe zum Leben liegt auch den verschiedenen Versionen der humanistischen Philosophie zugrunde. Diese Philosophien haben zwar unterschiedliche Begriffssysteme, doch sind sie alle vom gleichen Geist erfüllt wie die Spinozas. Sie vertreten den Grundsatz, dass ein gesunder Mensch das Leben liebt, dass Traurigkeit Sünde und Freude Tugend ist, dass es das Ziel des menschlichen Lebens ist, sich von allem Lebendigen anziehen zu lassen und sich von allem Toten und Mechanischen loszusagen. [...]

Die wichtigste Vorbedingung für die Entwicklung der Lebensliebe beim Kind ist, dass es mit Menschen zusammenlebt, die das Leben lieben. Die Liebe zum Lebendigen ist ebenso ansteckend wie die Liebe zum Toten. Sie teilt sich ohne Worte und Erklärungen mit, und ganz gewiss, ohne dass man dem Kind vorzupredigen hat, dass man das Leben lieben muss. Sie kommt mehr in Gesten als in Ideen zum Ausdruck, mehr im Ton der Stimme als in Worten. Man spürt sie an der gesamten Atmosphäre eines Menschen oder einer Gruppe und nicht an bestimmten Prinzipien und Regeln, nach denen sie ihr Leben gestalten.

Unter den spezifischen Bedingungen, die für die Entwicklung der Biophilie notwendig sind, möchte ich folgende erwähnen: ein warmer, liebevoller Kontakt mit anderen Menschen während der Kindheit; Freiheit und das Fehlen von Drohungen; Belehrung über die Grundsätze, die zu innerer Harmonie und Kraft führen, und zwar mehr durch Beispiel als durch Ermahnung; Einführung in die »Kunst des Lebens«; anregender Austausch mit anderen Menschen und eine von echten Interessen geprägte Lebensgestaltung. Gegensätzliche Voraussetzungen fördern die Entwicklung der Nekrophilie: das Heranwachsen unter Menschen, die das Tote lieben; Mangel an Anregungen; Angst, Bedingungen, die das Leben zur Routine und uninteressant machen; eine mechanische Ordnung an Stelle einer durch unmittelbare und zwischenmenschliche Beziehungen bestimmten Lebensgestaltung.

Es liegt auf der Hand, dass die gesellschaftlichen Bedingungen die Entwicklung des Einzelnen in dieser Hinsicht entscheidend beeinflussen. Ich möchte hierzu noch einige Überlegungen anführen, auch wenn es sich dabei nur um erste Anregungen handeln kann.

Am meisten ins Auge fällt wohl, dass wir uns in einer Situation befinden, in der *Überfluss* und *Mangel* sich sowohl auf wirtschaftlichem wie auch auf psychologischem Gebiet schroff gegenüberstehen. Solange Menschen ihre Hauptenergie darauf verwenden müssen, ihr Leben gegen Angriffe zu verteidigen oder nicht zu verhungern, muss die Liebe zum Leben ja verkümmern und die Nekrophilie gedeihen.

Eine weitere wichtige soziale Vorbedingung für die Entwicklung der Biophilie ist die Abschaffung der *Ungerechtigkeit.* Ich vertrete damit keine Auffassung des Hortens, für die es als Ungerechtigkeit gilt, wenn nicht jeder genau das gleiche besitzt wie der andere. Ich wende mich aber gegen eine gesellschaftliche Situation, in der die eine soziale Klasse die andere ausbeutet und ihr Bedingungen aufzwingt, welche die Entfaltung eines erfüllten, menschenwürdigen Lebens nicht zulassen, oder – um es anders auszudrücken – wo einer sozialen Klasse die einer anderen zugestandene Lebensweise vorenthalten wird. Letzten Endes verstehe ich unter Ungerechtigkeit eine gesellschaftliche Situation, in welcher der Mensch nicht Selbstzweck ist, sondern zum Mittel wird, damit andere ihr Ziel erreichen.

Schließlich ist auch die *Freiheit* eine wichtige Voraussetzung für die Entwicklung der Biophilie. Aber die »Freiheit von« politischen Fesseln ist keine ausreichende Voraussetzung. Wenn die Liebe zum Leben sich entwickeln soll, so muss »Freiheit zu etwas« vorhanden sein; die Freiheit, etwas zu schaffen und aufzubauen, zu staunen und etwas zu wagen. Eine solche Freiheit setzt voraus, dass der Einzelne aktiv, verantwortungsbewusst und kein Sklave oder gut geöltes Zahnrädchen in einer Maschine ist.

Zusammenfassend ist zu sagen, dass sich die Liebe zum Leben am besten in einer Gesellschaft entfalten wird, wenn darin folgende Voraussetzungen gegeben sind: *Sicherheit* in dem Sinn, dass die materiellen Grundlagen für ein menschenwürdiges Dasein nicht bedroht sind, *Gerechtigkeit* in dem Sinn, dass niemand als Mittel zum Zweck für andere ausgenutzt werden kann, und *Freiheit* in dem Sinn, dass jedermann die Möglichkeit hat, ein aktives und verantwortungsbewusstes Mitglied der Gesellschaft zu sein.

Der letzte Punkt ist besonders wichtig. Selbst in einer Gesellschaft, in der Sicherheit und Gerechtigkeit herrschen, kann die Liebe zum Leben sich nicht entwickeln, wenn in ihr nicht die kreative Selbsttätigkeit des Einzelnen gefördert wird. Es genügt nicht, dass die Menschen keine Sklaven sind; wenn die gesellschaftlichen Bedingungen zur Existenz von Automaten führen, wird das Ergebnis nicht Liebe zum Lebendigen, sondern Liebe zum Toten sein.

III

Die Bedeutung der Charakterbildung

11. Der Charakter als Ersatz für den Instinkt

Zunächst muss ich von etwas sprechen, das schwer darzustellen ist, nämlich vom Unterschied zwischen Instinkt und Charakter. Instinkt wird hier aufgefasst im Sinne einer phylogenetisch programmierten, an bestimmte neuronale Strukturen gebundenen Verhaltensweise, die, entweder elektrisch stimuliert von innen oder durch bestimmte äußere Reize angeregt, eine spezifische Reaktion darstellt. Dabei darf nicht vergessen werden, dass reine Instinktreaktionen wohl gar nicht vorkommen. Die meisten Autoren nehmen heute an, dass selbst unter den niedrigsten Tieren reine Instinktreaktionen, bei denen nicht auch die Umgebung, speziell der Lärm, eine gewisse Rolle spielt, nicht auftreten. Wenn ich also hier von Instinkten rede, dann gebrauche ich das Wort bereits in dem Sinne, wie Instinkt heute im allgemeinen verwendet wird. Von dorther ist der Begriff »Instinkt« überhaupt nicht sehr nützlich, schwingt in ihm doch immer die ältere Auffassung mit. Doch er lässt in Kürze etwas aussagen, was sonst viel komplexer dargestellt werden müsste.

Es ist daran zu erinnern, dass im Tierreich zwei Tendenzen zu erkennen sind: erstens das ständige Geringerwerden der instinktiven Determination und zweitens das ständige Wachstum und die zunehmende Komplexität der Struktur des Neokortex. Nun erreicht diese Evolution an einem Punkt ein Minimum, respektive Maximum, wo tatsächlich das Tier bzw. der Mensch auf der einen Seite so wenig instinktbestimmt und auf der anderen Seite sich seiner selbst so bewusst ist, dass er in seinem Überleben gefährdet ist, weil er nicht mehr unmittelbar instinktiv handeln kann.

Hierzu gibt es Beobachtungen von höheren Primaten, speziell von Schimpansen, die Adriaan Kortlandt (»Chimpanzees in the Wild«, in: *Scientific American* 1962), gemacht hat und dessen Bericht von anderen Forschern bestätigt wurde. Schimpansen sind tatsächlich in ihrer Entscheidungsfähigkeit gehemmt; sie entscheiden weniger rasch, weniger direkt, weniger effektiv als ein Tier auf einer etwas niedrigeren Stufe der Entwicklung. Daraus ergibt sich bereits ein Problem für das Überleben der Schimpansen. Beim Menschen ist der Neokortex noch sehr viel größer und komplexer, gleichzeitig ist seine instinktive Determination noch geringer geworden. Man könnte sagen, der Mensch – als Gattung – ist nicht mehr imstande, sein Leben durch instinktive Regulierung zweckmäßig und angepasst durchzuführen, weil ihm die Kräfte, das heißt die Instinkte fehlen, die zur raschen, unmittelbaren, nicht zur Reflexion neigenden Reaktion führen. Gleichzeitig ist aber seine Vernunft schon gar nicht ausreichend, um ihn das richtige, angepasste Handeln wählen zu lassen.

Ich gehe deshalb davon aus, dass der Mensch etwas Neues entwickelt hat, einen Ersatz für die Instinkte, und das ist der menschliche *Charakter*. Charakter verstehe ich hier in einem dynamischen Sinn, ähnlich wie ihn Freud verstanden hat, nämlich als die relativ permanente Struktur der Leidenschaften – wie zum Beispiel Habsucht, Sadismus, Liebe, Ehrgeiz –, die einen Menschen hauptsächlich motivieren. Der Charakter lässt ihn handeln, wie wenn er von einem Instinkt getrieben wäre. So muss sich der geizige Mensch nicht überlegen, ob er vielleicht etwas Unnötiges ausgeben soll oder nicht. Durch seine Charaktereigenschaft »Geiz« wird er unmittelbar bestimmt, so zu handeln, dass er nichts Unnötiges ausgibt und alles bei sich behält.

Genauso verhält sich ein Mensch, der sadistisch ist. Er reagiert sadistisch, sobald er »wittert«, dass jemand da ist, der schwächer ist als er und den er durch seine Macht demütigen oder unter seine Kontrolle bringen kann. Die Leidenschaften und ihre permanente Strukturierung im Charakter stellen also eine zweite Natur des Menschen dar, einen Ersatz für die Instinkte. Sie geben ihm die Möglichkeit des Überlebens, indem sie ihm etwas, das nicht phylogenetisch programmiert ist, als Motiv schaffen. Dieses bestimmt ihn ebenso, wie das Tier von den Instinkten bestimmt wird.

Es kommt hinzu, dass der Mensch, wenn er einen bestimmten Charakter entwickelt hat und im Sinne seines Charakters handelt, *befriedigt* ist. Der geizige Mensch ist befriedigt, wenn er seinen Geiz ausleben kann, der sadistische Mensch, wenn er seinen Sadismus verwirklichen kann. Der Charakter legt also nicht nur die Richtung der Wünsche fest, sondern bestimmt auch die Möglichkeit der Befriedigung, wenn die Gesellschaft oder eine besondere Situation ihm die Möglichkeit gibt, seine Leidenschaft in der Realität auszuleben und zu befriedigen.

Hier stellt sich die entscheidende Frage, ob nicht der Charakter doch einfach instinktiv ist? Kann man wirklich zwischen den Instinkten, also dem Instinkt zu kämpfen, zu fliehen, für Futter zu sorgen usw., und den großen Leidenschaften unterscheiden, die im Charakter integriert sind?

Freud hat den Versuch unternommen, die Leidenschaften unter dem Gesichtspunkt von Instinkten zu verstehen. Freud war mit der Frage beschäftigt, mit der sich alle großen Schriftsteller befassen: Wie kann man die menschlichen Leidenschaften verstehen? Er hat zum ersten Mal in der Wissenschaft die menschliche Leidenschaft zum Gegenstand der Untersuchung gemacht. Bisher hatten es nur die großen Männer der Literatur versucht, ganz besonders Honoré de Balzac, der mit seinem Meisterwerk tatsächlich ganz bewusst die Absicht hatte, eine Geschichte des französischen Charakters unter ganz bestimmten sozialen Umständen zu schreiben. Deshalb fand Freud besonders am Anfang so außerordentlich mehr Interesse bei den Surrealisten und anderen Künstlern als bei den Medizinern und Psychologen. Die Künstler spürten: Da kommt zum ersten Mal ein Wissenschaftler und macht sich zur Aufgabe, die Leidenschaften zu erklären.

Doch Freud war vom Materialismus seiner Zeit beeinflusst, von der Notwendigkeit, alles auf eine ganz bestimmte somatische Quelle zurückzuführen wie es für das Denken des 19. Jahrhunderts typisch war. Er konnte deshalb gar nicht anders als diese Leidenschaften als Reaktionsbildungen und Sublimierungen des einen Instinkts, nämlich der Sexualität, anzusehen. Er hat aus der analen Stufe die Habsucht, aus der urethralen Stufe den Ehrgeiz, aus der oralen Stufe die Abhängigkeit, aus der genitalen Stufe – ja, damit hat er nicht viel gemacht, denn dieser Charakter war für ihn einfach der Charakter des gesunden Menschen. Er hat ihn denn auch nie ausführlich beschrieben.

Freud versuchte 1908/09 zum ersten Mal, den »analen Charakter« des geizigen, des Geld hortenden Menschen zu schildern und ihn als Manifestation der analen Libido zu verstehen (vgl. S. Freud, *Charakter und Analerotik* (1908b), G.W. 7). Geht man indes nicht von einer Philosophie aus, für die alles Psychische auf eine ganz bestimmte somatische Quelle zurückgehen muss, und zwar eine physiologische oder instinktmäßige, dann ist man auch nicht gezwungen, den ungeheuren Bereich der menschlichen Leidenschaften in das Prokrustesbett des Sexualinstinkts zu drängen. Man kann dann offen fragen: Wie entstehen denn diese Leidenschaften? Warum wird ein Mensch geizig, habsüchtig, liebevoll? Weshalb widmet ein Mensch sein Leben dem Ruhm? […]

Aus der Situation des Menschen, die eine biologisch bedingte ist, und aus der Entwicklungsreihe, die von den Primaten zum Menschen führt, ergeben sich gewisse Bedürfnisse, seelische Notwendigkeiten, die unbedingt befriedigt werden müssen, weil sie in der *situation humaine*, in der Existenzsituation des Menschen begründet liegen. […]

Während nun diese existenziellen Bedürfnisse allen Menschen gemeinsam sind, ist die Art, wie sie befriedigt werden, nicht bei allen Menschen gleich. Sie können in verschiedener Weise befriedigt werden. So kann das Bedürfnis, etwas zu bewegen, zu gestalten, zu vermögen oder – ganz allgemein gesagt – potent zu sein und etwas bewirken zu können, mit einer schöpferischen Leistung oder durch die Beziehung zu einem anderen Menschen befriedigt werden. Er kann zum Beispiel das Lächeln, den freundlichen Ausdruck eines anderen Menschen hervorrufen.

Die Fähigkeit, solches bewirken zu können, hat allerdings gewisse psychologische Voraussetzungen. Manche Menschen sind unfähig, etwas positiv zu bewirken. Sie sind verkrüppelt, fühlen sich impotent – und das meine ich jetzt hier nicht im sexuellen, sondern im vitalen Sinn – und erleben sich ohnmächtig. Von depressiven Patienten wissen wir, dass sie das Gefühl haben können, nichts als ein Stückchen Staub zu sein, das in der Luft herumschwebt. Sie fühlen: Ich kann überhaupt nichts bewegen, ich will nichts, ich bin niemand. Eine Möglichkeit, sich zu beweisen, dass man jemand ist, wäre zum Beispiel der Sadismus. Der Sadist findet einen schwächeren Menschen und kann sich zum Herrscher über ihn machen. Plötzlich erlebt er ein Gefühl der Allmacht, der Omnipotenz, das das Gefühl der Impotenz kompensiert.

So gesehen, ist der Sadismus die Religion seelisch verkrüppelter Menschen, die auf diese Weise imstande sind, sich etwas Potenzgefühl, etwas Machtgefühl zu verschaffen. Sie sind infolge ihrer Persönlichkeitsstruktur nicht in der Lage, etwas positiv zu gestalten. Deshalb müssen sie sich Menschen aussuchen, die schwächer sind und denen gegenüber es ihnen gelingt, sozusagen Gott zu werden. Letztlich ist das Ziel des Sadismus nicht, Menschen zu quälen, sondern zu zeigen: »Ich habe die Macht, einen schwächeren Menschen ganz zu kontrollieren, ich bin sein Gott, ich bin der Starke.«

Wenn dieses sadistische Gefühl auch nur für eine Minute oder für eine Sekunde andauert, bedeutet dieser Moment des Allmachtsrausches ein kurzes Aufleben, in dem sich der Betreffende als Mensch fühlen kann und sich nicht als ohnmächtiger Krüppel erleben muss, auch wenn die Folgen für andere sehr traurig sind. Man sollte den Sadismus nicht als eine Perversion verstehen, nicht als eine Krankheit, sondern – wie ich sagen würde – als eine Religion, als eine existenziell notwendige Äußerungsform eines Menschen, der ein tiefgründiges Bedürfnis [nämlich etwas bewirken zu wollen] nur in dieser Weise befriedigen kann, und nicht in einer konstruktiven Art, wie viele Menschen ihre Bedürfnisse befriedigen können.

Ein noch radikaleres Beispiel ist die Destruktivität, die Lust am Zerstören, am Zerstören des Lebens. Da findet man Menschen, die überhaupt nichts Lebendiges erleben können, sondern nur fühlen: »Das Leben geht an mir vorbei, ohne dass ich je gelebt habe.« Sie wollen sich rächen, indem sie zumindest eines tun: zerstören.

Betrachtet man die Zerstörungslust nur vom gesellschaftlichen und rationalen Standpunkt aus, dann übersieht man zu einem großen Teil, dass die Zerstörungslust, genauso wie die Drogenabhängigkeit und der Alkoholismus, nur zu beseitigen ist, wenn die Menschen imstande sind, das Leben zu bejahen und in einer positiveren Form zu erleben. Ist das nicht der Fall und sind die Menschen verzweifelt, leer, von den anderen weit entfernt, dann allerdings wird häufig das Zerstören zum einzigen Beweis des »Ich bin«. [...]

Die existenziellen Bedürfnisse können also in ganz verschiedener Weise, nämlich sowohl positiv als auch negativ befriedigt werden. Wie sie befriedigt werden, hängt allerdings ganz wesentlich von der gesellschaftlichen Struktur ab. Jede Gesellschaft braucht die menschliche Energie zur Erreichung ihrer eigenen Zwecke. Jede Gesellschaft hat ihr eigenes Funktionieren. Eine Gesellschaft von Kriegern funktioniert anders als eine Gesellschaft von Bürgern des 19. Jahrhunderts, anders als eine Sozietät von Bürgern des 20. Jahrhunderts. Wenn eine Gesellschaft von Kriegern funktionieren soll, muss sie die Menschen so beeinflussen, dass sie das gerne tun, was sie tun sollen, nämlich aggressiv zu sein, so dass die Aggression als Charakterzug ausgebildet wird. Die Gesellschaft muss also einen aggressiven Charakter hervorbringen. Wenn sich jeder Mensch, der auf den Kriegspfad gehen soll, erst überlegen muss, »will ich oder will ich nicht«, könnte keine solche Gesellschaft existieren.

Eine Gesellschaft muss Motivierungen befördern, die von den meisten zu ihr gehörenden Mitgliedern ohne Zögern vollzogen werden. Ein uns näher liegendes Beispiel ist der Bürger des 19. Jahrhunderts, der sich durch einen Trieb zum Sparen auszeichnete. Das waren im allgemeinen – um in Freudscher Terminologie zu reden – Menschen mit einem anal-sadistischen Charakter. Dieser Charakterzug entsprach den Bedürfnissen der Ökonomie. Man brauchte die Akkumulation des Kapitals und eine begrenzte Konsumation. Wenn sich jedoch die Menschen heute so verhielten wie unsere Vorfahren vor 100 Jahren, dann würden wir als rückständig angesehen werden.

Wenn umgekehrt unsere Ahnen vor 100 Jahren unsere Motivation zu kaufen und zu konsumieren miterleben würden, und dies mit Geld, das wir zum Teil noch nicht einmal haben, dann würden sie das schlechthin als unmoralisch angesehen. Warum? Weil die Gesellschaft des 19. Jahrhunderts den anal-hortenden Charakter bereits in der Schulzeit, ja schon durch die Art der frühesten Kindererziehung geschaffen hat. Diese Entwicklung hat meiner Meinung nach nichts mit den Instinkten zu tun, sondern damit, dass jede Gesellschaft den Charakter schafft, den sie braucht.

Die Sozietät nimmt ihren Einfluss auf den Einzelnen durch die Lebenspraxis und alle Institutionen. Was in der Familie geschieht – und darauf hat Freud den Hauptwert, ja eigentlich den einzigen Wert gelegt –, ist demgegenüber meines Erachtens sekundär. Die Charakterstrukturen, wie sie durch die Familie herbeigeführt werden, sind – abgesehen von konstitutionellen Faktoren – natürlich sehr wichtig für individuelle Unterschiede zwischen diesem und jenem Menschen. Aber der wesentliche Teil des Charakters ist durch die Gesellschaft »vorfabriziert«, und die Familie, die spezielle Familienkonstellation, bedingt als solche dann nur noch einige kleine Veränderungen.

Ich komme also zu dem Ergebnis, dass der Charakter

1. biologisch und entwicklungsmäßig gesehen in den Bedürfnissen der menschlichen Existenz verwurzelt ist;
2. in seiner Spezifität durch die sozialen Einflüsse geprägt ist, die verschiedene Antworten auf diese allgemeinen existenziellen Bedürfnisse hervorbringen;
3. in den Familienumständen gründet, wobei diese Familienverhältnisse in ihrer Wirkung nicht überschätzt werden dürfen.

Die Angaben über die spezielle Familienkonstellation können zwar wichtig sein, um spezielle Elemente herauszuarbeiten, die für die Therapie von Bedeutung sind. Ebenso wichtig ist es aber, dass bei einer therapeutischen Behandlung nicht übersehen wird, wie viele von diesen Elementen schon sozial vorgebildet sind, bevor ein Mensch geboren wird.

12. Der autoritäre Charakter

Das Wesen der autoritären Persönlichkeit ist eine *Unfähigkeit*: die Unfähigkeit, auf sich selbst zu stehen, unabhängig zu sein oder, um es anders auszudrücken, die Freiheit zu ertragen.

Der Gegensatz zum autoritären Charakter ist der reife Mensch: der Mensch, der sich nicht anklammern muss, weil er die Welt, Menschen und Dinge in aktiver Weise ergreift und begreift. Das Kind muss sich noch anklammern. Im Mutterleib ist es noch eins, im körperlichen Sinn, mit der Mutter. Nach der Geburt, für viele Monate, ja in mancher Hinsicht für Jahre, bleibt es, in psychischer Hinsicht, ein Teil der Mutter. Es könnte nicht existieren ohne die mütterliche Hilfe. Aber das Kind wächst und entwickelt sich. Es lernt zu gehen, zu sprechen, und orientiert sich mehr und mehr in der Welt als seiner Welt. Es hat zwei Tätigkeiten, die dem Menschen als Möglichkeiten mitgegeben sind, die es entwickeln kann: Liebe und Vernunft.

Liebe ist die Verbundenheit und das Eins-sein mit der Welt unter der Bedingung der Erhaltung der eigenen Unabhängigkeit und Integrität. Der liebende Mensch ist mit der Welt verbunden; er ängstigt sich nicht, denn er ist in der Welt zu Hause. Er kann sich vergessen, gerade weil er seiner sicher ist. Liebe ist das Erkennen der Welt im Gefühlserlebnis.

Aber es gibt noch ein anderes Erkennen, das Begreifen in Gedanken. Dieses Begreifen ist Vernunft. Es ist verschieden von der Intelligenz. Intelligenz ist der Gebrauch des Denkens zum Erreichen bestimmter praktischer Zwecke. Der Schimpanse zeigt Intelligenz, wenn er eine Banane vor dem Käfig sieht, sie mit keinem seiner zwei Stöcke im Käfig erreichen kann, dann die beiden Stöcke zusammenfügt, und die Banane erreicht. Das ist die Intelligenz des Tieres, es ist dieselbe manipulierende Intelligenz, die wir beim Menschen auch Verstand nennen. Vernunft ist etwas anderes. Vernunft ist die Denktätigkeit, die versucht, durch die Oberfläche zum Kern der Dinge vorzudringen, zu ergreifen, was wirklich hinter den Dingen liegt, was die Kräfte und Strebungen sind, die, selbst nicht sichtbar, die manifesten Erscheinungen bewirken und bestimmen. Indem der Mensch seine Vernunft gebraucht, ist er nicht unsicher und ängstlich. Er ist durch die Vernunft verbunden mit der Welt im Denken, wie er durch die Liebe mit ihr verbunden ist im Gefühl.

Diese Beschreibung des reifen, d.h. liebenden und vernünftigen Menschen, macht es möglich, das Wesen der autoritären Persönlichkeit klarer bestimmen zu können. Der autoritäre Charakter hat die Reife nicht erreicht; er kann nicht lieben, noch von seiner Vernunft Gebrauch machen. Die Folge ist, dass er tief einsam, und das heißt, von einer tiefen Angst ergriffen ist. Er muss eine Verbundenheit fühlen, zu der man weder Liebe noch Vernunft braucht – und er findet sie in der symbiotischen Beziehung, in dem Sich-eins-Fühlen mit anderen, aber nicht auf der Basis der Erhaltung der eigenen Individualität, sondern auf der der Verschmelzung auf Kosten der eigenen Integrität. Der autoritäre Charakter braucht einen anderen Menschen, um sich mit ihm zu verschmelzen, weil er, für sich selbst, seine Isoliertheit und Angst nicht ertragen könnte.

Wir wenden uns nun der Diskussion der Unterschiede zwischen den beiden Formen des autoritären Charakters zu – des Beherrschenden und des Beherrschten.

Der passiv-autoritäre, oder wie wir auch sagen können, der *masochistische*, zur Unterwerfung neigende Charakter, hat das Ziel – wenn auch unbewusst – sich zum Teil einer größeren Einheit zu machen; er macht sich zum Anhängsel, zu einem wenn auch nur winzigen Teilchen des »großen« Menschen, der »großen« Institution, der »großen« Idee. Der Mensch, die Institution oder die Idee mögen sogar tatsächlich bedeutend oder auch nur mächtig sein, oder sie mögen einfach von dem an sie Glaubenden ungeheuerlich aufgeblasen sein; wichtig ist, dass er – subjektiv – überzeugt ist, dass »sein« Führer oder Staat, seine Partei oder Idee mächtig und überragend ist. Er erlebt sich selbst als stark und groß, weil er ein Teil des »Großen« ist. Das Paradox dieser passiven Form des autoritären Charakters ist, dass man sich klein macht, um – als Teil des Großen – groß zu sein. Man will Befehle erhalten, damit man nicht in die Notwendigkeit kommt, Entscheidungen zu treffen und Verantwortung zu übernehmen.

Dieser, die Abhängigkeit suchende, masochistische Mensch, hat in der Tiefe oft Angst, nicht selten nur unbewusst, ein Gefühl der Minderwertigkeit, der Ohnmacht, der Verlassenheit. Gerade deshalb sucht er sich den »Führer«, die große Macht, um durch Teilnahme selbst geborgen zu sein, und das Gefühl der eigenen Minderwertigkeit zu überwinden. Bewusst glaubt er, dass sein Führer, seine Partei, sein Staat oder wer immer es sei, objektiv gesehen, wunderbar, gerecht und machtvoll ist. Unbewusst fühlt er seine eigene Ohnmacht und braucht den Führer, um mit diesem Gefühl fertig zu werden. Dieser masochistische, gehorchende Mensch, der Angst vor der Freiheit hat und von ihr in die Götzenanbetung flieht, ist der Mensch, auf dem die autoritären Systeme, Nazismus und Stalinismus beruhen.

Schwieriger als der passiv-autoritäre – masochistische – Charakter ist der aktiv-autoritäre, der sadistische Charakter zu verstehen. Er erscheint seinen Anhängern selbstsicher und mächtig – und doch ist er ängstlich und einsam wie der masochistische Charakter. Während der Masochist sich stark fühlt, weil er ein kleines Teilchen eines Großen ist, fühlt sich der Sadist stark, weil er andere, und möglichst viele andere, in sich hineingenommen, sozusagen »aufgefressen« hat. Der sadistisch-autoritäre Charakter ist von den von ihm Beherrschten ebenso abhängig wie der masochistisch-autoritäre Charakter von dem ihn Beherrschenden. Aber das Bild ist trügerisch.

Solange er Macht hat, erscheint der Führer – sich und anderen – stark und mächtig. Seine Ohnmacht und tiefe Unsicherheit tritt in Erscheinung, wenn er seine Macht verloren hat, wenn er nicht mehr andere »auffressen« kann, wenn er nur auf sich gestellt ist.

Gewöhnlich versteht man unter Sadismus die Tendenz, zu quälen und Schmerzen hervorzurufen. Aber in Wirklichkeit ist das nicht das Entscheidende des Sadismus. Die verschiedenen Formen des Sadismus, die wir beobachten können, haben ihre Wurzel in dem Trieb, einen anderen Menschen vollkommen zu kontrollieren; ihn zu einem hilflosen Gegenstand unseres Willens zu machen, sein Herrscher zu werden, über ihn nach Gutdünken und ohne Einschränkung zu verfügen. Ihn zu demütigen und zu versklaven sind nur Mittel zu diesem Zweck. Das radikalste Mittel ist, ihn leiden zu machen, gibt es doch keine größere Macht über einen andern Menschen als die, ihn leiden zu machen, ihn zu zwingen, Schmerzen zu ertragen, ohne sich wehren zu können.

Der sadistische Typ gibt sich den Anschein der Stärke, während er ebenso unsicher und im tiefsten menschlichen Sinn schwach ist wie der Masochist. Er braucht den Beherrschten ebenso sehr wie dieser ihn; der einzige Unterschied liegt in der Illusion, dass der Herrscher der Unabhängige und der Gefolgsame der Abhängige sei. Sie brauchen und ergänzen sich beide.

Die Tatsache, dass beide Formen der autoritären Persönlichkeit auf eine letzte gemeinsame Tatsache zurückgehen, die symbiotische Tendenz, macht auch verständlich, warum man in so vielen autoritären Persönlichkeiten sowohl die sadistische wie die masochistische Komponente antrifft; gewöhnlich sind nur die Objekte verschieden. Wir alle kennen den Haustyrannen, der Frau und Kinder sadistisch behandelt, der aber im Büro seinem Chef gegenüber der unterwürfige Angestellte ist.

Ein noch bekannteres Beispiel ist Hitler. Er war getrieben von der Leidenschaft, alle, das deutsche Volk und schließlich die Welt zu beherrschen, sie zum hilflosen Objekt seines Willens zu machen. Und doch war dieser selbe Mensch aufs tiefste abhängig: abhängig vom Applaus der Masse, von der Zustimmung und Bewunderung seiner Berater, von dem, was er die höhere Macht der Natur, der Geschichte, des Schicksals nannte. [...]

Wenn Anerkennung der Autorität Masochismus und ihre Ausübung Sadismus bedeutet, heißt das dann, dass alle Autorität etwas Pathologisches zum Inhalt hat? Diese Frage übersieht die sehr wichtige Unterscheidung zwischen rationaler und irrationaler Autorität.

Rationale Autorität ist die Anerkennung der Autorität auf der Basis einer kritischen Einschätzung ihrer Kompetenz. Wenn ein Schüler die Autorität des Lehrers anerkennt, mehr zu wissen als er, so ist das eine vernünftige Einschätzung seiner Kompetenz. Dasselbe ist der Fall, wenn ich als Passagier eines Schiffes die Autorität des Kapitäns anerkenne, im Falle einer Gefahr richtige und notwendige Anordnungen zu geben. Die rationale Autorität ist nicht begründet auf der Ausschaltung meiner Vernunft und Kritik, sondern setzt sie vielmehr voraus. Sie macht mich nicht klein und die Autorität groß, sondern sie lässt Autorität überlegen sein, wo und solange sie Kompetenz besitzt.

Irrationale Autorität ist hiervon grundverschieden. Sie ist begründet auf der emotionalen Unterwerfung der eigenen Person unter die eines andern: Ich glaube daran, dass er Recht hat, nicht weil er objektiv gesehen kompetent ist, oder auch, weil ich seine Kompetenz vernunftgemäß anerkenne. In der Beziehung zur irrationalen Autorität liegt eine masochistische Unterwerfung vor, bei der ich mich selbst klein und die Autorität groß mache. Ich muss sie groß machen, damit ich als Teilchen von ihr auch groß bin.

Die rationale Autorität hat die Tendenz, sich selbst aufzuheben, denn je mehr ich verstehe und lerne, desto kleiner wird der Abstand zur Autorität. Die irrationale Autorität hat die Tendenz, sich zu vertiefen und zu verlängern. Je länger und je mehr ich abhängig bin, desto schwächer werde ich, und desto mehr besteht die Notwendigkeit, mich an eine Autorität anzuklammern und mich ihr zu unterwerfen.

Die großen diktatorischen Bewegungen unserer Zeit gründeten und gründen auf der irrationalen Autorität. Ihre Triebfedern sind das Ohnmachtsgefühl des Unterworfenen, seine Angst und seine Bewunderung des »Führers«. Alle großen und fruchtbaren Kulturen hingegen gründen auf dem Vorhandensein rationaler Autorität: auf Menschen, die fähig sind, die ihnen angewiesenen Funktionen geistig oder gesellschaftlich auszufüllen, und die es deshalb nicht notwendig haben, an die irrationalen Leidenschaften zu appellieren.

Das Ziel des Menschen muss immer sein, seine eigene Autorität zu werden; d.h. in sittlichen Fragen ein Gewissen zu haben, in intellektuellen Fragen eine Überzeugung und in gefühlsmäßigen Fragen sich treu sein zu können. Diese innere Autorität kann aber der Mensch nur haben, wenn er die Welt mit Vernunft und mit Liebe zu begreifen imstande ist. Die Entwicklung dieser Eigenschaften ist die Basis der eigenen Autorität und damit die Basis der politischen Demokratie.

13. Der Marketing-Charakter

Der Durchschnittsmensch ist heute schrecklich allein und fühlt sich auch so. Er kommt sich vor, eine Ware zu sein und hat das Gefühl, sein Wert hänge von seinem Erfolg, von seiner Verkäuflichkeit und von der Anerkennung durch andere ab. Er merkt, dass sein Wert weder auf dem inneren oder auf dem *Gebrauchswert* seiner Persönlichkeit beruht, noch auf seiner Kraft oder Liebesfähigkeit und seinen menschlichen Qualitäten, es sei denn, er kann sie verkaufen oder hat mit ihnen Erfolg und andere anerkennen ihn. Das ist es, was ich mit »Marketing-Orientierung« meine.

Aus diesem Grunde ist die Selbstachtung der meisten Menschen heute sehr leicht zu erschüttern. Sie haben kein Selbstwertgefühl aus der Überzeugung: »Das bin ich, das ist meine Liebesfähigkeit und meine Fähigkeit zu denken und zu fühlen«; vielmehr fühlen sie sich nur wertvoll, wenn sie von anderen anerkannt werden, wenn sie sich verkaufen können, wenn andere sagen: »Du bist ein wunderbarer Mann« oder »Du bist eine wunderbare Frau.«

Ein Selbstwertgefühl, das von anderen abhängig ist, wird immer unsicher sein. Jeder Tag bringt eine neue Bewährungsprobe, und jeden Tag muss man sich selbst und andere davon überzeugen, dass man in Ordnung ist.

Man kann die Situation fast mit der einer Handtasche vergleichen, die auf dem Ladentisch zum Verkauf ausliegt: Jene Handtasche, von deren Art im Laufe eines Tages viele verkauft wurden, könnte am Abend stolz auf sich sein, während eine andere, deren Art nicht mehr ganz der Mode entspricht oder die etwas zu teuer ist oder aus sonst einem Grund nicht so gut verkauft wurde, sich deprimiert fühlen würde. Die eine Handtasche könnte sich sagen: »Ich bin wunderbar«; die andere müsste sich eingestehen: »Ich bin nichts wert«, obwohl die »wunderbare« Handtasche nicht schöner, brauchbarer oder von besserer Qualität sein muss als die andere. Die nicht-verkaufte Handtasche müsste das Gefühl haben, dass man sie nicht haben will. Der Vergleich zeigt, dass der Wert einer Handtasche von ihrem Erfolg abhängt, also davon, wie viel Käufer aus irgendeinem Grund die eine der anderen vorziehen.

Übertragen wir den Vergleich nochmals auf den Menschen, dann bedeutet das, dass keiner von uns etwas Besonderes sein darf, dass wir unsere Persönlichkeit immer für Veränderungen bereithalten müssen, um uns dem neuesten Stand anzupassen. Deshalb fühlen sich Eltern ihren Kindern gegenüber oft verlegen: Die Kinder wissen weit besser, was gerade »in« ist. Doch die Eltern sind durchaus bereit, sich belehren zu lassen und zu lernen. Genau wie ihre Kinder hören sie auf die letzten Preisnotierungen auf dem Personalmarkt. Die neuesten Marktnotierungen finden sie in den Kinos, auf den Alkohol- und Modereklamen, in den Angaben darüber, was *very important persons* (VIP) tragen und sagen. […]

In welcher Weise beeinflusst diese »Marketing-Orientierung« die Beziehung zwischen den Geschlechtern – zwischen Männern und Frauen? Ich glaube, dass ein großer Teil von dem, was unter der Bezeichnung »Liebe« läuft, dieses Suchen nach Erfolg und Anerkennung ist. Man braucht jemanden, der einem nicht nur um vier Uhr nachmittags, sondern auch um acht, um zehn und um zwölf Uhr sagt: »Du bist prima, du bist in Ordnung, du machst es richtig.«

Ein anderer Aspekt ist, dass man seinen Wert auch damit beweist, dass man sich den richtigen Partner auswählt. Man muss selbst das neueste Modell sein, denn dann hat man auch das Recht und die Pflicht, sich in das neueste Modell zu verlieben. Man kann das so grob ausdrücken wie jener Achtzehnjährige, der gefragt wurde, was das Ziel seines Lebens sei. Er sagte, er wolle sich einen besseren Wagen kaufen – er wolle seinen Ford in einen Buick umtauschen –, damit ihm Mädchen von besserer Klasse zur Verfügung stünden. Dieser Junge war wenigstens aufrichtig. Er drückte etwas aus, was – wenn auch in etwas verfeinerter Form – in unserer Kultur großenteils die Partnerwahl bestimmt.

Die Marketing-Orientierung hat noch eine andere Auswirkung auf die Beziehung zwischen den Geschlechtern. Hier ist alles auf bestimmte Vorbilder ausgerichtet, und wir sind eifrig bemüht, die letzte Mode mitzumachen und ihr entsprechend zu handeln. Aus diesem Grund ist die Rolle, die wir uns auserwählen – besonders unsere Geschlechterrolle – stark vorgeprägt, aber diese Vorbilder sind sich nicht alle gleich und entsprechen sich nicht immer. Häufig stehen sie miteinander in Konflikt.

Der Mann soll im Geschäftsleben aggressiv und daheim zärtlich sein. Er soll nur seinem Beruf leben, aber wenn er abends heimkommt, soll er nicht müde sein. Er soll den Kunden und der Konkurrenz gegenüber skrupellos sein, aber seiner Frau und seinen Kindern gegenüber soll er völlig aufrichtig sein. Er soll bei jedermann beliebt sein und dabei doch am meisten für seine Familie übrig haben.

Der moderne Mann versucht all dem gerecht zu werden, und allein die Tatsache, dass es ihm damit nicht allzu ernst ist, bewahrt ihn davor, verrückt zu werden. Das Gleiche gilt für die Frauen. Auch sie müssen gewissen Vorstellungen entsprechen, die sich ebenso wenig miteinander vertragen, wie das bei den Männern der Fall ist.

Natürlich hat es zu jeder Zeit und in jeder Kultur gewisse Idealvorstellungen davon gegeben, was »männlich« und was »weiblich« ist; aber früher besaßen diese Vorstellungen wenigstens eine gewisse Stabilität. In einer Kultur aber, wo so viel davon abhängt, dass wir dem neuesten Stand entsprechen, dass wir »in« sind, dass alle mit uns einverstanden sind, dass wir uns genau so verhalten, wie man es von uns erwartet, bleiben die wirklichen Eigenschaften, die zu unserer männlichen oder weiblichen Rolle gehören, im Dunkeln. Die Beziehungen zwischen Mann und Frau haben nur noch wenig Spezifisches.

Wenn Männer und Frauen ihre Partnerwahl entsprechend der Marketing-Orientierung und entsprechend stark vorgeprägten Rollen treffen, ist es unvermeidlich, dass sie sich miteinander langweilen. Meiner Ansicht nach schenkt man dem Wort *Langeweile* nicht die Aufmerksamkeit, die ihm zukommt. Wir reden von allen möglichen schrecklichen Dingen, die Menschen zustoßen, aber wir reden nur selten von einem der allerschrecklichsten Dinge: dass man sich mit sich allein und – was noch schlimmer ist – gemeinsam *langweilt*.

Viele sehen nur zwei Auswege aus dieser Langeweile. Sie vermeiden sie, indem sie eine der vielen Möglichkeiten nutzen, die ihnen unsere Kultur anbietet. Sie besuchen Partys, schließen neue Bekanntschaften, trinken, spielen Karten, hören Radio und betrügen sich so jeden Tag und jeden Abend selber. Oder aber – und das hängt teilweise davon ab, welcher Gesellschaftsklasse sie angehören – sie bilden sich ein, alles werde sich ändern, wenn sie ihren Partner wechseln.

Sie denken, mit ihrer Ehe sei es schiefgegangen, weil sie an den falschen Partner geraten seien, und meinen, wenn sie den Partner wechselten, werde ihnen das die Langeweile vertreiben. Sie sehen nicht, dass die wichtigste Frage nicht lautet: »Werde ich geliebt?«, was weitgehend gleichbedeutend ist mit Fragen wie »Werde ich auch anerkannt?« – »Werde ich beschützt?« – »Werde ich bewundert?« –, sondern dass die Hauptfrage lautet: »Kann ich überhaupt lieben?«

Lieben ist in der Tat schwierig. Geliebt werden und sich verlieben ist eine Zeitlang sehr einfach, so lange bis man den anderen und sich selbst langweilt. Aber zu lieben und sozusagen »in der Liebe zu verharren«, ist etwas Schwieriges – wenn es auch nichts Übermenschliches von uns verlangt, sondern in Wirklichkeit die wesentlichste menschliche Eigenschaft darstellt.

Wenn man nicht mit sich selbst allein sein kann, wenn man für andere und sich selbst kein echtes Interesse aufzubringen vermag, dann kann man auch mit einem anderen nicht zusammenleben, ohne sich nach einiger Zeit zu langweilen. Wenn die Beziehung zwischen den Geschlechtern zu einer Zuflucht vor der Einsamkeit und Isolation des Betreffenden wird, dann hat das nur wenig zu tun mit den Möglichkeiten, welche die wirkliche Beziehung zwischen Mann und Frau mit sich bringt.

14. Der narzisstische Charakter

Ich möchte mein Verständnis von Narzissmus zunächst anhand einer Erfahrung verdeutlichen. Jemand schreibt an einem Beitrag für eine Zeitschrift und liest die beiden ersten Seiten seines Entwurfs noch einmal durch. Er findet das, was er geschrieben hat, ganz großartig und toll. Dann zeigt er die beiden Seiten einem Freund. Als dieser das Geschriebene nun gar nicht als den besten Wurf in diesem Jahrhundert betrachtet, ist er tief verletzt. Tags darauf schaut er sich seinen Entwurf noch einmal durch und hat den Eindruck: Das Ganze macht wenig Sinn, ist nichtssagend, schlecht dargestellt, unklar. Die Erklärung für diesen Sinneswandel ist ganz einfach. Während des Schreibens wurde eine narzisstische Stimmung erzeugt, in der alles, was mich betrifft – meine Gedanken, meine Gefühle, mein Körper, meine Interessen – real ist, während alles andere, auf das ich mich nicht beziehe, keine Bedeutung hat, farblos, grau und ohne Gewicht ist. Ich urteile mit zwei völlig verschiedenen Maßstäben: Das eine bin ich, gehört zu mir, ist meine

Überzeugung, steht sozusagen in großen Buchstaben vor mir, hat Farbe, ist lebendig, kann ich spüren, weil es dadurch wahrer wird, und bedarf keines Beweises; ich bin in mich verliebt, das heißt in meine Arbeit und in meine Gedanken. Das andere aber ist ganz außerhalb, macht auf mich fast keinen Eindruck, kann ich kaum fühlen. [...]

Und doch braucht der narzisstische Mensch den anderen Menschen, weil er davon lebt, dass sein Narzissmus gefüttert wird. Er ist ja ein äußerst unsicherer Mensch, weil weder seine Gefühle noch sonst etwas ihre Begründung in der Wirklichkeit haben. Er äußert sich, aber seine Äußerung ist nicht das Ergebnis seines Nachdenkens, seiner Aufmerksamkeit, seines Arbeitens und seines Kontakts mit dem, worum es geht. Vielmehr ist die Tatsache, dass es *seine* Äußerung ist, Grund genug, dass sie wahr ist. Allerdings hat er ein großes Bedürfnis, seine narzisstische Begründung bestätigt zu bekommen. Kann er sich seines Narzissmus nicht versichern, beginnt er, an allem zu zweifeln. Denn wer ist er dann noch?

Wenn der Narzisst den Wahrheitsgehalt seiner Äußerung damit begründet, dass er es sagt, dann kann er auch keinen Rückzieher mehr machen und sagen, dass er das nächste Mal eben besser recherchieren werde. Nehmen wir einen sehr intelligenten und immer bewunderten Mann, der bei einer Einladung etwas Dummes sagt, einen offensichtlichen Fehler macht, der bemerkt wird. Auch wenn der Fehler gar nicht so schlimm ist, wird dieser Mann in eine tiefe Depression fallen, weil sein Schutzpanzer durchbrochen wurde. Er hat den Glauben verloren, dass alles, was er tut, großartig ist. Seine ganze Existenz und seine ganze Sicherheit gründen aber nur in seiner subjektiven Überzeugung. Wird er darin enttäuscht und trifft er auf jemanden, der ihn kritisiert, fühlt er sich sofort angegriffen. Sein gesamtes System seines Glaubens an sich selbst und seiner Selbstaufblähung wird durchstoßen; er wird entweder ganz depressiv oder ganz wütend.

Es gibt keine größere Wut, als wenn ein narzisstischer Mensch in seinem Narzissmus angegriffen wird. Er wird alles vergeben können, jedoch nicht, dass es jemand gewagt hat, ihn in seinem Narzissmus zu kränken. Dies sollte man nie vergessen: Einem Narzissten kann man fast alles antun, wer aber seinen Narzissmus ansticht oder ihn in seinem Narzissmus verletzt, macht ihn rasend, ob der Narzisst nun diese Wut zeigt oder nicht; er wird sich rächen wollen, denn die narzisstische Kränkung kommt einem Anschlag auf sein Leben gleich.

Narzisstische Menschen sind oft sehr attraktiv, weil sie sich ihrer selbst so sicher sind. Von ihnen geht ein Selbstvertrauen aus, das in vielen Ehen zum Problem wird. Eine Frau zum Beispiel verliebt sich in einen solchen narzisstischen Mann; sie bewundert ihn, weil von ihm ein großes Selbstvertrauen ausgeht und er sich seiner selbst so sicher ist wie kaum jemand sonst. Nur ein Narzisst kann sich seiner selbst wie anderer Dinge so sehr sicher sein. Der Grund aber, warum er sie liebt, ist nur, dass sie ihn mehr bewundert, als dies andere Frauen tun. Meistens gibt es einen Wettbewerb der Verehrerinnen, bei der die Frau das Rennen macht, die ihn am meisten bewundert. Die »liebt« er dann. Nach einigen Monaten entdeckt die Frau auf einmal etwas, worin er Unrecht hat, und kritisiert ihn. Damit aber untergräbt sie die ganze Situation. Dass sie ihn kritisiert, heißt für ihn, dass sie nicht mehr an ihn glaubt. Sie stellt eine Gefahr dar und wird für ihn zur Bedrohung. Er kann nun auf verschiedene Weisen reagieren. Er wird sich ihr gegenüber so widerlich verhalten, dass sie es nie mehr wagen wird, ihn zu kritisieren, oder er wird sie verlassen. In jedem Fall wird er klagen, dass sie ihn nicht versteht. Vor allem narzisstische Menschen beklagen sich, dass der Partner sie nicht mehr versteht, wenn dieser nicht mehr ganz davon überzeugt ist, dass der andere immer im Recht und ein wunderbarer Mensch ist.

Oft leben narzisstische Menschen in einer Art *folie à deux*. So sind etwa eine Mutter und ihre Tochter ganz und gar davon überzeugt, dass sie beide im ganzen Land die einzigen sauberen, ordentlichen Menschen seien, die zu kochen verstünden. Jeder wird diese Überzeugung als verrückt abtun, weil deren völlig unkritischer Glaube an ihre Großartigkeit und Unfehlbarkeit eine Manifestation von reinem Narzissmus ist.

Wenn allerdings jemand sagt: »Mein Land ist das wunderbarste Land, und wir sind besser als alle anderen«, dann wird er als patriotischer, loyaler und guter Bürger angesehen. Niemand behauptet, dass so jemand verrückt sei, denn diese Art von Narzissmus wird von allen geteilt. Alle anderen fühlen gerne auch so, und die Menschen eines anderen Landes fühlen das Gleiche auf ihr eigenes Land hin. Stoßen die Menschen beider Länder aufeinander, entwickelt sich ein furchtbarer Hass, denn jeder will nur seinen kollektiven Narzissmus retten, den er mit seinen Landsleuten in dem wunderbaren Gefühl auslebt, großartig zu sein.

Der *kollektive Narzissmus* ist der Narzissmus des kleinen Mannes. Der Reiche und Mächtige hat genügend Möglichkeiten, seinen Narzissmus mit seinem Geld, seiner Macht und mit Hilfe jener Aspekte der Realität zu stützen, die ihm das Gefühl von Macht geben. Was hat der Arme – und damit meine ich nicht nur den Armen, sondern überhaupt den Durchschnittsbürger – schon vorzuzeigen? Er ist irgendwo angestellt, hat nichts zu melden, fürchtet seine Konkurrenten, sein ganzes Leben ist eine Hetzjagd. Womit kann er schon beeindrucken? Vielleicht mit seinem kleinen Sohn oder mit seinem Hund? Aber der Sohn wird älter. Und seine Frau hat inzwischen auch gelernt, für sich selber zu sorgen.

Sobald ein solcher Mensch aber am kollektiven Narzissmus teilhaben kann und sich als Mitglied dieser Nation erleben kann, ist auch er der Größte und großartiger als alle anderen. Er kann auf diese Weise dieser narzisstischen Erfahrung frönen und gleichzeitig sich in Übereinstimmung mit allen Mitgliedern seiner Gruppe wähnen, da der Narzissmus auf die Gruppe ausgeweitet ist. Tatsächlich eint dies auch diese Menschen und stärkt es sie, wenn sie gemeinsam ihren Glauben in ihre außerordentlichen Eigenschaften ausdrücken können. Dieser kollektive Narzissmus steht hinter dem, was man Nationalismus nennt. Er ist zugleich der Nährboden für die meisten Kriege.

Der kollektive Narzissmus spielt auch in vielen Familien eine große Rolle, wo es einen insgeheimen Familiennarzissmus gibt. Man denke nur an all jene Familien, in denen die Mutter aus einer Familie mit einem höheren Sozialprestige kommt. Sie wird immer geltend machen, dass ihre Herkunftsfamilie besser ist als die des Mannes. Es kann auch umgekehrt sein, dass der Vater seine Herkunftsfamilie für wertvoller hält. Das Kind hört dann von frühester Kindheit an, wie großartig die Cohensche oder die Schmidtsche Familie ist und wie wenig schätzenswert die andere Seite.

Auch die Schichtzugehörigkeit spielt eine Rolle, denn der Familie haftet zugleich ein enormer Klassen-Narzissmus an. Man heiratet niemanden, der aus einer anderen sozialen Schicht kommt. Dieser Narzissmus scheint dann in rationalisierter Form in der Überzeugung auf, dass sich Menschen, die dem gleichen sozialen Hintergrund entstammen, besser verstünden. Natürlich ist das Unsinn, und die Tatsache, dass sich die Menschen aus der gleichen Schicht nicht verstehen, ist ein Beweis dafür. Der gleiche soziale Hintergrund bietet vielmehr nur die Gewähr dafür, dass es keine Initiative geben wird, dass es beiden an Lebensfreude mangelt und dass sie doppelt unglücklich werden.

Die *Stärke des Narzissmus* kann sehr verschieden sein. Es gibt Menschen, die extrem narzisstisch sind und an der Grenze zum Verrückten, zur Psychose stehen. Der Psychotiker ist ganz und gar narzisstisch und hat sich völlig zurückgezogen, weil ihn die Außenwelt derart verletzt hat, dass er aus Angst vor ihr den Kontakt zu ihr nicht wieder aufnimmt. Der Psychotiker ist aber sehr viel empfindlicher gegenüber Menschen als ein nicht-psychotischer narzisstischer Mensch. Der Narzisst ist oft unempfindlich, weil er unfähig ist, das zu sehen, zu erkennen und in Erwägung zu ziehen, was in einem anderen Menschen vor sich geht. Ein Psychotiker hat eben deshalb Wahnvorstellungen, weil er nicht einmal mit seinen Sinnen fähig ist, die Welt so wahrzunehmen, wie sie ist. Er sieht nur das als Wirklichkeit an, was *er* sieht.

Ein sehr narzisstischer Mensch kann sich nur sicher geben, weil er nicht damit befasst ist, wie sich die Dinge wirklich verhalten.

Seine ganze Sicherheit hängt von der Tatsache ab, dass das, was er denkt, und die Tatsache, dass er dies denkt, die Gewähr bieten, dass es auch wahr ist. Dies lässt sich am Paranoiden illustrieren: Jemand glaubt, dass ein anderer ihm Feind ist oder ihn nicht ausstehen kann. Das kann durchaus so stimmen. Mit Recht mag er deshalb manchmal Angst haben, der andere könnte ihm Schaden zufügen. Der Paranoide ist fest davon überzeugt, dass der andere plant, ihn zu ermorden. Diese Überzeugung ist für ihn unerschütterlich, denn er hat sein subjektives Gefühlserleben der Feindseligkeit des anderen derart umgewandelt, dass dessen Mordabsicht für ihn eine Tatsache ist. Er ist von der Tatsächlichkeit überzeugt, weil ihm seine subjektiven Gefühle bezüglich der Feindseligkeit des anderen die einzige Tatsache sind, während die Wirklichkeit gar keine Rolle mehr spielt.

Den gleichen Vorgang kann man bei der Wahnbildung beobachten. Jemand hat die Wahnvorstellung, dass seine Mutter eine Löwin geworden ist. Die Verwandlung in einen Löwen ist ein von den Träumen her bekannter Vorgang und im Traum auch etwas ganz Normales. Der Traum ist ja, wie Freud gesagt hat, eine vorübergehende Psychose, in der wir die Wirklichkeit nicht wahrnehmen, wie sie ist, in der vielmehr unser subjektives Erleben Wirklichkeit hervorbringt. Wenn ein Mensch aber voll Angst und Zittern sagt: »Meine Mutter ist eine Löwin, sie wird mich auffressen« und die Löwin wirklich zur Tür hereinkommen sieht und behauptet: »Da kommt die Löwin!«, dann sagen wir, er sei verrückt, geisteskrank. Er hat den Wahn, seine Mutter sei eine Löwin, obwohl er in Wirklichkeit nur übermäßig Angst vor ihr hat und diese Angst die einzige Wirklichkeit für ihn ist. Das subjektive Angsterleben ist mit der Wirklichkeit identisch, weil seine Gefühle die Wirklichkeit erzeugen. Und so kann er behaupten, dass seine Mutter eine Löwin sei. Sein gesamter sinnlicher Wahrnehmungsapparat und das, was wir den Wirklichkeitssinn nennen, sind vollständig verschwunden.

Wer den Narzissmus versteht, hat einen der Schlüssel zum Verständnis irrationaler Handlungen anderer Menschen. Auch die eigenen irrationalen Handlungen gründen zum großen Teil auf dem Phänomen des Narzissmus. Die Psychoanalyse von sehr narzisstischen Menschen ist äußerst schwierig, weil sie nur schwer erreichbar sind. Sie reagieren gewöhnlich damit, dass sie dem Psychoanalytiker vorwerfen, er sei schweigsam, feindselig, neidisch, dumm. Sie tun dies alles, um dem Gefühl zu entrinnen, ihre Großartigkeit könnte angetastet werden, denn es ist für sie von vitalem Interesse, sich das Bild ihrer Großartigkeit zu erhalten. Die Psychoanalyse von sehr narzisstischen Menschen kann deshalb nur sehr vorsichtig und langsam vor sich gehen.

Außer den Psychotikern und den extrem narzisstischen Menschen gibt es viele Menschen, deren Narzissmus viel geringer ist. Diese Menschen können durch Selbstbeobachtung, Vergleich und Beobachtung anderer herausfinden, wie es um den eigenen Narzissmus steht. Über Narzissmus theoretisch zu sprechen, ohne den eigenen Narzissmus selbst erlebt zu haben oder ihn bei jemand anderem klar erkannt zu haben, so dass man ihn wirklich wahrnehmen kann, hat kaum einen Sinn; es ist, als ob man über die Rückseite des Mondes sprechen würde.

15. Der nekrophile Charakter

Ein Mensch mit einer nekrophilen Charakterorientierung fühlt sich von allem Nicht-Lebendigen, von allem Toten angezogen und fasziniert: von Leichen, Verwesung, Kot und Schmutz. Nekrophil sind solche Menschen, die gern über Krankheiten, Begräbnisse und den Tod reden. [...] Sie leben in der Vergangenheit und nie in der Zukunft. Ihre Gefühle sind im wesentlichen sentimental, das heißt sie hängen an Gefühlen, die sie gestern empfanden – oder empfunden zu haben glauben. Sie sind kalt, auf Distanz bedacht und bekennen sich zu »Gesetz und Ordnung«. Ihre Werte sind genau das Gegenteil von denen, die wir mit dem normalen Leben in Verbindung bringen: nicht das Lebendige, sondern das Tote erregt und befriedigt sie.

Charakteristisch für den nekrophilen Menschen ist seine Einstellung zur Gewalt. Gewalt ist die Fähigkeit, einen Menschen in einen Leichnam zu verwandeln, um sich der Definition von Simone Weil zu bedienen. Genauso wie die Sexualität Leben erzeugen kann, kann die Gewalt es zerstören. Alle Gewalt beruht letzten Endes auf der Macht zu töten. Ich möchte vielleicht einen Menschen nicht gerade töten, sondern ihn nur seiner Freiheit berauben; ich möchte ihn vielleicht nur demütigen oder ihm seinen Besitz wegnehmen – aber was ich auch immer in dieser Richtung tue, hinter all diesen Aktionen steht meine Fähigkeit und meine Bereitschaft zu töten. Wer das Tote liebt, liebt unausweichlich auch die Gewalt. Für einen solchen Menschen ist die größte menschliche Leistung nicht die Erzeugung, sondern die Zerstörung von Leben. Die Gewaltanwendung ist keine ihm von den Umständen aufgezwungene, vorübergehende Handlung – sie ist seine Art zu leben. [...]

Während das Leben durch strukturiertes, funktionales Wachstum gekennzeichnet ist, liebt der nekrophile Mensch alles, was nicht wächst, alles, was mechanisch ist. Der nekrophile Mensch wird von dem Verlangen getrieben, Organisches in Anorganisches umzuwandeln, das Leben so mechanisch aufzufassen, als ob alle lebendigen Menschen nichts anderes seien als Dinge. Alle Lebensprozesse, alle Gefühle und Gedanken wandelt er in Dinge um. Für ihn zählt nur die Erinnerung und nicht das lebendige Erleben, es zählt das Haben und nicht das Sein. Der Nekrophile kann zu einem Objekt – einer Blume oder einem Menschen – nur dann in Beziehung treten, wenn er sie besitzt; daher bedeutet ihm eine Bedrohung seines Besitzes eine Bedrohung seiner selbst; verliert er den Besitz, so verliert er den Kontakt mit der Welt. Daher seine paradoxe Reaktion, dass er lieber das Leben als seinen Besitz verlieren würde, obwohl er ja mit dem Verlust seines Lebens aufhört, als Besitzender zu existieren.

Er möchte über die anderen herrschen und tötet dabei das Leben. Eine tiefe Angst vor dem Leben erfüllt ihn, weil das Leben seinem Wesen nach ungeordnet und unkontrollierbar ist. Typisch für diese Einstellung ist die Frau, die in der Geschichte vom Salomonischen

Urteil zu Unrecht behauptet, die Mutter des Kindes zu sein. Sie will lieber ein in zwei Teile geteiltes totes Kind haben, als ein lebendiges verlieren. Für nekrophile Menschen bedeutet Gerechtigkeit korrekte Teilung, und sie sind bereit, für das, was sie »Gerechtigkeit« nennen, zu töten oder zu sterben. »Gesetz und Ordnung« sind ihre Idole und alles, was Gesetz und Ordnung bedroht, wird als teuflischer Angriff auf ihre höchsten Werte empfunden.

Der nekrophile Mensch fühlt sich von Nacht und Finsternis angezogen. In der Mythologie und Dichtkunst zieht es ihn zu Höhlen hin oder in die Tiefe des Ozeans, oder er wird blind dargestellt. Alles, was dem Leben abgewandt oder gegen das Leben gerichtet ist, zieht den nekrophilen Menschen an. Er möchte in die Dunkelheit des Mutterschoßes und in die Vergangenheit einer anorganischen oder tierischen Existenz zurückkehren. Er ist grundsätzlich an der Vergangenheit und nicht an der Zukunft orientiert, die er hasst und fürchtet. Damit verwandt ist sein heftiges Verlangen nach Gewissheit. Aber das Leben ist niemals etwas Gewisses, es ist nie voraussagbar und niemals unter Kontrolle zu bringen; um es kontrollierbar zu machen, muss man es in Totes verwandeln; der Tod ist ja das einzig Gewisse im Leben. […]

Wer sich umschaut, wird entdecken, dass er sowohl Liebhaber des Lebens wie Liebhaber des Toten kennt, auch wenn er sich nicht traut, in diesen Kategorien zu denken, denn – oberflächlich betrachtet – ist doch jeder »nett« und »freundlich«. Kommt es tatsächlich einmal vor, dass jemand von dem Verlangen getrieben wird, Menschen zu töten, neigen wir dazu, achselzuckend über ihn hinwegzugehen und ihn eben »krank« zu nennen. Er mag krank sein, doch wie können wir selbst sicher sein, dass wir nicht an derselben Krankheit leiden? Was lässt uns sicher sein, dass wir Liebhaber des Lebens und nicht Liebhaber des Toten sind?

Es gibt tatsächlich schwerwiegende Symptome in unserer gegenwärtigen Kultur, die es nahelegen, dass wir bereits von einem *insgeheimen Angezogensein von allem Leblosen* infiziert sind. Manifestationen hierfür lassen sich genügend beobachten: destruktive Gewalt und Herrschaftsstreben auf internationaler Ebene; Kriminalität und Grausamkeit auf nationaler Ebene; das Ausmaß von Bedrückung und Angst, das sich an der Menge der in unserer Gesellschaft verkauften Psychopharmaka geradezu ablesen lässt; der Drogenmissbrauch, bei dem die echte Liebe zum Leben durch Nervenkitzel und Erregungszustände ersetzt werden soll.

Um uns von dem wahren Ausmaß zu überzeugen, bedarf es keiner Statistiken. Jeder von uns zeigt die Symptome mehr oder weniger deutlich. Wer von uns braucht nicht erst einen Drink, bevor er sich in einer Gesellschaft wohlfühlt? Befleißigen wir uns nicht einer künstlichen Fröhlichkeit und Besorgtheit, wenn dies der Anlass zu verlangen scheint? Immer mehr neigen wir dazu, zu *denken* statt zu *fühlen*, was einem Anlass (einer Hochzeit, einem Begräbnis, dem Gemälde eines gefeierten Künstlers) angemessen ist. Die Sexualität hat immer mehr nur noch die Bedeutung, »Intimität« und Erregung zu schaffen, ohne dass wir etwas für den anderen Menschen spüren außer eben dieses Verlangen. […] Auch die folgende Beobachtung kann jeder machen: Wer versucht, sich nur still hinzusetzen, nichts zu tun, die Augen zu schließen und an nichts zu denken, spürt eine Unruhe, muss an tausend Dinge denken und wartet nur noch auf das Ende des Experiments.

In begrenztem Maße sind dieser Druck und die Angst persönliche Probleme und haben die Symptome individuelle Gründe. Zu einem größeren Teil aber resultieren sie aus der Art und Weise, wie wir Menschen des Industriezeitalters leben. Dafür ist vor allem kennzeichnend, dass wir uns mehr für das *Ergebnis* interessieren als für den *Prozess*, der dazu führt. Im Bereich der industriellen Produktion aber sind es die Maschinen und Apparate, die Ergebnisse zeitigen. Das führt so weit, dass wir uns selbst auch als Maschinen verstehen, schnell zu einem Ergebnis kommen möchten und nach Apparaten Ausschau halten, die den gewünschten Effekt bewerkstelligen können.

Wir sind aber keine Maschinen! Das Leben ist nicht Mittel zum Zweck, sondern Selbstzweck. Der Prozess des Lebens, das heißt, sich zu ändern, zu wachsen, sich zu entwickeln, bewusster und wacher zu werden, ist wichtiger als jede mechanische Ausführung oder Errungenschaft, wenn wir – und dies ist eine sehr wichtige Qualifizierung – das Leben lieben. Gibt jemand auf die Frage, warum er einen anderen Menschen liebt, die Antwort, dass dieser erfolgreich, berühmt, reich ist, dann wird sich der Betreffende bei dieser Antwort vermutlich ein wenig unbehaglich fühlen, weil er weiß, dass all dies nicht wirklich etwas mit Liebe zu tun hat. Sagt jemand jedoch, dass er den anderen liebe, weil er oder sie so lebendig ist, dass er sein Lächeln, seine Stimme, seine Hände, seine Augen liebe, weil von diesen so viel Lebendigkeit ausgehe, dann gibt der Betreffende wirklich einen Grund an. Das Gleiche gilt in Bezug auf die eigene Person. Jemand ist interessant, weil er interessiert ist, und jemand wird geliebt, weil er lieben kann und weil er in sich selbst und im anderen Menschen das Leben liebt.

Eine solche das Leben liebende Einstellung ist freilich nur schwer in Erfahrung zu bringen in einer Kultur, für die Ergebnisse wichtiger sind als der Prozess, für die die Dinge wichtiger sind als das Leben, die die Mittel zu Zwecken macht und die uns anhält, unseren Verstand zu gebrauchen, wenn unser Herz gefragt ist. Einen anderen Menschen zu lieben und das Leben zu lieben, lässt sich nicht durch Akkordarbeit erreichen. Beim Sex funktioniert das; bei der Liebe jedoch nicht. Ohne eine Lust an der Stille gibt es keine Liebe. Sie ist eine Fähigkeit, sich am *Sein* zu erfreuen anstatt am *Tun*, am *Haben* oder am *Gebrauchen*.

Ein weiterer Grund, warum es so schwierig ist, das Leben zu lieben, ist unser wachsender, nie gestillter Appetit auf Dinge. Zweifellos können und sollen die Dinge dem Menschen dienen. Werden sie jedoch um ihrer selbst willen gesucht, statt dass sie Hilfsmittel bleiben, dann zeigen sie die Tendenz, das Interesse des Menschen am Leben und seine Liebe zum Leben zu unterminieren und den Menschen zu einem Anhängsel der Maschine, also zu einem Ding zu machen. Dinge können alles Mögliche hervorbringen, doch sie können nicht lieben, weder einen Menschen noch das Leben.

Als Verbrauchern wird uns in einem fort glauben gemacht, dass unsere Freude nur dann vollkommen ist, wenn wir uns auch etwas kaufen. Was noch vor wenigen Generationen selbstverständlich war, wissen wir nicht mehr: dass man zu den allerschönsten Freuden des Lebens keinerlei Apparate braucht. Vielmehr setzen sie die Fähigkeit voraus, stille zu sein, »sich auf etwas einlassen« zu können und sich zu konzentrieren.

[…] Die Welt der vom Menschen gemachten Dinge ist unser ganzer Stolz und zugleich unsere Gefährdung. Je mehr der dinghafte Aspekt der Wirklichkeit in den Vordergrund tritt, desto mehr interessieren wir uns für die Handhabung dieser Dinge. Je weniger wir die Eigenart des Lebens erfahren, desto weniger können wir das Leben lieben. Wir haben tatsächlich allen Grund anzunehmen, dass wir die technischen Wunder, die das Leben zerstören können, mehr mögen als das Leben selbst. Könnte es nicht sein, dass wir Menschen der industrialisierten Welt darum zu keiner wirksamen atomaren Abrüstung fähig sind, weil für uns das Leben viel von seiner Attraktivität verloren hat und stattdessen die Dinge zum Gegenstand unserer Bewunderung geworden sind?

Ein weiteres Hindernis, das Leben zu lieben, ist in der wachsenden Bürokratisierung unseres Tuns zu sehen. Auch wenn man ihr freundlicher klingende Namen wie »Teamwork« oder »Gruppengeist« usw. gibt, bleibt im Kern dennoch die Tatsache, dass wir zum Zwecke maximaler Wirtschaftlichkeit dazu neigen, den Einzelnen auf jenes passende Format eines Gruppenmitglieds zurechtzustutzen. Er ist dann leistungsfähig und zeigt Disziplin, aber er ist nicht mehr er selbst, nicht mehr ganz lebendig und darum in seiner Fähigkeit, das Leben zu lieben, gelähmt.

Die Frage nach den Möglichkeiten einer Änderung scheint berechtigt. Müssen wir notwendigerweise unser System der Massenproduktion, unsere technischen Errungenschaften aufgeben, um das Leben wieder liebgewinnen zu können? Dies glaube ich nicht. Wir müssen uns aber der Gefahr bewusst sein und den materiellen Dingen den ihnen zustehenden Platz zuordnen, und wir müssen aufhören, uns selbst in Dinge zu verwandeln und nur noch Statthalter von Dingen zu sein.

Lieben wir das Lebendige, statt es zu manipulieren, dann kann selbst ein Ding – ein Glas zum Beispiel – durch unseren belebenden Umgang mit ihm, wie wir ihn von Künstlern kennen, lebendig werden. Wir werden dann lernen, dass uns etwas ansprechen wird, wenn wir jemand anderen oder etwas anderes nur lange genug betrachten. Allerdings muss man es wirklich betrachten und damit aufhören, aus ihm etwas herausbekommen zu wollen. Man muss wirklich still sein können. Wer glaubt, seine Gefühle unbedingt mit Worten des Entzückens wie »Ist es nicht himmlisch!« oder »Ich sterbe vor Sehnsucht, es wieder zu sehen!« beschreiben zu müssen, dessen Empfindungen taugen vermutlich nicht viel. Wer einen Baum so betrachten kann, dass dieser zurückzuschauen scheint, dem wird wahrscheinlich gar nicht danach sein, etwas sagen zu wollen.

Es gibt keine Rezepte, wie man das Leben lieben kann, und doch kann man viel lernen. Wer Illusionen aufgeben kann, wer andere und sich so sehen kann, wie sie sind und wie er ist, wer lernen kann, zu sich zu kommen statt andauernd auszugehen, wer den Unterschied zwischen Leben und Dingen, zwischen Glück und Erregung, zwischen Mittel und Zweck und insbesondere zwischen Liebe und Gewalt spüren kann, der hat schon die ersten Schritte hin zu einer Liebe zum Leben getan. Nach den ersten Schritten sollte man erneut Fragen stellen. Bedeutsame Antworten lassen sich in einer Reihe von Büchern finden, meistens aber in einem selbst.

Eine Frage sollte nicht außer Acht gelassen werden: Je mehr jemand das Leben liebt, desto mehr muss er fürchten, unter der ständigen Bedrohung der Wahrheit, Schönheit und Unversehrtheit des Lebens zu leiden. Dies ist tatsächlich so, besonders heute. Wer sich vor diesem Schmerz zu bewahren versucht, indem er dem Leben gegenüber gleichgültig wird, der erzeugt nur einen noch größeren Schmerz. Jeder zutiefst depressive Mensch kann bestätigen, dass ein Gefühl der Trauer eine Erlösung von der Qual bedeuten würde, gar nichts zu fühlen.

Glücklich zu sein ist nicht das Wichtigste im Leben, sondern lebendig zu sein. Zu leiden ist nicht das Schlimmste im Leben; das Schlimmste ist die Gleichgültigkeit. Leiden wir, dann können wir versuchen, die Ursachen des Leidens zu beseitigen. Fühlen wir hingegen gar nichts, sind wir gelähmt. Bis jetzt war in der Geschichte der Menschen das Leiden die Geburtshelferin für Veränderung. Sollte – zum ersten Mal – Gleichgültigkeit die Fähigkeit des Menschen zunichtemachen, sein Schicksal zu wenden?

IV

Das Unbewusste

16. Das Unbewusste nach Sigmund Freud

Natürlich war Freud nicht der erste, der entdeckte, dass wir in uns Gedanken und Strebungen haben, die uns nicht bewusst sind. Aber Freud war der erste, der diese Entdeckung zum Mittelpunkt seines psychologischen Systems machte und der die unbewussten Phänomene auf höchst detaillierte Weise und mit erstaunlichen Resultaten erforscht hat.

Freud ging von einer grundsätzlichen Diskrepanz zwischen Denken und Sein aus. Wir denken zum Beispiel, dass unser Verhalten von Liebe, Hingabe, Pflichtgefühl usw. motiviert ist, und wir sind uns der Tatsache nicht bewusst, dass wir in Wirklichkeit vom Wunsch nach Macht, von Masochismus und von einem Abhängigkeitsbedürfnis motiviert sind. Freuds Entdeckung bestand darin, dass das, was wir denken, mit dem, was wir sind, nicht unbedingt identisch ist. Was jemand von sich selber denkt, ist oft etwas ganz anderes als das, was er wirklich ist, und die meisten von uns leben eigentlich in einer Welt der Selbsttäuschung, in der sie annehmen, dass ihre Gedanken die Wirklichkeit repräsentieren.

Die historische Bedeutung von Freuds Begriff des Unbewussten liegt darin, dass in einer langen Tradition schon immer angenommen wurde, Denken und Sein seien miteinander identisch und dass der Idealismus in seinen strengeren Formen postulierte, dass nur das Denken (die Idee, das Wort) real sei, während die Welt der Erscheinung keine eigene Realität besitze. Indem Freud dem bewussten Denken vor allem die Rolle zuwies, Triebe zu rationalisieren, war er auf dem Weg, das Fundament des Rationalismus zu zerstören, zu dessen hervorragenden Vertretern er selbst gehörte.

Mit seiner Entdeckung der Diskrepanz zwischen Denken und Sein hat Freud nicht nur die Tradition des westlichen Idealismus in seinen philosophischen und seinen populären Formen unterlaufen, er hat damit auch auf dem Gebiet der Moral eine weitreichende Entdeckung gemacht. Bis zu Freud konnte man Aufrichtigkeit dadurch definieren, dass einer sagt, was er glaubt. Seit Freud ist diese Definition der Aufrichtigkeit unzureichend. Der Unterschied zwischen dem, was ich sage, und dem, was ich glaube, greift in eine neue Dimension über, nämlich die meiner unbewussten Überzeugungen oder meines unbewussten Strebens.

Wer überzeugt ist, die Entwicklung seines Kindes durch Strafe zu fördern, hätte in der Zeit vor Freud als ganz ehrlich gegolten, vorausgesetzt, dass er es wirklich geglaubt hätte. Nach Freud aber erhebt sich die kritische Frage, ob er mit dieser Überzeugung nicht einfach sadistische Wünsche rationalisiert, das heißt, ob es ihm nicht Vergnügen macht, das Kind zu schlagen und ob er die Idee, es sei zu dessen Bestem, nicht nur als Vorwand benutzt. Vor Freud wäre er ein ehrlicher Mensch gewesen, seit Freud wäre er in diesem speziellen Fall ein unehrlicher Mensch, und in ethischer Hinsicht könnte man ihm tatsächlich denjenigen vorziehen, der wenigstens ehrlich genug ist, sein wahres Motiv zuzugeben. Dieser wäre nicht nur ehrlicher, er wäre auch weniger gefährlich.

Es gibt unzählige Grausamkeiten und Bösartigkeiten aller Art, die von Einzelnen oder im Laufe der Geschichte als gute Absichten rationalisiert worden sind. Seit Freud kann der Satz »Ich habe es doch gut gemeint« nicht mehr als Entschuldigung dienen. Es gut zu meinen, ist eine der wirksamsten Rationalisierungen bösen Handelns, und nichts ist leichter, als sich selbst von der Gültigkeit dieser Rationalisierung zu überzeugen.

Freuds Entdeckung brachte noch ein drittes Resultat. In einer Kultur wie der unseren, in der Worte eine so ungeheure Rolle spielen, dient das Gewicht der Worte oft dazu, die Erfahrung zu vernachlässigen, ja sie zu entstellen. Wenn jemand sagt »Ich liebe dich« oder »Ich liebe Gott« oder »Ich liebe mein Vaterland«, dann äußert er Worte, die auch dann, wenn er von ihrer Wahrheit völlig überzeugt ist, unwahr und nichts weiter als eine Rationalisierung seines Wunsches nach Macht, Erfolg, Ruhm und Geld sein können, oder in denen lediglich die Abhängigkeit von seiner Gruppe zum Ausdruck kommt. Liebe muss in dem, was tatsächlich vor sich geht, nicht einmal andeutungsweise enthalten sein, und meist ist es auch so.

Bisher ist Freuds Entdeckung noch nicht so allgemein anerkannt, dass man auf Erklärungen guter Absichten oder auf Geschichten von vorbildlichem Verhalten instinktiv mit Vorbehalt reagiert. Dennoch ist Freuds Theorie genau wie die Theorie von Marx eine kritische Theorie. Freud nahm Behauptungen nicht unbesehen hin, er betrachtete sie skeptisch, selbst wenn er nicht daran zweifelte, dass der Betreffende bewusst aufrichtig war. Aber die bewusste Aufrichtigkeit bedeutet relativ wenig in Bezug auf die gesamte Persönlichkeit eines Menschen.

Freuds große Entdeckung mit ihren weitreichenden philosophischen und kulturellen Konsequenzen war die Entdeckung des Konflikts zwischen Denken und Sein. Aber er hat die Bedeutung dieser Entdeckung durch die Annahme eingeschränkt, dass im wesentlichen die bewusste Erinnerung an infantile sexuelle Strebungen verdrängt wird und dass der Konflikt zwischen Denken und Sein im wesentlichen ein Konflikt zwischen dem Denken und der infantilen Sexualität sei. Diese Einschränkung überrascht nicht. Wie bereits gesagt, stand Freud unter dem Einfluss des Materialismus seiner Zeit.

Freud glaubte, die Inhalte der Verdrängung in jenen Strebungen zu finden, die nicht nur gleichzeitig psychischer und physiologischer Natur sind, sondern die auch ganz offensichtlich in der Gesellschaft, in der er lebte, verdrängt wurden. Genauer gesagt, handelte es sich um die Mittelklasse mit ihrer viktorianischen Moral, aus der Freud und die meisten seiner Patienten kamen. Er fand Beweise dafür, dass pathologische Erscheinungen, wie zum Beispiel die Hysterie, manchmal Ausdruck verdrängter sexueller Wünsche waren. Er identifizierte jedoch die Gesellschaftsstruktur seiner Klasse und ihre Probleme mit dem Menschen als solchem und mit den Problemen, die in der menschlichen Existenz selbst wurzeln. Hier hatte Freud zweifellos seinen blinden Fleck. Für ihn war die bürgerliche Gesellschaft identisch mit der zivilisierten Gesellschaft schlechthin. Er gab zwar zu, dass es besondere Kulturen gäbe, die sich von der bürgerlichen Gesellschaft unterschieden, aber er betrachtete diese stets als primitiv und unterentwickelt.

Die materialistische Philosophie und die weitverbreitete Verdrängung sexueller Wünsche aus dem Bewusstsein waren die Ausgangspunkte, von denen Freud die Inhalte des Unbewussten herleitete. Außerdem übersah er die Tatsache, dass sehr häufig sexuelle Impulse ihr Vorhandensein oder ihre Intensität nicht dem physiologischen Substrat der Sexualität verdanken, sondern, ganz im Gegenteil, oft das Ergebnis völlig andersartiger, selbst nicht sexueller Impulse sind. Es besteht kein Zweifel, dass auch der Narzissmus, der Sadismus, die Neigung sich zu unterwerfen und pure Langeweile eine Quelle sexueller Wünsche sein können. Und bekanntlich sind auch Macht und Reichtum wichtige Elemente, die sexuelle Wünsche hervorrufen.

Heute, nur zwei oder drei Generationen nach Freud, ist deutlich zu erkennen, dass die Sexualität in der städtischen Zivilisation nicht mehr Hauptgegenstand der Verdrängung ist. Ganz im Gegenteil ist die Sexualität, seit der Massenmensch sich voller Hingabe damit beschäftigt, ein *homo consumens* zu werden, zu einem der Hauptkonsumartikel (und zwar zu einem der billigsten) geworden, welche die Illusion von Glück und Zufriedenheit erzeugen.

Es lassen sich ganz andere Konflikte zwischen dem Bewussten und dem Unbewussten beobachten. Hier nun einige der häufigsten dieser Konflikte:

- Freiheitsbewusstsein – unbewusste Unfreiheit
- bewusstes gutes Gewissen – unbewusste Schuldgefühle
- bewusstes Glücksgefühl – unbewusste Depressionen
- bewusste Aufrichtigkeit – unbewusster Betrug
- bewusster Individualismus – unbewusste Beeinflussbarkeit

- Machtbewusstsein – unbewusstes Gefühl der Hilflosigkeit
- bewusster Glaube – unbewusster Zynismus und völlige Glaubenslosigkeit
- Bewusstsein zu lieben – unbewusste Gleichgültigkeit oder unbewusster Hass
- bewusste Aktivität – unbewusste psychische Passivität und Trägheit
- bewusst realistische Einstellung – unbewusster Mangel an Realismus.

Dies sind die wirklichen Widersprüche unserer Zeit, die verdrängt und rationalisiert werden. Sie existierten bereits zu Freuds Zeit, doch waren manche von ihnen damals noch nicht so drastisch ausgeprägt wie heute. Noch wesentlicher aber ist, dass Freud ihnen keine Aufmerksamkeit schenkte, weil er von der Sexualität und ihrer Verdrängung fasziniert war. Seit der Entwicklung der orthodoxen Freudschen Psychoanalyse ist die infantile Sexualität der Eckstein des Systems geblieben.

Die Psychoanalyse hat sich zu einem Widerstand entwickelt, der verhindern soll, an die wirklichen und entscheidenden Konflikte im Menschen und zwischen den Menschen heranzukommen.

17. Verdrängung, Widerstand, Übertragung

Der erste zentrale Begriff ist der […] der *Verdrängung*. Dieser Grundbegriff wird heute zumeist vergessen. Wenn man an Psychoanalyse denkt, dann denkt man an Ich, Über-Ich und Es, an den Ödipuskomplex und an die Libidotheorie. Das sind gerade die Themen, die Freud aus seiner Grunddefinition der Psychoanalyse herausgelassen hat.

Zunächst also das Verdrängte. Häufig sind wir von Motiven bestimmt, derer wir uns gänzlich unbewusst sind. Lassen Sie mich mit einem kleinen, banalen Beispiel beginnen. Vor einiger Zeit besuchte mich ein Kollege, und ich wusste, dass er mich nicht besonders mochte. Ich war sogar ein wenig erstaunt, dass er zu mir kommen wollte. Er klingelt, ich öffne die Tür, er reicht mir die Hand und sagt fröhlich: »Auf Wiedersehen!« Das heißt doch: Unbewusst wollte er schon wieder gegangen sein. Er hatte diesem Besuch nicht mit Freude entgegengesehen, und das kam zur Sprache, indem er »Auf Wiedersehen« sagte statt »Guten Tag«. Was konnte man da sagen? Gar nichts. Da er selbst Psychoanalytiker war, wusste er genau, dass und wie er sich enthüllt hatte. Und er konnte sich nicht entschuldigen: »Das habe ich nicht gemeint!« Das wäre nur naiv gewesen, da wir beide wussten, dass es nicht darauf ankam, die Fehlleistung nachträglich umzuinterpretieren, sondern sie zu durchschauen. So war die Situation nur peinlich, und wir schwiegen. Aber das ist ein Beispiel, wie es hundertmal passiert, und Freud hat auf vielen solchen Beispielen seine Lehren aufgebaut.

Ein anderes Beispiel ist ein sadistischer Vater, der seinen Sohn prügelt. Das gibt's heutzutage seltener, denke ich, als vor 50 Jahren. Ein sadistischer Vater, ein Mann also, der ein Vergnügen daran hat, anderen Schmerzen zuzufügen oder seine strenge Kontrolle über sie auszuüben. Wenn Sie dabei fragen, warum er sich so verhält (und gewöhnlich brauchen Sie ihn das gar nicht zu fragen, er sagt das immer gern von selbst), so antwortet er: »Ich muss das tun, damit mein Sohn ein anständiger Mensch wird oder bleibt; ich tue das aus Liebe zu ihm.« Glauben Sie ihm das? Vielleicht, vielleicht auch nicht.

Doch sehen Sie sich einmal sein Gesicht an! Sehen Sie sich einmal an, wie er aussieht, wenn er prügelt – die Augen, die einen leidenschaftlichen Zug annehmen. Sie erkennen in Wirklichkeit in diesem Gesicht einen Mann, der voller Hass ist und zugleich voller Freude, prügeln zu können. Sie können dasselbe finden bei Polizisten (nicht bei allen natürlich) oder bei Krankenschwestern oder bei Gefängniswärtern oder in vielen anderen Privatsituationen. Es wird mehr oder weniger verhüllt, je nachdem der Mensch es aus Selbstinteresse geheim halten muss. Aber bleiben wir beim Beispiel dieses Vaters. Wenn man ihn sieht, weiß man: Sein Motiv ist nicht das, das er vorgibt. Er hat eben nicht das Heil seines Kindes im Sinn – das ist eine »Rationalisierung«; sein Motiv ist sein sadistischer Trieb; aber davon weiß er gar nichts.

Ein Beispiel von größerer geschichtlicher Bedeutung ist Adolf Hitler. Hitler hat bewusst immer nur angenommen, dass er das Beste für Deutschland will: Deutschlands Größe, Deutschlands Gesundheit, Deutschlands Weltbedeutung, und was nicht alles. Obwohl er die grausamsten Befehle gegeben hat, hat er nie deutlich – soweit wir das erkennen können – gefühlt, dass er aus Grausamkeit handelte. Er hat immer gefühlt, aus dem Wunsch heraus zu handeln, Deutschland zu helfen, die geschichtlichen Gesetze zu verwirklichen – im Namen des Schicksals, im Namen der Rasse, im Namen der Vorsehung. Aber er war sich nicht bewusst, dass er ein Mensch war, der Lust hat an der Zerstörung. Er konnte keine gefallenen Soldaten, keine zerstörten Häuser sehen; deshalb ging er im Zweiten Weltkrieg nie an die Front. Nicht aus persönlicher Feigheit; vielmehr konnte er es nicht ertragen, die konkreten Folgen seiner eigenen Zerstörungslust wahrzunehmen.

Das ist ganz ähnlich wie bei Menschen mit einem Waschzwang. Bewusst wollen sie immer rein sein. Unbewusst aber wissen sie sehr wohl, dass sie Blut oder Schmutz an den Händen haben und sich von dem befreien wollen, was unbewusst in ihnen gegenwärtig ist: ein (vielleicht latentes) Verbrechen, eine verbrecherische Absicht, die sie ständig wegwaschen müssen.

Hitler selbst hatte etwas davon. Er hatte zwar keinen Waschzwang; aber viele Beobachter haben festgestellt, dass er überreinlich war, über das normale Maß des sauberen Menschen hinaus. Aber ich habe nur die Parallele gezogen: Hitler wollte die Realität seiner eigenen Zerstörungslust nicht sehen, sondern hat sie verdrängt und nur seine guten Absichten erlebt. Das allerdings war nur bis zu einem gewissen Punkt möglich. Als es schließlich soweit war, dass er wusste, Deutschland oder – besser gesagt – er selber hatte den Krieg verloren, hörte die Verdrängung seiner Zerstörungslust auf. Plötzlich wollte er ganz Deutschland, das deutsche Volk vernichten. Er sagte sich: »Dieses Volk ist nicht wert, weiterzuleben, weil es den Krieg nicht gewinnen konnte.« Und so kam am Ende die reine Zerstörungslust dieses Mannes zum vollen Ausbruch. In Wirklichkeit war sie immer vorhanden, war immer in seinem Charakter, war nur verdrängt und rationalisiert, bis die Verheimlichung eines Tages nicht mehr gelingen konnte. Und selbst dann hat er sich noch um eine Rationalisierung bemüht: »Die Deutschen müssen sterben, weil sie nicht verdienen, weiterzuleben.«

Solche Beispiele – dramatische und undramatische – findet man überall, jeden Tag. Menschen werden sich ihrer wirklichen Motive nicht bewusst, weil sie die Einsicht, die Erkenntnis aus vielen Gründen nicht ertragen können, von sich etwas zu wissen, was entweder ihrem Gewissen oder der öffentlichen Meinung so widerspricht, dass sie in eine für sie selbst sehr unangenehme Lage gerieten, wenn sie dessen inne würden, was sie eigentlich treibt. So ziehen sie es vor, sich dessen nicht bewusst zu sein und also nicht in Konflikt zu kommen mit einem Teil ihrer selbst, mit ihrem »besseren Selbst« oder auch mit dem, was die meisten »anständigen Menschen« denken.

Wenn man Menschen andeutet, was die wirklichen Motive des Handelns sind, dann reagieren sie mit dem (und damit komme ich zu dem zweiten Punkt), was Freud *Widerstand* genannt hat: Sie wehren sich gegen die Information. Sogar die aus gutem Willen und in ihrem Interesse ihnen angebotene Information weisen sie aufs Heftigste von sich. Sie wollen die Realität in sich nicht wahrhaben. Sie verhalten sich dieser Information gegenüber nicht etwa wie ein Autofahrer, dem ein anderer sagt, dass seine Tür nicht geschlossen ist oder dass seine Lichter nicht funktionieren: Dieser nimmt ja den Hinweis dankbar zur Kenntnis. Ganz anders die Menschen, die man auf Verdrängtes aufmerksam macht. Sie reagieren mit Widerstand. In allen vorgenannten Fällen von Verdrängung kann man erwarten, dass die Menschen Widerstand produzieren, wenn man sie darüber aufklärt, was eigentlich in ihnen passiert, das heißt, was die Realität, ihre innere Realität ist, statt der Fiktion, die sie sich aufbauen.

Wie benehmen sich nun die Menschen im Widerstand? Eine ganz typische Reaktion ist Ärger, Wut, Aggression. Wenn Menschen hören, was sie nicht hören wollen, werden sie wütend; sie wollen sozusagen den Zeugen der Tat entfernen. Sie können ihn nicht gut umbringen – das wäre zu riskant –, so entfernen sie ihn gewissermaßen in symbolischer Weise. Sie werden zornig und sagen: »Du handelst nur aus Neid, aus schlechten Motiven. Du hasst mich. Du hast Freude daran, mir etwas Übles nachzusagen« usw.

Manchmal werden sie so wütend, dass sie sogar gefährlich sein können. Wieweit sie ihre Wut zeigen, hängt wiederum von den Umständen ab. Wenn es heikel ist, seiner Wut freien Lauf zu lassen (beispielsweise ein Untergebener seinem Vorgesetzten gegenüber), dann sagt man lieber gar nichts; man geht nach Hause und lässt den Unmut etwa an seiner Frau aus. Wenn es aber nicht heikel ist, wenn man nämlich selber der Vorgesetzte ist, dann kann man auf die Kritik eines Untergebenen (und es handelt sich hier bei dieser Kritik ja nur um einen Hinweis auf etwas, was wahr ist) höchst souverän reagieren – beispielsweise so, dass man den Untergebenen seine Unterlegenheit spüren lässt oder ihn einfach entlässt. Und natürlich entlässt man ihn nicht mit dem Bewusstsein, dass dieser Mann einen verletzt hat – wie könnte denn dieser kleine Mann einen verletzen? –, sondern mit der Begründung, dass dieser kleine Mann eben ein Verleumder, ein gemeiner Kerl ist.

Eine andere, einfachere Weise des Widerstandes ist das Überhören. Besonders wenn der Hinweis nicht sehr massiv ist, wenn er ohne große Betonung vorgebracht wird, kann man häufig finden, dass der andere ihn missversteht oder gar nicht hört. Das ist natürlich nicht immer möglich; aber es ist die simpelste und eine weit verbreitete Form des Widerstandes.

Eine andere Form ist, dass man müde oder deprimiert wird. Viele Eheleute kennen das voneinander. Wenn sie irgendetwas sagen, was ein wahres Motiv an dem Handeln des anderen zum Vorschein bringt, dann wird der Betroffene betrübt und resigniert, häufig so, dass er dann seinerseits anklagt und den Vorwurf erhebt – schweigend oder ausdrücklich: »Du siehst ja, was du angerichtet hast. Jetzt bin ich wieder depressiv, weil du diese Bemerkung gemacht hast.« Ob die Bemerkung wahr oder unwahr ist, spielt gar keine Rolle. Wer aber die Bemerkung gemacht hat, wird sich nach einiger Zeit hüten, noch einmal auf ein unbewusstes Motiv hinzudeuten; er weiß, dass er teuer zu bezahlen hat.

Eine weitere Form des Widerstandes besteht darin, dass man davonläuft. Das geschieht manchmal in der Ehe, weil man erlebt, dass der Partner entdeckt hat, was man verhüllen will. Womöglich war man sich des Versteckspiels gar nicht bewusst, aber der Eine spürte, dass der andere mehr sah als man selbst. Und das kann man nicht ertragen; man will es nicht zur Kenntnis nehmen, weil man sich nicht ändern will. Man will so sein, wie man ist, also muss man weggehen.

Dasselbe beobachtet man häufig auch in der Psychoanalyse. Patienten brechen nicht selten die Behandlung ab, wenn der Analytiker etwas sagt, was sie nicht hören wollen, und natürlich heißt es dann: »Ich habe nun Schluss gemacht, weil der Analytiker selbst verrückt ist. Der hat Sachen über mich gesagt, die beweisen, dass er wahnsinnig ist; wie könnte er sonst so etwas behaupten!« Jeder andere würde wissen, dass der Analytiker ganz Recht hatte; jener aber, der davon berührt ist und der furchtbare Angst davor hat, sich zu ändern, kann nur mit Gewalt (und es sind ja alles Formen der Gewalt, von denen hier die Rede ist) reagieren: »Ich will dich nicht sehen. Ich will das nicht wieder hören.«

Das ist alles anders, wenn ein Mensch bereit ist, sich zu ändern. Wenn ein Mensch sich wirklich verstehen, wenn er wirklich die Wahrheit über sich wissen will, um sich ändern zu können, dann reagiert er im Großen und Ganzen nicht mit Ärger, nicht mit Fortlaufen usw., sondern er ist im Grunde dankbar, dass man ihm etwas sagt, was für seine Entwicklung notwendig ist – so dankbar, wie er dem Arzt wäre, wenn er eine Krankheit diagnostiziert, die es zu heilen gilt. Aber die meisten Menschen sind nicht darauf bedacht, sich zu ändern. Sie wollen sich nur beweisen, dass sie sich nicht zu ändern brauchen. Ändern sollen sich die anderen.

Im Grunde genommen kann man wohl ohne Übertreibung feststellen, dass ein großer Teil unserer Energie darauf verwendet wird, zu verdrängen und dann Widerstand zu leisten, wenn das Verdrängte berührt wird. Das ist natürlich eine ungeheure Verschwendung an Kraft, die viele Menschen daran hindert, ihre Vorräte und Fähigkeiten für fruchtbarere Zwecke zu verwenden.

Ein weiterer, wichtiger Freudscher Begriff ist der der *Übertragung*. Im engeren Sinn hat Freud damit gemeint, dass der Patient den Analytiker erlebt als eine Person der frühen Kindheit, also als den Vater oder die Mutter, und dass seine Reaktion gegenüber dem Analytiker im Grunde genommen gar nicht dem Menschen entspricht, der ihm real gegenüber oder der hinter ihm sitzt, sondern dass er in ihm einen anderen (eben den Vater oder die Mutter oder einen Großvater) erlebt, wie er für ihn als Kind eine Bedeutung gehabt hat.

Ein kleines Beispiel für Übertragung zeigt dies recht drastisch. Ein Analytiker erzählte mir einmal von einer Patientin, die ihn schon drei Wochen lang gesehen hatte. Nach dieser Zeit schaute sie ihn, gerade als sie aus dem Zimmer gehen wollte, genau an und sagte: »Was? Sie haben ja gar keinen Bart?« Der Analytiker hatte nie einen Bart getragen. Sie hat für drei Wochen geglaubt, dass er einen Bart habe, weil ihr Vater einen Bart hatte. Der Analytiker war ein X, sie hat ihn nicht einmal visuell als realen Menschen wahrgenommen, sondern er war der Vater und hatte deshalb einen Bart.

Der Begriff der Übertragung hat allerdings eine Bedeutung, die weit über das hinausgeht, was man in der therapeutischen Situation beobachten kann. Ganz allgemein gesehen ist vielleicht die Übertragung eine der wichtigsten Ursachen für menschliche *Irrtümer und Konflikte* in der Einschätzung der Wirklichkeit. In der Übertragung sehen wir die Welt durch die Brille unserer Wünsche und Ängste und verwechseln Illusion mit Realität. Wir sehen andere Menschen nicht so, wie sie wirklich sind, sondern wie wir uns wünschen oder wie wir fürchten, dass sie seien. Diese Illusion vom anderen Menschen nimmt den Platz seiner Realität ein. Wir erkennen ihn nicht, wie er ist, sondern nur, wie er uns erscheint, und wir verhalten uns zu ihm nicht als zu einem realen, eigenständigen Menschen, sondern als zu einem Produkt unserer Phantasie.

Hier einige Beispiele zur Erläuterung: Man stelle sich vor, zwei Menschen verlieben sich. [...] Sie sind dann ganz erfüllt von der Schönheit, den Tugenden, den guten Eigenschaften des anderen und fühlen sich mächtig angezogen. Manchmal führt das zur Heirat. Nach einem halben Jahr entdeckt man dann: Das ist ja gar nicht der Mensch, in den ich mich verliebt hatte; das ist ein ganz anderer Mensch. Man hatte sich verliebt in ein Phantom, in einen Gegenstand der Übertragung, weil man in diesem anderen Menschen nur das gesehen hatte, was man sehen wollte, vielleicht mütterliche, vielleicht väterliche Züge, vielleicht Güte, Gescheitheit, Ehrlichkeit. Und man hat nicht bemerkt, dass das eine Illusion ist. Man hasst dann häufig den anderen Menschen, weil man glaubt, dass er einen *ent*-täuscht habe; in Wirklichkeit hat man sich selber getäuscht, weil man nicht die Realität, sondern die Illusion im Blick hatte. Aber das muss nicht so sein, das sollte nicht so sein. Und es würde nicht so sein, wenn die Menschen lernen würden, die Übertragung zu verstehen.

Das Gleiche gilt auch für den Bereich der Politik. [...] Viele Menschen haben eine tiefe Sehnsucht nach einem, der die Wahrheit sagt, nach einem, der Sicherheit bietet, nach einem, der führt, nach einem, der es gut meint. Und wenn einer kommt, der es versteht, sich als dieser, der es gut meint, aufzuspielen, dann übertragen sie ihre Erwartung auf ihn und glauben, dass er der Retter, der Heiland, der Erlöser ist – selbst wenn er in Wirklichkeit ein Zerstörer ist, der sie und ihr Land ins Unglück bringt. Viele Politiker, die einen Eindruck machen, weil sie im Fernsehen schön wirken, weil sie den Leuten nach dem Munde reden, weil sie kleine Kinder küssen und weil sie die Illusion scheinbar bestätigen, einen Menschen zu finden, der es gut meint, der wenigstens die Kinder gern hat, also nicht alle hassen kann, bedienen sich ganz planmäßig der Übertragungsneigung der Menschen und bauen ihre Erfolge darauf auf.

Alles das würde nicht vorkommen, wenn die Menschen mehr von der Übertragung verstünden, wenn sie sich mehr Mühe gäben, zu unterscheiden, wo ihre eigene Erwartung die Dinge prägt, und wo sie sie unvoreingenommen sehen – wenn sie endlich versuchten, *kritisch zu* sein. Manchmal sind unwichtige kleine Handlungen weit aufschlussreicher als das, was die Menschen so betonen, und als die großen Reden, die sie halten. Würde man die Übertragungen künftig besser durchschauen, so könnten sowohl die Liebe, die Ehe wie auch das politische Leben ganz wesentlich von einer Plage, von einem Fluch befreit werden – von dem Fluch der Verwechslung zwischen fiktivem Bild und Wirklichkeit.

Zwischen fiktivem Bild und Wirklichkeit zu unterscheiden, ist nicht einfach. Jedermann hat das Labor zu Hause bei sich in seinem täglichen Umgang. Im übrigen bietet das Fernsehen hier einen großen Vorteil – neben den vielen Nachteilen: Es verrät recht genau Eigenschaften des anderen Menschen, weil wir das Gesicht, die Gesten und den Ausdruck so unerbittlich beobachten können. Wir können eine Menge erfahren über den politischen »Führer«, wenn er im Fernsehen spricht und wir ihn dort sehen. Aber wir werden eben nur eine Menge erfahren, wenn wir wissen, wie man richtig beobachtet. Mit alledem möchte ich andeuten, dass die Erkenntnis der Übertragung in persönlichen ebenso wie in politischen Beziehungen von entscheidender Wichtigkeit für eine Verbesserung des politischen und persönlichen Lebens der Menschen sein könnte.

18. Das gesellschaftliche Unbewusste

Wenn wir im Zusammenhang mit Psychoanalyse von Bewusstsein und Unbewusstem sprechen, entsteht der Eindruck, als besitze das Bewusstsein einen größeren Wert als das Unbewusste. Warum sollten wir sonst danach streben, den Bereich des Bewusstseins zu erweitern, wenn dem nicht so wäre? Und doch ist es ganz offenkundig, dass das Bewusstsein als solches keinen besonderen Wert besitzt; in Wirklichkeit besteht der größte Teil des bewussten Denkens der Menschen nur in Fiktion und Täuschung. Der Grund hierfür ist nicht so sehr die Unfähigkeit der Menschen, die Wahrheit zu sehen, sondern die Funktion der Gesellschaft.

Während des größten Teils der Geschichte der Menschheit hat stets (mit Ausnahme einiger primitiver Gesellschaften) eine kleine Minderheit über die Mehrheit ihrer Mitmenschen geherrscht und sie ausgebeutet. Um das zu erreichen, hat die Minderheit meistens Gewalt angewendet; aber Gewalt ist nicht genug. Auf die Dauer musste die Mehrheit ihre eigene Ausbeutung freiwillig anerkennen – und das ist nur möglich, wenn ihr Geist mit den verschiedensten Lügenmärchen und Fiktionen erfüllt wurde, die die Anerkennung der Herrschaft der Minderheit erklärten und rechtfertigten.

Das ist jedoch nicht der einzige Grund dafür, dass das meiste von dem, was das Bewusstsein der Menschen über sie selbst, über andere, über die Gesellschaft usw. enthält, erfunden ist. Im Lauf der historischen Entwicklung entsteht in jeder Gesellschaft zwangsläufig das Bedürfnis, in der besonderen Form bestehen zu bleiben, zu der sie sich entwickelt hat. Dies erreicht sie gewöhnlich, indem sie die höheren Ziele der Menschheit, die alle Menschen gemeinsam haben, außer Acht lässt. Dieser Widerspruch zwischen dem gesellschaftsspezifischen und dem universalen Ziel führt (auf sozialer Ebene) ebenfalls zum Erdichten von allen möglichen Fiktionen und Illusionen, die die Aufgabe haben, die Dichotomie zwischen den Zielen der Menschheit und denen einer gegebenen Gesellschaft abzuleugnen und zu rationalisieren.

Wir könnten also sagen, dass der Inhalt des Bewusstseins hauptsächlich aus Fiktion und Täuschung besteht und nicht die Wirklichkeit repräsentiert. Das Bewusstsein als solches ist daher nichts Erstrebenswertes. Nur wenn die verborgene Wirklichkeit (die unbewusst ist) enthüllt wird und daher nicht mehr verborgen, sondern bewusst geworden ist, wird etwas Wertvolles erreicht. […] Das meiste von dem, was unser Bewusstsein enthält, ist ein »falsches

Bewusstsein« ist; es ist vor allem die Gesellschaft, die uns diese Fiktionen und unrealistischen Vorstellungen eingibt.

Die Wirkung der Gesellschaft besteht jedoch nicht nur darin, unserem Bewusstsein Fiktionen einzutrichtern, sondern auch darin, uns daran zu hindern, uns der Wirklichkeit bewusst zu sein. [...] Eine Empfindung kann nur unter der Bedingung bewusst werden, dass sie wahrgenommen, mit einem Begriffssystem und seinen Kategorien in Beziehung gesetzt und darin eingeordnet werden kann. Dieses System selbst ist das Ergebnis der gesellschaftlichen Entwicklung. Jede Gesellschaft bildet durch ihre Lebenspraxis und die Art ihres Bezogenseins, Fühlens und Wahrnehmens ein System von Kategorien, das die Formen des Bewusstseins bestimmt. Dieses System arbeitet sozusagen wie ein *gesellschaftlich bedingter Filter*. Eine Empfindung kann nur dann ins Bewusstsein eindringen, wenn sie diesen Filter passiert. Damit stellt sich das Problem, konkreter zu verstehen, wie dieser »gesellschaftliche Filter« wirkt und wie es kommt, dass er gewisse Empfindungen durchlässt und andere daran hindert, in das Bewusstsein einzudringen.

Zunächst müssen wir bedenken, dass viele Empfindungen nicht ohne weiteres geeignet sind, bewusst wahrgenommen zu werden. Unter den körperlichen Empfindungen eignet sich vielleicht am besten der Schmerz für eine bewusste Wahrnehmung; auch sexuelle Begierde, Hunger usw. werden leicht wahrgenommen; offensichtlich gehen alle Empfindungen, die zur Erhaltung des Lebens des Individuums oder der Gruppe dienen, leicht in das Bewusstsein ein.

Eine subtilere oder kompliziertere Empfindung, zum Beispiel *beim Anblick einer Rosenknospe mit einem Tautropfen am frühen Morgen, während die Luft noch kühl ist, die Sonne gerade aufgeht und ein Vogel singt*, wird in gewissen Kulturkreisen (zum Beispiel in Japan) leicht in das Bewusstsein dringen, während die gleiche Empfindung in der modernen westlichen Kultur gewöhnlich das Bewusstsein nicht erreichen wird, weil sie nicht genügend »wichtig« oder »ereignisreich« ist, um bemerkt zu werden. Ob subtile affektive Empfindungen bewusst werden können oder nicht, hängt davon ab, wieweit solche Empfindungen in einem Kulturkreis gepflegt werden.

Es gibt viele affektive Empfindungen, für die eine bestimmte Sprache keine Bezeichnung hat, während eine andere reich an Ausdrücken ist, die diese Gefühle benennen. Im Deutschen haben wir beispielsweise ein Wort, »Liebe«, das Empfindungen vom einfachen Gernhaben bis zur erotischen Leidenschaft und bis zur brüderlichen Liebe und Mutterliebe umfasst. Wenn in einer Sprache verschiedene affektive Empfindungen nicht durch verschiedene Wörter ausgedrückt werden, ist es fast unmöglich, dass diese Empfindungen in das Bewusstsein dringen, und umgekehrt. Allgemein kann man sagen, dass eine Empfindung selten bewusst wird, für die die Sprache kein Wort hat.

Das ist jedoch nur *ein* Aspekt der Filterwirkung der Sprache. Verschiedene Sprachen unterscheiden sich nicht nur in der Mannigfaltigkeit von Ausdrücken zur Bezeichnung gewisser affektiver Empfindungen, sondern auch in ihrer Syntax, in ihrer Grammatik und in der Stammbedeutung ihrer Wörter. Die ganze Sprache enthält eine Einstellung zum Leben, ist ein erstarrter Ausdruck für eine bestimmte Art und Weise, das Leben zu erleben. (Vgl. B. Whorf, *Collected Papers on Metalinguistics,* Washington 1952.)

Hier einige Beispiele. Es gibt Sprachen, in denen das Verb »regnen« zum Beispiel verschieden konjugiert wird, je nachdem, ob ich sage, dass es regnet, weil ich im Regen draußen war und nass geworden bin, oder weil ich es von einer Hütte aus regnen gesehen habe oder weil mir jemand gesagt hat, dass es regne. Es ist ganz offenkundig, dass der Nachdruck, den die Sprache auf die verschiedenen *Quellen* legt, aus denen man eine Tatsache erfährt (in diesem Fall, dass es regnet), einen großen Einfluss auf die Art hat, wie die Menschen die Tatsachen erleben. (In unserer modernen Kultur beispielsweise mit ihrer Betonung der rein intellektuellen Seite des Wissens ist es ziemlich gleichgültig, auf welche Weise ich von einer Tatsache erfahren habe, ob aus direkter oder indirekter Erfahrung oder vom Hörensagen.)

Oder: Im Hebräischen besteht das Hauptprinzip der Konjugation darin, festzustellen, ob eine Handlung vollendet (perfekt) oder unvollendet (imperfekt) ist, während die Zeit, in der sie stattfindet – Vergangenheit, Gegenwart, Zukunft – erst in zweiter Linie zum Ausdruck gebracht wird. Im Lateinischen werden beide Prinzipien (Zeit und Vollendung) gemeinsam beachtet, während wir im Englischen (und Deutschen) hauptsächlich nach der Zeit orientiert sind. Wieder ist es selbstverständlich, dass diese Unterschiede in der Konjugation eine Verschiedenheit im Erleben zum Ausdruck bringen. (Die Bedeutung dieser Verschiedenheit wird in den englischen und deutschen Übersetzungen des Alten Testamentes offenkundig; wenn der hebräische Text für eine emotionelle Empfindung wie »lieben« die Vergangenheit verwendet, was bedeutet: »Ich empfinde tiefe Liebe«, missversteht dies der Übersetzer und schreibt: »Ich liebte.«)

Ein weiteres Beispiel findet man in der unterschiedlichen Verwendung von Zeitwörtern und Hauptwörtern in verschiedenen Sprachen oder auch unter verschiedenen Menschen, die die gleiche Sprache sprechen. Das Hauptwort bezeichnet ein »Ding«, das Zeitwort eine Tätigkeit. Immer mehr Menschen denken lieber in Begriffen des »Habens von Dingen« anstatt in Begriffen des Seins oder *Tätig-Seins;* deshalb ziehen sie auch Hauptwörter den Zeitwörtern vor. – Die Sprache bestimmt also durch ihre Vokabeln, ihre Grammatik, ihre Syntax und durch den ganzen Geist, der in ihr erstarrt ist, wie und was wir bewusst empfinden.

Der zweite Aspekt des Filters, der das Bewusstwerden ermöglicht, ist die *Logik,* die das Denken der Menschen in einem Kulturkreis lenkt. Wie die meisten Menschen annehmen, dass ihre Sprache »natürlich« sei und andere Sprachen nur andere Wörter für die gleichen Dinge verwenden, nehmen sie auch an, dass die Regeln für das richtige Denken natürlich und allgemeingültig seien und dass, was in einem Kulturkreis unlogisch ist, in jedem anderen ebenfalls unlogisch sei, weil es zur »natürlichen« Logik im Widerspruch stehe. Ein gutes Beispiel dafür ist der Unterschied zwischen der aristotelischen und der paradoxen Logik.

Die *aristotelische Logik* beruht auf dem Satz der Identität, der besagt, dass A gleich A ist, auf dem Satz vom Widerspruch (A ist nicht nicht-A) und auf dem Satz vom ausgeschlossenen Dritten (A kann nicht gleichzeitig A und nicht-A, und auch nicht weder A noch nicht-A sein). Aristoteles drückte es so aus: »Es ist unmöglich, dass dasselbe gleichzeitig und in gleicher Hinsicht demselben zukomme und nicht zukomme. [...] Das ist das allergewisseste aller Prinzipien« (Aristoteles, *Metaphysik* 1005b, 19 f.).

Im Gegensatz zur aristotelischen Logik steht die sogenannte *paradoxe Logik*, die annimmt, dass A und nicht-A einander als Prädikate von X nicht ausschließen. Die paradoxe Logik herrschte im chinesischen und indischen Denken, in der Philosophie Heraklits und ferner unter dem Namen Dialektik in den Gedanken von Hegel und Marx vor. Das allgemeine Prinzip der paradoxen Logik wurde von Laotse deutlich beschrieben: »Worte, die eindeutig wahr sind, scheinen paradox zu sein«, und von Tschuang-tse: »Was Eines ist, ist Eines. Was Nicht-Eines ist, ist ebenfalls Eines.«

Lebt ein Mensch in einem Kulturkreis, in dem die Richtigkeit der aristotelischen Logik nicht bezweifelt wird, ist es für ihn überaus schwierig, wenn nicht überhaupt unmöglich, sich solcher Erfahrungen bewusst zu werden, die der aristotelischen Logik widersprechen und daher auf dem Standpunkt seiner Kultur unsinnig sind. Ein gutes Beispiel ist Freuds Begriff der Ambivalenz, der besagt, dass man zur gleichen Zeit für die gleiche Person Liebe und Hass empfinden kann. Diese Erfahrung, auf dem Standpunkt der paradoxen Logik durchaus »logisch«, ist auf dem der aristotelischen Logik unsinnig. Das Ergebnis ist, dass es den meisten Menschen überaus schwerfällt, sich ambivalenter Gefühle bewusst zu werden. Wenn sie sich der Liebe bewusst sind, können sie sich nicht des Hasses bewusst sein – da es völlig unsinnig wäre, gleichzeitig gegen dieselbe Person zwei einander widersprechende Gefühle zu haben.

Der dritte Aspekt des Filters neben Sprache und Logik ist der *Gehalt* von Erfahrungen. In jeder Gesellschaft dürfen gewisse Gedanken und Gefühle nicht gedacht, gefühlt und ausgedrückt werden. Es gibt Dinge, die man nicht nur »nicht tut«, sondern die man »nicht einmal denkt«. In einem Stamm von Kriegern beispielsweise, dessen Mitglieder davon leben, Mitglieder anderer Stämme zu töten und zu berauben, könnte es einen Einzelnen geben, der eine innere Abneigung gegen Töten und Rauben fühlt. Es ist jedoch höchst unwahrscheinlich, dass er sich seines Gefühls bewusst wird, da es mit dem Fühlen des ganzen Stammes unvereinbar wäre. Wenn er sich eines solchen Gefühls bewusst würde, brächte das die Gefahr mit sich, dass er sich völlig isoliert und ausgeschlossen fühlte. Deshalb würde ein Individuum, das eine solche Abneigung fühlt, wahrscheinlich ein psychosomatisches Symptom, etwa Erbrechen, entwickeln, anstatt das Gefühl der Abneigung in sein Bewusstsein dringen zu lassen.

Genau das Gegenteil würde man bei einem Mitglied eines friedlichen, vom Ackerbau lebenden Stammes finden, das den Drang verspürte, Mitglieder anderer Gruppen zu töten und zu berauben. Es würde sich wahrscheinlich ebenfalls nicht gestatten, sich seiner Impulse bewusst zu werden, sondern würde stattdessen ein Symptom entwickeln – vielleicht heftige Angst. Noch ein weiteres Beispiel: Es muss in unseren großen Städten viele Geschäftsinhaber geben, zu denen ein Kunde kommt, der, sagen wir, dringend einen Anzug braucht, der aber nicht genügend Geld hat, um auch nur den billigsten zu kaufen. Unter diesen Geschäftsinhabern muss es einige geben, die den natürlichen menschlichen Impuls haben, dem Kunden den Anzug für den Preis zu überlassen, den er bezahlen kann. Wie viele dieser Geschäftsinhaber werden sich jedoch gestatten, sich eines solchen Impulses bewusst zu werden? Ich glaube, nur sehr wenige. Die Mehrzahl wird ihn verdrängen, und manche von ihnen werden sich vielleicht dem Kunden gegenüber aggressiv verhalten und damit den unbewussten Impuls verdecken, oder sie werden in der folgenden Nacht einen Traum haben, der ihn offenbart. [...]

Wir kommen also zu dem Schluss, dass es gesellschaftlich bedingt ist, ob etwas bewusst oder unbewusst ist. Ich bin mir all meiner Gefühle und Gedanken bewusst, die den dreifachen Filter der (gesellschaftlich bedingten) Sprache, der Logik und der Tabus (Gesellschafts-Charakter) passieren dürfen. Empfindungen, die nicht durch den Filter gehen, bleiben außerhalb des Bewusstseins; das heißt, sie bleiben unbewusst.

19. Das Unbewusste ist der ganze Mensch

Die Psychoanalyse ist eine Methode, um *das Unbewusste aufzudecken.* Sie erreicht mit Hilfe der Durchdringung der Abwehrmechanismen und Widerstände des bewussten Denkens die unbewusste Wirklichkeit hinter der Abschirmung durch das Bewusstsein. Und sie erwartet, dass im Prozess der Bewusstwerdung des Unbewussten neurotische Symptome und Charakterzüge geheilt werden können. Ohne in eine Erörterung über Neurosen und ihre Heilung eintreten zu wollen, kann gefragt werden: In welchem Prozess wird das Unbewusste bewusstgemacht?

Zunächst ist festzustellen, dass es das Unbewusste als solches eigentlich gar nicht gibt. Tatsache ist nur, dass es in unserem Inneren Erfahrungen gibt, deren wir uns bewusst sind, und andere, deren wir uns nicht bewusst sind. Freud hat genau wie vor ihm Spinoza und Nietzsche geglaubt, dass *das meiste von dem, was real ist, nicht bewusst ist und dass das meiste von dem, dessen wir uns bewusst sind, nicht real, sondern eine Fiktion und ein Klischee ist.*

Weshalb ist das so? Der Mensch lebt stets in einer spezifischen Art von Gesellschaft. Dabei kann es sich um eine Gesellschaft von Kopfjägern und aggressiven Kriegern, von friedlichen, zusammenarbeitenden Ackerbauern, von feudalen Leibeigenen und Handwerkern oder von modernen Industriearbeitern und Angestellten handeln. Er muss in einer Gesellschaft leben, wenn er überhaupt leben will, und eine jede Gesellschaft muss die Energien der Menschen so formen und prägen, dass *sie tun wollen, was sie tun müssen.* So werden die Bedürfnisse der Gesellschaft in persönliche Bedürfnisse verwandelt, sie werden zum »Gesellschafts-Charakter«. In einer Gesellschaft von Kriegern *muss* der Einzelne *den Wunsch haben,* anzugreifen und zu rauben; in einer Gesellschaft friedlicher Ackerbauern *muss* der Einzelne mit anderen zusammenarbeiten und teilen *wollen;* in einer modernen Industriegesellschaft *muss* er arbeiten, Disziplin haben, ehrgeizig und aggressiv sein *wollen* – er *muss* sein Geld ausgeben und er *muss* konsumieren *wollen.* (Im 19. Jahrhundert *musste* er sparen und horten *wollen.*) [...]

Besteht in einer Gesellschaft ein Konflikt zwischen den humanen Interessen aller Individuen und dem Interesse der gegebenen Gesellschaft (und ihrer Elite), dann wird die Gesellschaft dafür sorgen, dass die Mehrheit der Bevölkerung sich dieser Diskrepanz nicht bewusst wird. Je größer die Diskrepanz zwischen dem spezifischen Interesse am Fortbestand der bestehenden Gesellschaftsordnung und dem menschlichen Interesse aller ihrer Mitglieder ist, desto stärker wird die betreffende Gesellschaft zur Verdrängung verleiten. Nur wenn das gesellschaftliche Interesse und das menschliche Interesse des Einzelnen identisch sind, wird das Bedürfnis nach Verdrängung verschwinden.

Aber weshalb ist der Mensch so bereit, das, was er fühlt und denkt und erlebt, zu verdrängen? Freud meinte, der Grund liege in der Angst vor dem Vater und seiner Kastrationsdrohung. Für mich reicht die Angst tiefer und ist gesellschaftlicher Art: Der Mensch hat vor nichts mehr Angst als vor der Ächtung, Isolierung und Einsamkeit. Tatsächlich ist eine äußerste, vollkommene Isolierung gleichbedeutend mit Wahnsinn.

Wenn eine Gesellschaft es zum Gesetz macht, dass bestimmte Erfahrungen und Ideen nicht bewusst gefühlt oder gedacht werden dürfen, dann wird der Durchschnittsbürger sich nach dieser Anordnung richten aus Angst vor einer Ächtung, wie sie eine Weigerung nach sich ziehen würde. *Formal gesehen* hängt daher das, was unbewusst und was bewusst ist (abgesehen von individuellen, durch die Familienverhältnisse bedingten Elementen und dem Einfluss des humanistischen Gewissens des Betreffenden), von der Gesellschaftsstruktur und von den Gefühls- und Denkmodellen ab, die diese hervorbringt.

Was die *Inhalte* des Unbewussten betrifft, so sind Verallgemeinerungen nicht möglich, doch ist eines festzustellen: Das Unbewusste repräsentiert stets den ganzen Menschen mit allen seinen Möglichkeiten, sowohl mit seinen dunklen als auch mit seinen hellen Seiten. Es enthält immer die Grundlage für die verschiedenen Antworten, die der Mensch auf die Frage geben kann, die ihm seine Existenz stellt. In dem sehr extremen Fall einer ganz regressiven Kultur ist der Wunsch, zu einer tierischen Existenz zurückzukehren, bewusst und vorherrschend, während alle Strebungen, diese Ebene zu überwinden, verdrängt werden. In einer Kultur, die von regressiven zu geistig-progressiven Zielen fortgeschritten ist, sind dagegen die archaischen Kräfte, welche die dunkle Seite des Menschen repräsentieren, unbewusst.

Aber der Mensch hat in einer jeden Kultur *alle Möglichkeiten:* Er ist der archaische Mensch, das Raubtier, der Kannibale, der Götzendiener, und er ist zugleich das Wesen mit der Fähigkeit zu Vernunft, Liebe und Gerechtigkeit. Der Inhalt des Unbewussten ist daher nicht allein das Gute oder das Böse, das Rationale oder das Irrationale; er ist beides; er ist alles, was menschlich ist. *Das Unbewusste ist der ganze Mensch*, ausgenommen jener Teil des Menschen, der seiner Gesellschaft entspricht. Das Bewusstsein repräsentiert den gesellschaftlichen Menschen, die zufälligen Grenzen, die durch die historische Situation gegeben sind, in die der Einzelne hineingeschleudert wurde.

Das Unbewusste repräsentiert den universalen Menschen, den ganzen Menschen, der im Kosmos verwurzelt ist. Es repräsentiert die Pflanze, das Tier und den Geist in ihm. Es repräsentiert die Vergangenheit bis zurück zur Morgendämmerung menschlicher Existenz, und es repräsentiert seine Zukunft bis hin zu dem Tag, an dem der Mensch ganz Mensch und an dem die Natur vermenschlicht ist, weil der Mensch »naturalisiert« ist, im Einklang mit der Natur lebt. Nach Freud hat die Bewusstmachung des Unbewussten nur eine beschränkte Funktion, denn für ihn besteht das Unbewusste hauptsächlich aus verdrängten triebhaften Wünschen, die mit dem zivilisierten Leben nicht vereinbar sind. Er befasste sich mit einzelnen triebhaften Begierden – etwa mit inzestuösen Impulsen oder mit der Kastrationsangst –, von denen er annahm, dass sie der Patient in seiner Vergangenheit verdrängt habe. Weiterhin nahm Freud an, dass die Bewusstmachung des verdrängten Impulses dazu führen würde, dass das Ich die Herrschaft über ihn gewinnt.

Wenn wir über Freuds Auffassung vom Unbewussten hinausgehen und uns der oben beschriebenen Auffassung anschließen, gewinnt Freuds Ziel, Unbewusstes bewusstzumachen (»Wo Es war, soll Ich werden«), eine umfassendere und tiefere Bedeutung. *Es wird dann durch die Bewusstmachung des Unbewussten die bloße Idee der Universalität des Menschen in die lebendige Erfahrung seiner Universalität verwandelt, so dass es um die erlebte Verwirklichung der* humanitas *geht.* Wer Unbewusstes erlebt, erkennt sich selbst als menschliches Wesen; er weiß, dass er alles Menschliche in sich trägt, so dass ihm nichts Menschliches mehr fremd ist. Er kennt den Fremden und liebt ihn, weil er sich selbst kein Fremder mehr ist.

Das Erleben des eigenen Unbewussten ist gleichbedeutend mit dem Erlebnis der eigenen Menschlichkeit, die es einem möglich macht, zu jedem anderen menschlichen Wesen zu sagen: »Ich bin du. Ich kann dich in Bezug auf alle deine grundlegenden Eigenschaften, in Bezug auf deine guten und deine schlechten Seiten, ja sogar in Bezug auf deine Verrücktheit verstehen, eben weil all das auch in mir ist.« Aus dieser Erfahrung erwächst nicht nur ganz allgemein Klarheit und Toleranz gegenüber unseren Mitmenschen; sie verleiht dem Analytiker auch die Fähigkeit, seine Patienten zu verstehen. Er mag sehr viel über einen Patienten wissen, aber kennen und verstehen wird er ihn nur, sofern er in sich selbst – wenn auch in einem geringeren Grad – all die Neigungen und Wünsche gefunden hat, die er im Unbewussten seines Patienten zu entdecken sucht.

V

Das Selbst

20. Individuation und Wachstum des Selbst

Die Geschichte des Menschen als eines gesellschaftlichen Wesens begann damit, dass er aus einem Zustand des Einsseins mit der Natur heraustrat und sich seiner selbst als einer von der ihn umgebenden Natur und seinen Mitmenschen abgesonderten Größe bewusst wurde. Allerdings blieb dieses Bewusstsein während langer Geschichtsperioden sehr vage und unbestimmt. Noch immer blieb der Einzelne an die Welt der Natur und an die Gesellschaft, aus der er hervorgegangen war, gebunden, und wenn er sich auch bis zu einem gewissen Grad bewusst war, eine separate Größe zu sein, so fühlte er sich doch gleichzeitig als Teil der ihn umgebenden Welt. Der Prozess der immer stärkeren Loslösung des Individuums von seinen ursprünglichen Bindungen, den wir als »Individuation« bezeichnen können, scheint in den Jahrhunderten zwischen der Reformation und der Gegenwart seinen Höhepunkt erreicht zu haben.

In der Lebensgeschichte des Einzelnen begegnen wir dem gleichen Prozess. Ein Kind wird geboren, wenn es mit seiner Mutter keine Einheit mehr bildet und zu einer von ihr getrennten biologischen Größe wird. Obwohl diese biologische Trennung den Anfang der individuellen menschlichen Existenz darstellt, bleibt das Kind doch, was seine Lebensfunktionen anbetrifft, noch ziemlich lange eine Einheit mit seiner Mutter.

In dem Maße wie der Einzelne – bildlich gesprochen – die Nabelschnur, die ihn mit der Außenwelt verbindet, nicht völlig durchtrennt hat, ist er noch nicht frei; andererseits verleihen ihm diese Bindungen Sicherheit und Verwurzelung. Ich möchte die Bindungen, die bestehen, bevor der Prozess der Individuation zur völligen Loslösung des Individuums geführt hat, als »primäre Bindungen« bezeichnen. Sie sind organisch in dem Sinne, als sie ein Bestandteil der normalen menschlichen Entwicklung sind; sie implizieren einen Mangel an Individualität, aber sie verleihen dem Betreffenden auch Sicherheit und ermöglichen ihm eine Orientierung. Es sind jene Bindungen, die das Kind mit der Mutter, den Angehörigen eines primitiven Stammes mit seiner Sippe und der Natur oder den mittelalterlichen Menschen mit der Kirche und seinem sozialen Stand verbinden.

Ist einmal das Stadium der völligen Individuation erreicht und hat sich der Einzelne von diesen primären Bindungen gelöst, so sieht er sich vor eine neue Aufgabe gestellt: Er muss sich jetzt in der Welt orientieren, neu Wurzeln finden und zu einer neuen Sicherheit auf andere Weise gelangen, als dies für seine vorindividuelle Existenz charakteristisch war. Freiheit hat demnach jetzt eine andere Bedeutung als vor dieser Entwicklungsstufe. Wir müssen hier kurz innehalten, um diese Begriffe klarzustellen, indem wir sie anhand der Entwicklung der Einzelmenschen und der Gesellschaft konkreter erörtern.

Der verhältnismäßig plötzliche Übergang vom Fötus zur menschlichen Existenz und das Durchschneiden der Nabelschnur ist ein Zeichen dafür, dass das Kind vom Mutterleib unabhängig geworden ist. Aber diese Unabhängigkeit ist nur in dem Sinne wirklich eingetreten, als beide Körper jetzt voneinander getrennt sind. In Bezug auf seine Körperfunktionen bleibt das Kleinkind noch ein Teil der Mutter. Es wird von ihr gefüttert, getragen und sein Leben hängt von ihrer Fürsorge ab. Langsam nur gelangt das Kind dazu, die Mutter und Gegenstände als von ihm getrennte Größen zu erkennen.

Bei diesem Prozess spielt die neurologische und die allgemeine körperliche Entwicklung des Kindes eine wichtige Rolle, dass es lernt, Gegenstände – körperlich und geistig – zu erfassen und mit ihnen umzugehen. Durch die eigene Aktivität lernt es die Welt außerhalb seiner selbst kennen. Der Individuationsprozess wird durch die Erziehung gefördert. Dieser Prozess bringt eine Reihe von Versagungen und Verboten mit sich, wodurch die Rolle der Mutter sich verändert. Sie wird zu einer Person, die nun Dinge vom Kind verlangt, welche seinen Wünschen entgegenstehen, und erscheint ihm jetzt oft als eine feindselige und gefährliche Person. Dieser Antagonismus, der einen Teil des Erziehungsprozesses – wenn auch keineswegs die ganze Erziehung – ausmacht, spielt eine wichtige Rolle dabei, dass das Kind lernt, schärfer zwischen dem »Ich« und dem »Du« zu unterscheiden.

Nach der Geburt vergehen einige Monate, bevor das Kind andere Personen auch nur als solche erkennt und fähig ist, mit einem Lächeln auf sie zu reagieren, und es dauert Jahre, bis es gelernt hat, sich nicht mehr mit dem All zu verwechseln. Bis dahin zeigt es die besondere Art von Ich-Bezogenheit, die für das Kind typisch ist, eine Ich-Bezogenheit, die eine zärtliche Liebe zu anderen und ein Interesse an ihnen nicht ausschließt, wobei es die »anderen« aber noch nicht als tatsächlich von ihm getrennt erlebt. Aus dem gleichen Grund bedeutet es auch etwas anderes, wenn das Kind sich in seinen ersten Lebensjahren an eine Autorität anlehnt, als wenn jemand das später tut. Die Eltern – oder wer immer sonst diese Autorität sein mag – werden vom Kind noch nicht als eine grundsätzlich von ihm getrennte Größe angesehen; sie sind Teil seiner Welt, und diese Welt ist noch ein Teil des Kindes; die Unterwerfung unter sie besitzt deshalb eine andere Qualität als jene Art der Unterwerfung, um die es sich dann handelt, wenn zwei Menschen wirklich zwei voneinander getrennte Persönlichkeiten sind. […]

Je mehr das Kind heranwächst und sich von den primären Bindungen löst, umso mehr entwickelt sich bei ihm ein Suchen nach Freiheit und Unabhängigkeit. Aber wir können das Schicksal dieses Suchens nur ganz verstehen, wenn wir uns die Dialektik im Prozess der zunehmenden Individuation klarmachen.

Dieser Prozess hat zwei Aspekte. Der eine besteht darin, dass das Kind körperlich, seelisch und geistig kräftiger wird. In jedem dieser Bereiche nehmen Intensität und Aktivität zu. Gleichzeitig werden die Sphären immer mehr integriert. Es entwickelt sich eine organisierte Struktur, die vom Willen und von der Vernunft des Betreffenden gelenkt wird. Wenn wir dieses organisierte und integrierte Ganze der Persönlichkeit als das Selbst bezeichnen, so können wir auch sagen, dass *die eine Seite des Wachstumsprozesses der Individuation das Wachstum der Stärke des Selbst ist.* Dem Wachstum der Individuation und des Selbst sind Grenzen gesetzt, teils durch individuelle Bedingungen, aber im Wesentlichen durch die gesellschaftlichen Umstände. Denn wenn auch die Unterschiede zwischen den einzelnen Menschen in dieser Hinsicht groß erscheinen mögen, so kennzeichnet doch jede Gesellschaft ein gewisses Individuationsniveau, über das der normale Einzelne nicht hinausgelangen kann.

Der andere Aspekt des Individuationsprozesses ist die *zunehmende Vereinsamung.* Die primären Bindungen bieten Sicherheit und eine ursprüngliche Einheit mit der Welt außerhalb. Je mehr das Kind aus dieser Welt herauswächst, desto mehr merkt es, dass es allein und eine von allen anderen getrennte Größe ist. Diese Lostrennung von einer Welt, die im Vergleich zur eigenen individuellen Existenz überwältigend stark und mächtig, oft auch bedrohlich und gefährlich ist, erzeugt ein Gefühl der Ohnmacht und Angst. Solange man ein integrierter Teil jener Welt war und sich der Möglichkeiten und der Verantwortlichkeit individuellen Tuns noch nicht bewusst war, brauchte man auch keine Angst davor zu haben. Ist man erst zu einem Individuum geworden, so ist man allein und steht der Welt mit allen ihren gefährlichen und überwältigenden Aspekten gegenüber.

Es kommen Impulse auf, die eigene Individualität aufzugeben und das Gefühl der Einsamkeit und Ohnmacht dadurch zu überwinden, dass man völlig in der Außenwelt aufgeht. Diese Impulse und die neuen Bindungen, die sich daraus ergeben, sind jedoch mit den primären, im Wachstumsprozess gelösten Bindungen nicht identisch. Genau wie ein Kind physisch niemals in den Mutterleib zurückkehren kann, so kann es auch psychisch den Individuationsprozess niemals wieder rückgängig machen.

Alle Versuche, es doch zu tun, nehmen daher zwangsläufig den Charakter einer Unterwerfung an, bei dem der grundsätzliche Widerspruch zwischen der Autorität und dem Kind, das sich unterwirft, nie beseitigt wird. Bewusst mag das Kind sich sicher und zufrieden fühlen, aber unbewusst merkt es, dass es dies mit dem Preis der Stärke und Integrität seines Selbst bezahlen muss. So hat die Unterwerfung genau das Gegenteil dessen zur Folge, was damit beabsichtigt war: Sie vergrößert die Unsicherheit des Kindes und erzeugt gleichzeitig Feindseligkeit und Aufbegehren, was umso Angst erregender ist, als es sich eben gegen die Personen richtet, von denen das Kind auch weiterhin – oder wieder erneut – abhängig ist.

Aber die Unterwerfung ist nicht der einzige Weg, der Einsamkeit und der Angst zu entgehen. Der andere Weg – der einzige, der produktiv ist und nicht mit einem unlösbaren Konflikt endet – besteht darin, dass man mit seinen Mitmenschen und der Natur spontan in Beziehung tritt, und zwar in eine Beziehung, welche den Einzelnen mit der Welt verbindet, ohne seine Individualität auszulöschen. Diese Art der Beziehung – deren beste Äußerungsformen Liebe und produktive Arbeit sind – wurzelt in der Integration und Stärke der Gesamtpersönlichkeit, weshalb ihr dieselben Grenzen gesetzt sind wie dem Wachstum des Selbst. [...]

Hier möchte ich nur auf das allgemeine Prinzip, den dialektischen Prozess, hinweisen, der aus der wachsenden Individuation und Freiheit des Individuums resultiert. Das Kind kann sich freier entfalten und sein individuelles Selbst zum Ausdruck bringen, ohne dass es dabei durch jene hemmenden Bindungen behindert wird. Aber das Kind wird auch stärker von jener Welt frei, die ihm Sicherheit und Geborgenheit gab. Der Individuationsprozess ist ein Prozess der wachsenden Stärke und Integration der Persönlichkeit, bei dem die ursprüngliche Identität mit anderen verlorengeht und bei dem das Kind stärker von ihnen abgesondert wird. Diese fortschreitende Loslösung kann zur Isolierung führen, die trostlos ist und intensive Angst und Unsicherheit hervorbringt. Sie kann aber auch zu einem neuartigen Gefühl von Nähe und Solidarität mit anderen führen, wenn es dem Kind gelingt, die innere Stärke und Produktivität zu entwickeln, welche die Vorbedingung für diese neue Art der Bezogenheit zur Welt ist.

Wenn jeder Schritt, der zur Loslösung und zur Individuation führt, mit einem entsprechenden Wachstum des Selbst Hand in Hand ginge, so würde dies zu einer harmonischen Entwicklung des Kindes führen. Leider ist das aber nicht der Fall. Während der Individuationsprozess automatisch vor sich geht, wird das Wachstum des Selbst aus einer Reihe von individuellen und gesellschaftlichen Gründen behindert. Die Kluft zwischen diesen beiden Tendenzen führt zu einem unerträglichen Gefühl der Isolierung und Ohnmacht; diese ihrerseits lösen psychische Mechanismen aus.

Auch *phylogenetisch* kann man die Menschheitsgeschichte als einen Prozess wachsender Individuation und Freiheit verstehen. Der Mensch taucht aus seinem vormenschlichen Zustand empor, indem er die ersten Schritte unternimmt, von seinen zwangsmäßigen Instinkten freizukommen. Wenn wir unter Instinkt ein spezifisches Handlungsmuster verstehen, das durch eine ererbte neurologische Struktur bedingt ist, so kann man im Tierreich eine deutlich ausgeprägte Entwicklungstendenz beobachten. (Diesen Begriff des Instinkts darf man jedoch nicht mit den physiologisch bedingten Trieben – wie Hunger, Durst etc. – verwechseln, bei denen die Art der Befriedigung nicht festgelegt und durch Vererbung determiniert ist.)

Je tiefer ein Tier auf der Entwicklungsleiter steht, umso mehr wird es in seinem gesamten Verhalten von instinktiven und reflexbedingten Mechanismen beherrscht. Die berühmten sozialen Organisationen gewisser Insektenarten sind völlig instinktbedingt. Andererseits ist die Flexibilität der Handlungsmuster umso größer und die strukturierte Anpassung bei Geburt umso geringer, je höher ein Tier auf der Entwicklungsleiter steht. Diese Entwicklung erreicht beim Menschen ihren Höhepunkt. Er ist bei seiner Geburt das hilfloseste aller Lebewesen. Seine Anpassung an die Natur beruht im Wesentlichen auf einem Lernprozess und nicht auf instinktbedingter Determination. […]

Die menschliche Existenz nimmt in dem Augenblick ihren Anfang, wo die Instinktbedingtheit des Handelns unter einen bestimmten Punkt abgesunken ist, wo die Anpassung an die Natur nicht mehr zwangsmäßig erfolgt, wo das Verhalten nicht länger durch erbmäßig gegebene Mechanismen festgelegt ist. Mit anderen Worten: *Menschliche Existenz und Freiheit sind von Anfang an nicht zu trennen.* Freiheit ist hier nicht in ihrem positiven Sinne als »Freiheit zu etwas«, sondern in ihrem negativen Sinne als »Freiheit von etwas« zu verstehen, nämlich im Sinn der Determination des Verhaltens durch Instinkte.

21. Freiheit von und Freiheit für

Freiheit ist ein zwiespältiges Geschenk. Der Mensch wird ohne die für ein zweckmäßiges Handeln geeignete Ausrüstung, wie sie das Tier besitzt, geboren. Er ist länger als jedes Tier von seinen Eltern abhängig, und seine Reaktionen auf die Umgebung sind langsamer und weniger wirksam, als es bei automatisch ablaufenden instinktiven Handlungen der Fall ist. Er macht alle Gefahren und Ängste durch, die mit diesem Fehlen einer Instinktausrüstung verbunden sind. Aber gerade diese Hilflosigkeit des Menschen ist der Ursprung der menschlichen Entwicklung. *Die biologische Schwäche des Menschen ist die Voraussetzung der menschlichen Kultur.*

Vom Anfang seiner Existenz an ist der Mensch vor die Wahl gestellt zwischen verschiedenen Verhaltensmöglichkeiten. Beim Tier finden wir eine ununterbrochene Kette von Reaktionen, die von einem bestimmten Reiz – etwa dem Hunger – ausgeht und zu einem mehr oder weniger genau festgelegten Handlungsablauf führt, der die durch den Reiz hervorgerufene Spannung abbaut. Beim Menschen wird diese Kette unterbrochen. Der Reiz ist vorhanden, aber die Art seiner Befriedigung bleibt »offen«, d.h. er muss zwischen verschiedenen Möglichkeiten des Verhaltens seine Wahl treffen.

Anstelle eines im Voraus determinierten instinkthaften Verhaltens muss der Mensch im Geist die verschiedenen möglichen Verhaltensweisen gegeneinander abwägen. Er beginnt zu denken. Er verändert seine Rolle der Natur gegenüber aus einer rein passiven Anpassung in eine aktive: Er erzeugt etwas. Er erfindet Werkzeuge, und indem er so die Natur meistert, sondert er sich immer mehr von ihr ab. Er wird sich vage seiner selbst – oder besser gesagt, seiner Gruppe – bewusst, als Größe, die nicht mit der Natur identisch ist. Es dämmert ihm, dass er das tragische Schicksal hat, ein Teil der Natur zu sein und sie trotzdem zu transzendieren. Er wird sich bewusst, dass sein Schicksal schließlich der Tod sein wird, auch wenn er dies mit vielfältigen Phantasien zu verleugnen sucht.

Eine besonders aufschlussreiche Darstellung der grundsätzlichen Beziehung, die zwischen dem Menschen und der Freiheit besteht, finden wir im biblischen Mythos von der Vertreibung aus dem Paradies.

Dieser Mythos setzt den Beginn der Menschheitsgeschichte mit einem Akt der Wahl gleich, doch betont er höchst nachdrücklich die Sündhaftigkeit dieses ersten Aktes der Freiheit und das sich daraus ergebende Leiden. Mann und Frau leben im Garten Eden in vollkommener Harmonie miteinander und mit der Natur. Es herrscht Friede, und es besteht keine Notwendigkeit zu arbeiten. Auch gibt es keine Entscheidungen zu fällen, keine Freiheit und auch kein Denken. Dem Menschen ist es verboten, vom Baume der Erkenntnis des Guten und Bösen zu essen. Er missachtet Gottes Gebot und zerstört dadurch den Zustand der Harmonie mit der Natur, von der er zunächst ein Teil ist und die er nicht transzendiert.

Vom Standpunkt der Kirche aus, welche die Autorität repräsentiert, ist diese Handlung ihrem Wesen nach eine Sünde. Vom Standpunkt des Menschen aus bedeutet sie dagegen den Anfang der menschlichen Freiheit. Gegen Gottes Gebot handeln, heißt sich vom Zwang befreien, aus der unbewussten Existenz des vormenschlichen Lebens zum Niveau des Menschen emportauchen. Gegen das Gebot der Autorität handeln, eine Sünde begehen, ist in seinem positiven menschlichen Aspekt der erste Akt der Freiheit, d.h. die erste *menschliche* Tat. Im Mythos besteht die Sünde in ihrem formalen Aspekt darin, dass der Mensch gegen Gottes Gebot handelt; in materialer Hinsicht besteht sie im Essen vom Baume der Erkenntnis.

Der Akt des Ungehorsams als ein Akt der Freiheit ist der Anfang der Vernunft. Der Mythos spricht auch noch von weiteren Konsequenzen dieses ersten Aktes der Freiheit. Die ursprüngliche Harmonie zwischen Mensch und Natur ist zerbrochen. Gott erklärt den Krieg zwischen Mann und Frau, den Krieg zwischen der Natur und dem Menschen. Der Mensch wird von der Natur abgesondert, er hat den ersten Schritt getan, dadurch menschlich zu werden, dass er ein »Individuum« wird. Er hat die erste Tat der Freiheit vollbracht.

Der Mythos betont, dass diese Tat Leiden zur Folge hat. Der Mensch, der die Natur transzendiert, der sich von ihr und einem anderen menschlichen Wesen entfremdet, findet sich nackt und schämt sich. Er ist allein und frei, aber machtlos und voller Angst. Die neugewonnene Freiheit erscheint ihm als Fluch. Er ist frei *von* der süßen Knechtschaft des Paradieses, aber er besitzt noch nicht die Freiheit zur Selbstbestimmung, seine Individualität zu realisieren.

»Freiheit von« ist nicht das gleiche wie positive Freiheit, nämlich »Freiheit zu«. Das Auftauchen des Menschen aus der Natur ist ein sich lange hinziehender Prozess. Der Mensch bleibt großenteils an jene Welt gebunden, aus der er auftauchte; er bleibt ein Teil der Natur: von der Erde, auf der er lebt, von Sonne, Mond und Sternen, von Bäumen, Blumen und Tieren und von der Gruppe von Menschen, mit der er durch die Blutsbande verbunden ist. Die primitiven Religionen bezeugen dieses menschliche Gefühl des Einsseins mit der Natur. Die belebte und die unbelebte Natur sind Teil der Welt des Menschen, oder – wie man auch sagen könnte – er ist noch immer ein Teil der Welt der Natur.

Die primären Bindungen des Menschen blockieren seine volle Entfaltung. Sie stehen der Entwicklung seiner Vernunft und seinen kritischen Fähigkeiten im Wege; sie machen, dass er sich und die anderen nur durch das Medium seiner bzw. ihrer Zugehörigkeit zu einer Sippe, einer sozialen oder religiösen Gemeinschaft, und nicht als menschliches Wesen erlebt; mit anderen Worten: Sie blockieren seine Entwicklung zu einem freien, über sich selbst bestimmenden, produktiven Individuum. Das ist der eine Aspekt, aber es gibt noch einen anderen. Diese Identität mit der Natur, der Sippe, der Religion gibt dem Einzelnen auch Sicherheit. Er gehört zu einem strukturierten Ganzen, er ist darin verwurzelt und hat darin seinen Platz, den ihm niemand streitig macht. Er kann durch Hunger oder Unterdrückung leiden, aber er leidet nicht an dem Allerschmerzlichsten – an völliger Einsamkeit und Zweifel.

Wir sehen, dass der Prozess wachsender menschlicher Freiheit den gleichen dialektischen Charakter besitzt, der sich beim Prozess des individuellen Wachstums beobachten lässt. Auf der einen Seite handelt es sich um einen Prozess der zunehmenden Stärke und Integration, der Meisterung der Natur und der zunehmenden Beherrschung der menschlichen Vernunft, der wachsenden Solidarität mit anderen Menschen. Zum anderen aber bedeutet diese wachsende Individuation auch zunehmende Isolierung, Unsicherheit und, hierdurch bedingt, zunehmenden Zweifel an der eigenen Rolle im Universum, am Sinn des eigenen Lebens und, durch das alles bedingt, ein wachsendes Gefühl der eigenen Ohnmacht und Bedeutungslosigkeit als Individuum.

Wenn der Prozess der Entwicklung der Menschheit harmonisch verlaufen wäre, wenn er nach einem bestimmten Plan abgelaufen wäre, so wären beide Seiten der Entwicklung – die wachsende Stärke und die wachsende Individuation – genau gegeneinander abgewogen. So aber ist die Geschichte der Menschheit eine Geschichte der Konflikte und Kämpfe. Jeder Schritt in Richtung einer wachsenden Individuation hat die Menschheit mit neuen Unsicherheiten bedroht.

Einmal gelöste primäre Bindungen können nicht mehr geflickt werden; in ein einmal verlassenes Paradies kann der Mensch nicht zurückkehren. Es gibt nur eine einzige produktive Lösung für die Beziehung des Menschen zur Welt: seine aktive Solidarität mit allen Mitmenschen und sein spontanes Tätigsein, Liebe und Arbeit, die ihn wieder mit der Welt einen, nicht durch primäre Bindungen, sondern als freies, unabhängiges Individuum.

Wenn jedoch die wirtschaftlichen, gesellschaftlichen und politischen Bedingungen, von denen der gesamte Prozess der menschlichen Individuation abhängt, keine Grundlage für die Verwirklichung der Individualität bieten, während die Menschen gleichzeitig die Bindungen verloren haben, die ihnen Sicherheit boten, dann macht dieser leere Raum die Freiheit zu einer unerträglichen Last. Sie wird dann gleichbedeutend mit Zweifel, mit einem Leben ohne Sinn und Richtung. Es entstehen dann machtvolle Tendenzen, vor dieser Art von Freiheit in die Unterwerfung oder in irgendeine Beziehung zu anderen Menschen und der Welt zu fliehen, die eine Milderung der Unsicherheit verspricht, selbst wenn sie den Menschen seiner Freiheit beraubt.

Die europäische und die amerikanische Geschichte seit dem Ende des Mittelalters ist die Geschichte des vollen Auftauchens des Individuums. Es handelt sich um einen Prozess, der in Italien während der Renaissance begonnen hat und der erst jetzt seinen Höhepunkt erreicht zu haben scheint. Mehr als vierhundert Jahre waren nötig, um die mittelalterliche Welt niederzureißen und die Menschen von den offenkundigsten Beschränkungen ihrer Freiheit zu erlösen. Aber während das Individuum sich in vieler Hinsicht geistig und emotional weiterentwickelt hat und in einem bisher unerhörten Rahmen kulturelle Leistungen vollbringt, ist die Kluft zwischen der »Freiheit von« und der »Freiheit zu« ebenfalls noch größer geworden. Dieses Missverhältnis zwischen Freiheit von jeder Bindung und dem Mangel an Möglichkeiten zu einer positiven Verwirklichung der Freiheit und Individualität hat in Europa zu einer panikartigen Flucht vor der Freiheit in neue Bindungen oder zum mindesten in eine völlige Gleichgültigkeit geführt.

22. Selbstliebe und Selbstsucht

Dass die Liebe zu sich selbst mit »Selbstsucht« identisch und die Alternative zur Nächstenliebe sei, diese Auffassung hat sich in der Theologie, Philosophie und auch im täglichen Leben durchgesetzt. Es wäre sehr verwunderlich, wenn sich die gleiche Doktrin nicht auch in der wissenschaftlichen Psychologie wiederfände, hier freilich als eine angeblich objektive Tatsachenfeststellung. Ein treffendes Beispiel ist Freuds Narzissmustheorie.

Für Freud gibt es, kurz gesagt, ein bestimmtes Quantum an Libido. Beim kleinen Kind ist das Objekt der gesamten Libido ursprünglich das Kind selbst. Freud bezeichnet dies als »primären Narzissmus«. Im Laufe seiner Entwicklung richtet sich die Libido von der eigenen Person weg auf andere Objekte. Sofern nun ein Mensch in seiner Objektbeziehung blockiert ist, wendet er die Libido wieder vom Objekt ab und der eigenen Person zu. In diesem Fall spricht Freud von »sekundärem Narzissmus«. Nach Freud gibt es eine beinahe mechanische Alternative zwischen Ich-Liebe und Objekt-Liebe. Je mehr Liebe ich der äußeren Welt zuwende, desto weniger bleibt für mich, und umgekehrt. Auf diese Weise erklärt er das Phänomen des »Verliebtseins« als eine Schwächung der Selbstliebe, weil sich die gesamte Libido einem Objekt zuwendet, das außerhalb des eigenen Selbst liegt.

Freuds Narzissmustheorie bringt im Kern die gleiche Vorstellung zum Ausdruck, die in der protestantischen Religion, in der idealistischen Philosophie und im Alltagsverhalten der modernen Kultur bestimmend ist. Damit ist noch nichts darüber gesagt, ob sie richtig oder falsch ist. Allerdings bietet uns die Übersetzung eines allgemeinen Prinzips in die Kategorien der empirischen Psychologie eine gute Ausgangslage, dieses Prinzip einer Überprüfung zu unterziehen.

Folgende Fragen ergeben sich: Bestätigt die psychologische Beobachtung die These, nach der die »Liebe zu sich selbst« und »Liebe zu anderen« sich grundsätzlich widersprechen und sich gegenseitig ausschließen? Ist Selbstliebe dasselbe wie Selbstsucht? Gibt es einen Unterschied, oder sind sie in Wirklichkeit Gegensätze?

Ehe wir uns mit der empirischen Seite des Problems auseinandersetzen, muss von philosophischer Warte aus darauf hingewiesen werden, dass die Ansicht, Nächstenliebe und Selbstliebe schlössen sich aus, unhaltbar ist. Wenn es eine Tugend ist, meinen Nächsten als ein menschliches Wesen zu lieben, warum darf ich mich selbst nicht auch lieben? Ein Prinzip, das die Liebe zum Nächsten proklamiert, aber die Liebe zu sich selbst tabuisiert, schließt mich von allen anderen menschlichen Wesen aus.

Die tiefste Erfahrung, zu der die menschliche Existenz fähig ist, ist jedoch gerade die Erfahrung von sich selbst als einem menschlichen Wesen. Es gibt keine menschliche Solidarität, bei der ich selbst nicht miteingeschlossen bin. Eine Doktrin, die mich ausschließen würde, beweist, dass sie in sich widersprüchlich ist. Der Gedanke »Liebe deinen Nächsten wie dich selbst«, wie er in der Bibel (Lev 19,18) steht, bedeutet nichts anderes, als dass Achtung vor der eigenen Integrität und Einmaligkeit, Liebe zu sich selbst und ein Begreifen der eigenen Person nicht trennbar sind von der Achtung vor dem anderen, der Liebe zum anderen und dem Begreifen des anderen. Die Entdeckung der Liebe zu mir selbst ist untrennbar mit der Entdeckung der Liebe zu jedem anderen Menschen verbunden.

Damit sind wir bei den psychologischen Voraussetzungen angelangt, auf die die Schlussfolgerungen dieser Ausführungen aufgebaut sind. Ganz allgemein geht es um folgende Voraussetzungen: Nicht nur die anderen, sondern auch wir selbst sind ein »Objekt« unserer Gefühle und Haltungen; die Einstellung zu uns selbst und die Einstellung anderen gegenüber sind weit davon entfernt, gegensätzlich zu sein, sondern korrespondieren miteinander. Auf unsere Fragestellung angewandt, bedeutet dies: Die Liebe zu anderen und die Liebe zu uns selbst sind keine Alternativen, genauso wenig wie der Hass gegen andere und der Selbsthass Alternativen sind. Es ist im Gegenteil so, dass eine liebende Einstellung sich selbst gegenüber nur bei jenen zu finden ist, die wenigstens ansatzweise fähig sind, andere zu lieben. Auch der Hass gegen sich selbst ist unlösbar vom Hass gegen andere, auch wenn man bei oberflächlicher Betrachtung den umgekehrten Eindruck hat. Mit anderen Worten: Liebe wie auch Hass sind bezüglich ihrer Ausrichtung auf andere beziehungsweise auf sich selbst prinzipiell unteilbar. [...]

Der Selbstsüchtige ist nur an sich selbst interessiert, will alles nur für sich selbst, ist unfähig, irgendetwas gerne zu geben, und stattdessen immer ängstlich darauf bedacht zu nehmen. Seine Umwelt betrachtet er nur unter der Perspektive, was sich alles für seine Zwecke aus ihr herausholen lässt. Ihm geht jedes Interesse für die Bedürfnisse anderer ab, und er kann keinerlei Achtung vor deren Würde und Integrität aufbringen. Er sieht nur sich selbst; alles und jedes beurteilt er vom Gesichtspunkt des Nutzens für ihn. Er ist zutiefst liebesunfähig.

Diese Selbstsucht kann offen zutage treten oder vielfältig versteckt sein hinter allen möglichen selbstlosen Gesten. Unter dynamischer Betrachtungsweise handelt es sich dennoch immer um Selbstsucht. Es scheint bei diesem Persönlichkeitstypus aber offensichtlich so zu sein, dass es einen Widerspruch zwischen dem enormen Interesse für sich selbst und dem Mangel an Beachtung der anderen gibt. Ist dies nicht der Beweis dafür, dass es in Wirklichkeit eine Alternative gibt: Jemand interessiert sich entweder für sich oder für andere? Dies wäre mit Sicherheit so, wenn Selbstsucht und Selbstliebe identisch wären. Aber gerade darin besteht der Fehlschluss, der hinsichtlich unseres Problems zu so vielen falschen Folgerungen geführt hat. Selbstsucht und Selbstliebe sind weit davon entfernt, identisch zu sein; in Wirklichkeit sind sie Gegensätze.

Selbstsucht ist, wie schon das Wort »Sucht« andeutet, eine Art Gier. Wie bei allen Formen von Gier ist sie unersättlich, wobei das Unersättliche eine Folge einer beständigen Unbefriedigtheit ist. Die Gier ist ein Fass ohne Boden: Der Mensch erschöpft sich in einem endlosen Bemühen, sein Bedürfnis zu befriedigen, und erreicht doch nie eine Befriedigung. Der entscheidende Punkt zeigt sich bei näherer Betrachtung: Obwohl der Selbstsüchtige immer ängstlich mit sich selbst beschäftigt ist, ist er doch nie zufrieden, pausenlos in Unruhe, andauernd von der Angst getrieben, nicht genug zu bekommen, etwas zu versäumen oder einer Sache beraubt zu werden. Er ist voll von brennendem Neid, dass jemand mehr haben könnte als er.

Schauen wir noch etwas genauer hin und beziehen wir die unbewusste Dynamik mit ein, dann erkennen wir, dass der selbstsüchtige Mensch ganz und gar nicht von sich begeistert ist und sich überhaupt nicht leiden kann. Das Rätsel dieses scheinbaren Widerspruchs lässt sich leicht lösen. Die Selbstsucht wurzelt in eben diesem Mangel an Liebe zu sich selbst. Wer sich selbst nicht lieben und annehmen kann, lebt bezüglich seines Selbst in einer ständigen Angst. Er spürt nicht die innere Sicherheit, die es nur aufgrund echter Liebe und Bejahung gibt. Er muss immer mit sich beschäftigt sein und ist begierig, alles für sich zu bekommen, da seinem Selbst von Grund auf Sicherheit und Zufriedenheit fehlen.

Was für den Selbstsüchtigen gilt, gilt auch für den narzisstischen Menschen. Dessen allgegenwärtiges Interesse ist es weniger, sich Dinge anzueignen, als vielmehr, sich selbst zu bewundern. Oberflächlich betrachtet scheinen diese Menschen in sich selbst verliebt zu sein; in Wirklichkeit aber können sie sich nicht leiden, und mit ihrem Narzissmus wie mit der Selbstsucht kompensieren sie einen grundlegenden Mangel an Selbstliebe. Freud hat betont, dass der Narzisst seine Liebe vom anderen zurückzieht und auf die eigene Person richtet. Der erste Teil dieser Behauptung ist richtig, der zweite ist ein Trugschluss. Er liebt weder die anderen noch sich selbst.

Der Kompensationsmechanismus des Selbstsüchtigen und des Narzissten ist leichter zu verstehen, wenn wir ihn mit dem übermäßigen Interesse an anderen und mit der Überfürsorglichkeit für andere vergleichen. Ob es sich um eine überfürsorgliche Mutter oder einen übermäßig interessierten Gatten handelt, bei näherer Betrachtung zeigt sich immer das eine: Die Betreffenden glauben zwar bewusst, dass sie besonders lieb zu ihrem Kind oder Gatten sind, in Wirklichkeit aber zeigt sich eine tief verdrängte Feindseligkeit gerade gegenüber jener Person, für die sie sich so übermäßig engagieren. Sie interessieren sich im Übermaß nicht nur, weil sie einen Mangel an Liebe, sondern auch eine bestehende Feindseligkeit kompensieren müssen.

Bei der Selbstsucht gibt es noch ein weiteres Problem. Ist es nicht ein ganz besonderer Ausdruck von Selbstlosigkeit, wenn sich jemand selbst opfert? Und ist es andererseits vorstellbar, dass jemand, der sich selbst liebt, ein solches äußerstes Opfer erbringt? Die Antwort hängt völlig davon ab, um welche Art von Opfer es sich handelt. Da gibt es einmal das Opfer, wie es in jüngster Zeit insbesondere von der faschistischen Philosophie gepriesen wurde. Der Einzelne solle sich für etwas, das außerhalb von ihm, das größer und wertvoller ist – etwa den Führer, die Rasse – opfern. Der Einzelne zählt nichts und findet erst durch diesen Akt der Selbstvernichtung zugunsten einer höheren Macht seine Bestimmung. Bei diesem Verständnis ist die Selbstaufopferung für etwas oder jemanden, der größer als man selbst ist, die größte erreichbare Tugend. Wenn Selbstliebe und Nächstenliebe eine grundsätzliche Bejahung und Achtung des Selbst sowie des anderen bedeuten, dann steht diese Opfervorstellung in scharfem Kontrast zur Selbstliebe.

Es gibt aber noch eine andere Art von Opfer: Wenn die Umstände es erfordern, das eigene Leben für den Erhalt einer Idee, die zu einem Teil von einem selbst geworden ist, oder für eine Person, die man liebt, hinzugeben, dann kann das Opfer der äußerste Ausdruck von Selbstbejahung sein. Natürlich handelt es sich dabei nicht um eine Bejahung des eigenen physischen Lebens, sondern des Selbst im Sinne des Kerns der eigenen Gesamtpersönlichkeit. In diesem Fall ist das Opfer selbst nicht das Ziel, sondern nur der Preis, der für die Realisierung und Bejahung des eigenen Selbst bezahlt werden muss. Hat im letzteren Fall das Opfer seinen Grund in der Selbstbejahung, so wurzelt das – man könnte sagen – masochistische Opfer im Mangel an Selbstachtung und Selbstliebe und ist seinem Wesen nach nihilistisch.

Das Problem der Selbstsucht hat eine besondere *Relevanz für die Psychotherapie*. Der Neurotiker ist oft dahingehend selbstsüchtig, dass er in seiner Beziehung zu anderen blockiert oder in Bezug zu sich selbst überängstlich ist. Dies verwundert nicht, denn neurotisch zu sein bedeutet, dass die Bildung eines starken Selbst zu keinem erfolgreichen Abschluss gekommen ist. Normal zu sein, besagt wiederum gewiss nicht, dass es dazu kam. Bei der Mehrheit der gut angepassten Menschen bedeutet Normalität nur, dass sie ihr eigenes Selbst bereits im frühen Alter verloren und vollständig durch ein gesellschaftliches Selbst ersetzt haben, das ihnen von der Gesellschaft angeboten wurde. Für sie gibt es keinen neurotischen Konflikt, weil ihr Selbst – und deshalb auch die Diskrepanz zwischen ihrem Selbst und der Außenwelt – verschwunden ist.

Oft sind neurotische Menschen besonders selbstlos. Es fehlt ihnen an Selbstbehauptung, und sie sind unfähig, ihre eigenen Ziele zu verfolgen. Die Gründe für diese Selbstlosigkeit sind im wesentlichen die gleichen wie für die Selbstsucht. Es herrscht praktisch immer ein Mangel an Selbstliebe. Ohne Selbstliebe aber kann niemand gesund werden. Wenn der Neurotiker gesund wird, dann wird er nicht normal im Sinne einer Anpassung an das gesellschaftliche Selbst. Vielmehr gelingt es ihm, sein Selbst, das niemals ganz verloren gegangen war und für dessen Erhalt er mit seinen neurotischen Symptomen gekämpft hat, zu verwirklichen.

Von daher kann eine Theorie, die wie die Freudsche Narzissmustheorie gesellschaftliche Verhaltensmuster rationalisiert sowie die Selbstliebe denunziert und mit Selbstsucht identifiziert, therapeutisch verheerende Wirkungen haben. Sie verstärkt die Tabuisierung der Selbstliebe. Bei einer solchen Therapie werden gerade dann »positive« Ergebnisse erzielt, wenn es ihr nicht darum geht, dem Betreffenden dabei zu helfen, er selbst zu werden, also frei, spontan und kreativ – die klassischen Eigenschaften von Künstlern. Solche Therapien führen stattdessen dazu, den Kampf um das eigene Selbst aufzugeben und sich an die kulturellen Muster friedlich und ohne den Lärm einer Neurose anzupassen.

VI

Seelische Gesundheit und Gesellschaft

23. Gesellschaftlich ausgeprägte psychische Defekte

Von einer ganzen Gesellschaft zu sagen, ihr mangele es an psychischer Gesundheit, impliziert eine Annahme, die im Gegensatz steht zu dem *soziologischen Relativismus,* der heute von den meisten Sozialwissenschaftlern vertreten wird. Sie postulieren, dass jede Gesellschaft in dem Maße normal ist, als sie funktioniert, und dass man nur bei einer mangelnden Anpassung des Einzelnen an die Lebensweise seiner Gesellschaft von Krankheit reden kann.

Wenn man von einer »gesunden Gesellschaft« spricht, so bedeutet das eine vom soziologischen Relativismus abweichende Voraussetzung. Von einer »gesunden Gesellschaft« zu sprechen, macht nur Sinn, wenn wir annehmen, dass es eine Gesellschaft geben kann, die *nicht* gesund ist, und diese Annahme impliziert ihrerseits, dass es universale Kriterien für psychische Gesundheit gibt, die für die menschliche Rasse als solche gelten und nach denen man den Gesundheitszustand einer jeden Gesellschaft beurteilen kann. [...]

Der Ansatz des *normativen Humanismus* gründet sich auf die Annahme, dass es – genau wie bei jedem anderen Problem auch – richtige und falsche, befriedigende und unbefriedigende Lösungen für das Problem der menschlichen Existenz gibt. Seelische Gesundheit kommt zustande, wenn sich der Mensch entsprechend den charakteristischen Eigenschaften und Gesetzen der menschlichen Natur zur vollen Reife entwickelt. Zur psychischen Erkrankung kommt es, wenn diese Entwicklung fehlschlägt. Unter dieser Voraussetzung ist das Kriterium für die seelische Gesundheit nicht, dass der Einzelne an eine bestimmte Gesellschaftsordnung angepasst ist, sondern es handelt sich um ein universales, für alle Menschen gültiges Kriterium, dass sie nämlich für das Problem der menschlichen Existenz eine befriedigende Antwort finden.

Was ein so falsches Bild vom seelischen Zustand der Mitglieder einer Gesellschaft bewirkt, ist der allgemeine Konsens über die Gültigkeit ihrer Vorstellungen. Man nimmt naiverweise an, die Tatsache, dass die Mehrheit des Volkes bestimmte Ideen und Gefühle teilt, sei ein Beweis für die Gültigkeit dieser Ideen und Gefühle. Nichts liegt der Wahrheit ferner. Der allgemeine Konsens über die Gültigkeit hat als solcher mit Vernunft und seelischer Gesundheit überhaupt nichts zu tun. Genauso wie es eine *folie à deux* gibt, gibt es auch eine *folie à millions.* Die Tatsache, dass Millionen von Menschen die gleichen Laster haben, macht diese Laster noch nicht zu Tugenden; die Tatsache, dass sie so viele Irrtümer gemeinsam haben, macht diese Irrtümer noch nicht zu Wahrheiten; und die Tatsache, dass Millionen von Menschen die gleichen Formen psychischer Störungen aufweisen, heißt nicht, dass diese Menschen psychisch gesund seien.

Es besteht jedoch ein wichtiger Unterschied zwischen einer individuellen psychischen Erkrankung und einer solchen der Gesellschaft, der darauf hindeutet, dass zwischen dem Begriff des *Defektes* und dem der *Neurose* zu unterscheiden ist. Wenn es einem Menschen nicht gelingt, Freiheit und Spontaneität zu erlangen und sein Selbst unmittelbar zum Ausdruck zu bringen, so kann man von ihm annehmen, dass er an einem schweren Defekt leidet, vorausgesetzt, wir gehen von der Annahme aus, dass Freiheit und Spontaneität objektive Ziele sind, die jedes menschliche Wesen erreichen sollte. Wird dieses Ziel von der Mehrheit der Mitglieder einer bestimmten Gesellschaft nicht erreicht, so haben wir es mit dem Phänomen eines *gesellschaftlich ausgeprägten Defektes* zu tun.

Der Einzelne teilt diesen Defekt mit vielen anderen. Allerdings empfindet er ihn nicht als Defekt, und seine Sicherheit gerät nicht durch die Erfahrung, anders – sozusagen ein Ausgestoßener – zu sein, in Gefahr. Was ihm an innerem Reichtum und an echtem Glücksgefühl verlorengegangen sein mag, wird durch die Sicherheit kompensiert, die das Gefühl gibt, zur übrigen Menschheit zu passen – *so wie er sie kennt.* Tatsächlich besteht sogar die Möglichkeit, dass eben sein Defekt von der Kultur, in der er lebt, zur Tugend erhoben wird, was sein Gefühl, etwas zu leisten, noch verstärkt.

Dies veranschaulichen zum Beispiel die Schuld- und Angstgefühle, die Calvins Lehren in den Menschen erweckten. Man kann sagen, dass ein Mensch, der ganz unter dem Eindruck des Gefühls seiner eigenen Ohnmacht und Wertlosigkeit steht, der ständig Zweifel hegt, ob er zu den Auserwählten oder zu den ewig Verdammten gehört, der kaum zu einer echten Freude fähig ist, unter einem schweren Defekt leidet. Trotzdem war dieser Defekt kulturell vorgeprägt; er wurde als etwas besonders Wertvolles angesehen, und der Einzelne wurde hierdurch vor der Neurose bewahrt, die er in einer Kultur entwickelt hätte, in welcher der gleiche Defekt ihm ein Gefühl tiefer Unzulänglichkeit und Isolation gegeben hätte. […]

Heute begegnen wir einem Menschen, der wie ein Automat handelt und fühlt, der niemals etwas erlebt, was wirklich zu ihm gehört, der sich ganz als die Person erlebt, die er seiner Ansicht nach sein sollte, dessen künstliches Lächeln an die Stelle eines echten Lachens getreten ist, dessen sinnloses Geschwätz die der Mitteilung dienende Sprache ersetzt, dessen dumpfe Verzweiflung den Platz eines echten Schmerzes einnimmt.

Man kann bei einem solchen Menschen zweierlei feststellen: Einmal lässt sich von ihm sagen, dass er an einem Mangel an Spontaneität und Individualität leidet, der unheilbar zu sein scheint. Gleichzeitig lässt sich bei ihm feststellen, dass er sich nicht wesentlich von Millionen anderen unterscheidet, die sich in der gleichen Lage befinden. Für die meisten von ihnen liefert die Kultur das Modell, welches es ihnen ermöglicht, *mit einem Defekt zu leben, ohne krank zu werden.* Es ist, als ob jede Kultur ein Gegenmittel gegen den Ausbruch manifester neurotischer Symptome produziere, die der von ihr erzeugte Defekt ansonsten nach sich ziehen würde.

Nehmen wir an, es gäbe in unserer westlichen Kultur [von 1955] nur vier Wochen lang weder Kino noch Rundfunk noch Fernsehen, weder sportliche Veranstaltungen noch Zeitungen. Welche Folgen hätte das für die Menschen, die auf sich selbst angewiesen wären, nachdem man ihnen diese Hauptfluchtwege verschlossen hätte? Ich zweifle nicht daran, dass es bereits innerhalb dieser kurzen Zeit zu Tausenden von Nervenzusammenbrüchen käme und dass außerdem noch viele Tausende in einen Zustand akuter Angst gerieten, der sich nicht von dem Bild unterscheiden würde, das klinisch als »Neurose« diagnostiziert wird. Wenn man diesen Menschen das Opiat gegen den gesellschaftlich vorgeprägten Defekt entziehen würde, so käme die Krankheit zum Ausbruch.

Bei einer Minderheit funktioniert das von der Kultur vorgeprägte Modell nicht. Es handelt sich oft um diejenigen, deren individueller Defekt schwerer ist als der des Durchschnittsmenschen, so dass die von der Kultur angebotenen Gegenmittel nicht ausreichen, den Ausbruch einer manifesten Krankheit zu verhindern. Aber es gibt auch Menschen, deren Charakterstruktur und damit auch deren Konflikte von denen der Mehrheit abweichen, so dass die Gegenmittel, die bei den meisten ihrer Mitmenschen ihre Wirkung nicht verfehlen, bei ihnen nichts helfen. In dieser Gruppe finden wir manchmal Menschen, die eine größere Integrität und Sensitivität als die meisten anderen besitzen und die eben aus diesem Grund das kulturelle Opiat nicht akzeptieren können, während sie gleichzeitig nicht stark und gesund genug sind, um kräftig »gegen den Strom schwimmen« zu können.

Diese Unterscheidung zwischen der Neurose und dem gesellschaftlich vorgeprägten Defekt könnte den Eindruck erwecken, dass alles gut gehen würde, wenn die Gesellschaft nur die Gegenmittel gegen den Ausbruch manifester Symptome bereitstellte, und dass dann alles auch weiterhin reibungslos funktionieren würde, wie schwer die Defekte auch immer sein mögen. Die Geschichte zeigt uns jedoch, dass dies nicht der Fall ist.

Es stimmt zwar, dass der Mensch im Gegensatz zum Tier fast unbegrenzt formbar ist. Genauso wie er fast alles essen kann, wie er praktisch in jedem Klima leben und sich ihm anpassen kann, gibt es auch kaum eine psychische Bedingung, die er nicht ertragen und unter der er nicht fortbestehen könnte. Er kann als freier Mensch und als Sklave leben. Er kann in Reichtum und Luxus und unter Bedingungen leben, bei denen er halb verhungert. Er kann als Krieger und als friedlicher Bürger leben, als Ausbeuter und Räuber und als Glied einer kooperativen, liebevollen Gemeinschaft. Es gibt kaum einen seelischen Zustand, in dem der Mensch nicht leben kann, und es gibt kaum etwas, was man mit ihm nicht vornehmen könnte und wozu man ihn nicht benutzen könnte. Alle diese Erwägungen scheinen die Annahme zu rechtfertigen, dass es so etwas wie eine allen Menschen gemeinsame Natur nicht gibt und dass so etwas wie eine Spezies »Mensch« außer im physiologischen und anatomischen Sinn nicht existiert.

Allem Augenschein zum Trotz zeigt die Geschichte jedoch, dass wir etwas vergessen haben. Despoten und Herrschercliquen können ihre Mitmenschen erfolgreich unterdrücken und ausbeuten, aber sie können *Reaktionen* gegen diese unmenschliche Behandlung nicht verhindern. Ihre Untertanen bekommen Angst, sie werden argwöhnisch und fühlen sich vereinsamt, und wenn ihr System nicht aus äußeren Ursachen zusammenbricht, so wird es an irgendeinem Punkt deshalb dazu kommen, weil Angst, Argwohn und Einsamkeit schließlich bewirken, dass die Majorität nicht mehr erfolgreich und vernünftig funktioniert.

Man kann ganze Völker oder Gesellschaftsgruppen lange Zeit unterjochen und ausbeuten, aber sie werden *reagieren.* Sie reagieren mit Apathie oder mit einer derartigen Beeinträchtigung ihrer Intelligenz, Initiative und ihrer Fertigkeiten, dass sie allmählich ihre Funktionen im Dienst ihrer Beherrscher nicht mehr erfüllen. Oder sie reagieren mit einer solchen Anhäufung von Hass und Destruktivität, dass sie sich schließlich mitsamt ihren Beherrschern und ihrem System selbst vernichten.

Ihre Reaktion kann aber auch in einer solchen Sehnsucht nach Freiheit und Unabhängigkeit bestehen, dass sie mit ihren schöpferischen Impulsen eine bessere Gesellschaft aufbauen. Zu welcher

Reaktion es kommt, hängt von vielen Faktoren ab, von wirtschaftlichen und politischen, wie auch von dem geistigen Klima, in dem diese Menschen leben. Aber wie sie auch immer reagieren mögen, die Behauptung, der Mensch könne unter fast allen Bedingungen leben, ist nur die halbe Wahrheit. Sie ist dadurch zu ergänzen, dass, wenn er unter Bedingungen lebt, die seiner Natur und den Grunderfordernissen menschlichen Wachstums und seelischer Gesundheit zuwiderlaufen, er nicht anders kann, als darauf zu reagieren. Er wird dann entweder immer mehr herunterkommen und zugrunde gehen, oder er muss Verhältnisse heraufführen, die seinen Bedürfnissen besser entsprechen.

24. Was ist seelische Gesundheit?

Die psychischen Grundbedürfnisse, die den Besonderheiten der menschlichen Existenz entstammen, müssen in der einen oder anderen Form befriedigt werden, wenn der Mensch nicht psychisch krank werden soll, genauso wie seine physiologischen Bedürfnisse befriedigt werden müssen, wenn er am Leben bleiben soll. Aber die psychischen Bedürfnisse können *auf vielfältige Art* befriedigt werden, und die verschiedenen Arten der Befriedigung unterscheiden sich voneinander, je nach dem Grad der seelischen Gesundheit. Wenn eines der Grundbedürfnisse unerfüllt bleibt, ist die Folge eine Geisteskrankheit [Psychose]. Wenn es nur auf eine für die menschliche Natur unbefriedigende Weise erfüllt wird, so hat das eine Neurose zur Folge (entweder in manifester Form oder in Form eines gesellschaftlich vorgeprägten Defekts).

Der Mensch muss auf andere Menschen bezogen sein. Ist er dies jedoch auf eine symbiotische oder entfremdete Weise, so verliert er seine Unabhängigkeit und Integrität. Er ist dann schwach, er leidet und wird feindselig und apathisch. Nur wenn er liebend mit anderen in Beziehung treten kann, fühlt er sich eins mit ihnen und bewahrt sich gleichzeitig seine Integrität. Mit der Natur tritt er nur durch produktive Arbeit in Beziehung, nur so wird er eins mit ihr und geht trotzdem nicht in ihr unter.

Solange der Mensch inzestuös an die Natur, an die Mutter oder an die Sippe bzw. den Klan gebunden bleibt, ist die Entwicklung seiner Individualität und seiner Vernunft blockiert. Er bleibt dann die hilflose Beute der Natur und kann sich trotzdem niemals eins mit ihr fühlen. Nur wenn er seine Vernunft und seine Liebe entwickelt, nur wenn er die natürliche und die gesellschaftliche Welt auf menschliche Weise erfahren kann, kann er sich auch bei sich selbst zu Hause und sicher und als Herr seines Lebens fühlen. […]

Zusammenfassend kann man sagen, dass sich der Begriff »seelische Gesundheit« aus den Bedingungen der menschlichen Existenz selbst ergibt und dass er für alle Menschen gilt, unabhängig von allen Zeiten und Kulturen. *Seelische Gesundheit ist gekennzeichnet durch die Fähigkeit zu lieben und etwas zu schaffen, durch die Loslösung von den inzestuösen Bindungen an Klan und Boden, durch ein Identitätserleben, das sich auf die Erfahrung seiner selbst als dem Subjekt und dem Urheber der eigenen Kräfte gründet, durch das Begreifen der Realität innerhalb und außerhalb von sich selbst, das heißt durch die Entwicklung von Objektivität und Vernunft.* […]

Wir haben ein Stadium der Individuation erreicht, in dem nur die vollentwickelte, reife Persönlichkeit ihre Freiheit auf fruchtbare Weise nutzen kann. Wenn der Einzelne seine Vernunft und seine Liebesfähigkeit nicht entwickelt hat, ist er nicht imstande, die Last der Freiheit und Individualität zu tragen und versucht, sich in künstliche Bindungen zu flüchten, die ihm ein Gefühl der Zugehörigkeit und des Verwurzeltseins geben. Heute ist jede Regression in eine künstliche Verwurzelung im Staat oder in der Rasse ein Zeichen seelischer Erkrankung, da eine derartige Regression nicht dem Evolutionsstand entspricht, den wir bereits erreicht haben, und daher zu unverkennbar pathologischen Erscheinungen führt.

Gleichgültig, ob wir von »seelischer Gesundheit« oder von einer »reifen Entwicklung« der Menschheit sprechen, der Begriff der seelischen Gesundheit oder der Reife ist ein objektiver Begriff, zu dem wir durch die Untersuchung der »Situation des Menschen« und der sich daraus ergebenden menschlichen Notwendigkeiten und Bedürfnisse gelangt sind. Daraus folgt, dass man die seelische Gesundheit nicht als »Anpassung« des Einzelnen an die Gesellschaft definieren kann, sondern dass man sie ganz im Gegenteil als *die Anpassung der Gesellschaft an die Bedürfnisse des Menschen* definieren muss und dass es dabei darum geht, ob die Gesellschaft ihre Rolle erfüllt, die Entwicklung der seelischen Gesundheit zu fördern, oder ob sie dieser Entwicklung hinderlich ist.

Ob ein Mensch seelisch gesund ist oder nicht, ist in erster Linie keine individuelle Angelegenheit, sondern hängt von der Struktur seiner Gesellschaft ab. Eine gesunde Gesellschaft fördert die Fähigkeit des Einzelnen, seine Mitmenschen zu lieben, schöpferisch zu arbeiten, seine Vernunft und Objektivität zu entwickeln und ein Selbstgefühl zu besitzen, das sich auf die Erfahrung der eigenen produktiven Kräfte gründet. Ungesund ist eine Gesellschaft, wenn sie zu gegenseitiger Feindseligkeit und zu Misstrauen führt, wenn sie den Menschen in ein Werkzeug verwandelt, das von anderen benutzt und ausgebeutet wird, wenn sie ihn seines Selbstgefühls beraubt und es ihm nur insoweit lässt, als er sich anderen unterwirft und zum Automaten wird.

Die Gesellschaft kann beide Funktionen erfüllen: Sie kann die gesunde Entwicklung des Menschen fördern und sie kann sie behindern. Tatsächlich tun die meisten Gesellschaften beides, und die Frage ist nur, in welchem Maß und in welcher Richtung sie ihren positiven und ihren negativen Einfluss ausüben.

25. Visionen einer seelisch gesunden Gesellschaft

Die verschiedensten Sozialisten und ihre Schulen im 19. Jahrhundert und davor hatten die gemeinsame Vision von einer Gesellschaft, in der der Mensch Selbstzweck und in der der einzelne Bürger tätig und verantwortlich ist und mit seinen Mitmenschen im Geist der Kooperation, der Solidarität und brüderlichen Liebe zusammenlebt. In einer solchen Gesellschaft wird er von niemandem instrumentalisiert, noch gebraucht er sich selbst für einen anderen Zweck als den des eigenen Lebens und der Entwicklung seiner Persönlichkeit. In gewissem Sinne ist das gemeinsame Ziel aller sozialistischen Schulen innerlich mit dem, was man die messianische Idee des Alten Testaments nennen kann, verwandt. Ich möchte diesen Gedanken etwas ausführen.

Die messianische Idee lässt sich nur richtig fassen, wenn man sie von der Schöpfungsgeschichte her zu verstehen sucht. Die sogenannte Sündenfall-Geschichte von Adam und Eva geht von der Annahme aus, dass der Mensch ursprünglich in einer völligen Harmonie mit der Natur lebte. Der Mensch ist Teil der Natur, aber er ist noch nicht seiner selbst gewahr, das heißt, er verfügt noch nicht über das Bewusstsein seiner selbst und ist noch ohne Wissen, was gut und was böse ist. Gott verbietet ihm, vom Baum der Erkenntnis von Gut und Böse zu essen. Der Mensch tut es trotzdem und erlebt sich plötzlich als von der Natur und vom anderen Menschen getrennt. Mann und Frau bemerken gegenseitig ihre Nacktheit und schämen sich ihrer. Sie spüren ihr Getrenntsein. Sie fühlen die Entfremdung zwischen sich und nehmen den »Fluch Gottes« wahr. Gottes Fluch besteht darin, dass die Menschen sich untereinander fremd sind, dass das eine Geschlecht dem anderen Feind ist und dass der Mensch der Feind der Natur, der Tiere und der Früchte des Feldes sein wird. An dieser Stelle nimmt die menschliche Geschichte ihren Anfang.

Gemäß der prophetischen Vorstellung vom Messianismus besteht das Ziel der Geschichte darin, zu einer neuen Harmonie mit sich selbst und den anderen sowie von Mensch und Natur zu gelangen. Diese neue Harmonie hat nicht mehr den Menschen zum Ausgang, der noch ein Teil der Natur ist, ohne sich seiner selbst bewusst zu sein, sondern den seine Vernunft entwickelnden Menschen, der sich seiner selbst und seiner Liebe in einem solchen Ausmaß gewahr ist, dass er eines Tages fähig sein wird, zu einer neuen Harmonie mit der Natur und mit den anderen Menschen zu kommen. Dann wird es keinen Krieg mehr geben und es wird Überfluss herrschen.

Für die prophetische Überlieferung ist das messianische Zeitalter als Erfüllung auf höherer Ebene, was das paradiesische Zeitalter auf primitiver Ebene war. Paradoxerweise steht bei dieser Auffassung vom messianischen Zeitalter der Mensch Gott gegenüber. Gott hat ihm verboten, von den Früchten der Erkenntnis zu essen; der Mensch hat es trotzdem getan und erkennt, dass er dabei ist, etwas hervorzubringen, das höher und besser ist als das, was er verlassen hat.

Dies ist im Kern die prophetische Version des Messianismus, und dies ist im wesentlichen auch die allen Sozialisten des 19. Jahrhunderts gemeinsame Vorstellung: eine neue Harmonie, die auf der Grundlage von Erkenntnis, Liebe und Solidarität hervorgebracht wird; sie wird Überfluss bringen und den Kampf des Menschen gegen den Menschen und jenen zwischen Mensch und Natur vernichten.

Dies war die allgemeine Vorstellung, doch gab es viele Denktraditionen im Sozialismus, die sich hinsichtlich der Mittel und Wege, dieses Ziel zu erreichen, unterschieden. Manche Schulen betonten von Anfang an, wie wichtig es ist, die Gefahr eines Zentralismus zu vermeiden, und hoben die Gefahren hervor, die sich prinzipiell aus der Organisation des Staates und jeder großen Staatsmacht ergeben. Die marxistischen Sozialisten auf der anderen Seite glaubten, dass man schließlich auch den Staat überwinden muss, den man als geeignetes und notwendiges Instrument ansah, um die Gesellschaft in eine klassenlose Gesellschaft und letzten Endes in eine staatenlose Gesellschaft freier Menschen zu transformieren.

Die marxistischen Sozialisten glaubten darüber hinaus, dass das geeignete Mittel, dieses Ziel – den freien Menschen – zu erreichen, die Sozialisierung der Produktionsmittel ist. Sie stellten sich vor, dass es niemanden mehr gibt, der die Arbeiter ausbeuten und manipulieren kann, wenn die Produktionsmittel nicht mehr in der Hand einer Person sind, sondern das Eigentum von allen.

Sie hatten die ziemlich naive Idee, dass die Sozialisierung der Produktionsmittel, obwohl kein Ziel an sich, doch das Mittel ist, mit dem sich ziemlich unmittelbar die Umwandlung der Menschen in verantwortliche, kooperative Menschen erreichen ließe.

Unter einem intellektuellen Gesichtspunkt haben die marxistischen Sozialisten gegenüber allen anderen Gruppen das Rennen gemacht. Sie setzten sich in Europa, in Russland, in China durch, vorausgesetzt, wir bezeichnen dies noch als marxistischen Sozialismus. Sie setzten sich in den Vereinigten Staaten nicht durch, doch hier gewann auch keine andere Gruppe.

Die Kritik der Marxisten am Kapitalismus bewegte sich im wesentlichen auf einer ökonomischen Ebene. Sie kritisierten zum einen und vor allem, dass der Arbeiter im kapitalistischen System ausgebeutet wird. Er muss zu lange für zu wenig Geld arbeiten, ohne dass er an dem wachsenden Wert der Gesellschaft in demselben Maße Anteil haben oder bekommen konnte wie die Kapitalbesitzer. Zum anderen kritisierten sie am Kapitalismus, dass er auf Grund seiner Produktionsweise unfähig ist, von den Produktivkräften der Gesellschaft in ausreichendem Maße Gebrauch zu machen. Der Kapitalismus ist nicht fähig, Krisen und Kriege zu vermeiden, sondern verstärkt vielmehr auf Grund der besonderen Art seiner Organisation die Lähmung und Hemmung der Entwicklung jener Produktivkräfte, die es in der Gesellschaft bereits gibt. [...]

Offensichtlich hat sich die Struktur des Kapitalismus seit den Tagen von Marx sehr verändert. Der Kapitalismus gerade in den Vereinigten Staaten [unter Präsident F. D. Roosevelt] hat viele der ursprünglich sozialistischen Forderungen aufgenommen und die Arbeiterklasse als integralen Bestandteil in die kapitalistische Wirtschaft eingegliedert. Die überbrachten Behauptungen der Sozialisten wie die, dass der Kapitalismus ein Hemmschuh für die Produktion sei oder dass die Arbeiter im Kapitalismus hungern müssten, machen deshalb keinerlei Eindruck mehr. [...]

Richtet man sein Augenmerk auf den Menschen als das einzige Ziel, um das es letztlich geht, dann sollte die entscheidende Kritik am Kapitalismus sich nicht auf die Leiden richten, die er im rein wirtschaftlichen Sinne verursacht, weil der Kapitalismus alle Anzeichen zeigt, für diese Leiden schließlich Sorge zu tragen und mit ihnen umgehen zu können. Die Kritik muss sich darauf richten, wie sich diese Produktionsweise, wie sich das Produzieren und Konsumieren, wie sich diese Art der gesellschaftlichen Organisation auf die Seele des Menschen, auf sein Leben, auf seine Gefühle und auf das Bild, das er von sich selbst hat, auswirkt.

Die sozialistische Theorie hat nicht nur darin versagt, dass sie den Kapitalismus nicht von diesem entscheidenden Gesichtspunkt aus kritisiert hat, sie hat auch keine deutliche Vision von dem entwickelt, was Sozialismus jenseits eines bloß reibungslosen wirtschaftlichen Funktionierens sein könnte und sollte. Hier liegt meines Erachtens zumindest einer der wichtigsten Gründe für die Niederlage des Sozialismus in den Vereinigten Staaten und in Europa. Die Sozialisten kümmerten sich nur um die ökonomischen Interessen und ignorierten die Tatsache, dass der Mensch ideelle Interessen hat, dass sein Bedürfnis nach einem Bezugsrahmen und nach einem Objekt der Hingabe so groß, ja ich glaube sogar größer ist als seine rein ökonomischen Interessen. Die ökonomischen Interessen der Arbeiterklasse werden und wurden ganz gut von den Gewerkschaften vertreten. Die sozialistische Bewegung trug hierzu kaum etwas bei, außer dass sie den Gewerkschaften zu etwas mehr politischer Macht verhalf, deren Gefangener sie auch sehr oft war. Sie versagte aber darin, einen Sinn für eine neue humane Vision und für eine neue Religion zu entwickeln. [...]

Wir müssen in unserer gesellschaftlichen und politischen Situation eine Reihe grundlegender Dinge ändern, und dies ist zugleich auch das eigentliche Problem des Sozialismus. Es geht nicht um die Sozialisierung der Produktionsmittel, sondern um die *Sozialisierung der Arbeitsbedingungen und der Funktionen der Arbeiter*, so dass der einzelne Mensch bei seiner Arbeit zu einer tätigen, kooperativen Person werden kann und die Arbeit selbst wieder ihre Würde zurückerhält, wieder sinnvoll wird, zu einem Ausdruck der Lebenskraft eines Menschen wird. Wir müssen herausfinden, welche sozialen Änderungen und Mittel nötig sind, um dieses Ziel zu erreichen.

Parallel hierzu bedarf es in unserer politischen Struktur Änderungen, die darauf zielen, *die Demokratie wieder in Gang zu bringen* und wieder zu etwas Konkretem werden zu lassen. Wir müssen der Tatsache ins Auge sehen, dass der einzelne Bürger praktisch so gut wie keine Möglichkeiten hat, den Fortgang der Ereignisse zu beeinflussen. Wir haben keine Informationen und wir werden nicht gefragt. Die anstehenden Entscheidungen werden über unsere Köpfe hinweg so gefällt, so wie unser System es zum Funktionieren braucht. Die Frage ist aber, ob Mittel und Wege gefunden werden können, um die Arbeit, die Gesellschaft und die Regierungsform so zu gestalten, dass Menschen nicht wie Automaten behandelt und manipuliert werden, sondern als einzelne Bürger die Möglichkeit haben, an den Entscheidungsprozessen teilzunehmen. [...]

So sehr es stimmt, dass man die Art und Weise, wie Gesellschaft, Produktion und Arbeit organisiert sind, von der Art und Weise, wie die Menschen sind, unterscheiden muss, so sehr bin ich davon überzeugt, dass bestimmte grundlegende Änderungen [im sozio-ökonomischen Bereich] nötig sind, um den Menschen die Möglichkeit zu geben, ein menschlicheres und individuelles Leben zu führen. Und ich bin davon überzeugt, dass wir mit uns selber beginnen müssen.

Wer über Politik und Veränderung der Gesellschaft spricht und sich nicht zuerst selbst fragt, welche Einstellung er hat und was er bei sich ändern kann, der führt nur ein zweckloses Geschwätz, das zudem noch gefährlich ist, weil das, was man anstrebt und zu schaffen versucht, ohne Beziehung zu einer inneren Wahrnehmung steht, auf Grund derer man entscheiden kann, ob eine solche Änderung gut oder schlecht ist. Auch glaube ich, so gefährlich es ist, in der abstrakten Art unserer heutigen Politik verhaftet zu sein, so gefährlich ist es auch, ein Gefangener der Abstraktheit sozialistischer Ideologien zu sein. Der Stalinismus hat mit aller Deutlichkeit gezeigt, wohin das Abstraktmachen einiger Elemente führt: dass sich ein System schlimmsten Terrors und totaler Unfreiheit noch immer sozialistisch und demokratisch nennen kann. […]

Für mich besteht die Aufgabe in der Zukunft nicht nur darin, auf die Freisetzung physischer Energie bedacht zu sein, sondern in uns selbst hineinzuschauen und dafür Sorge zu tragen, dass solche Institutionen eingerichtet und jene persönlichen und institutionellen Veränderungen realisiert werden, die die Freisetzung von menschlicher Energie ermöglichen, um sie im Lebensprozess der Gesellschaft nutzbar zu machen.

26. Die Alternative eines humanistischen Sozialismus

Wir produzieren Maschinen, die wie Menschen sind, und Menschen, die wie Maschinen sind. Was noch vor fünfzig Jahren die größte Kritik am *Sozialismus* war – dass er zu Uniformität, Bürokratisierung, Zentralisierung und zu einem seelenlosen Materialismus führen würde –, ist im heutigen *Kapitalismus* Wirklichkeit geworden. Wir sprechen von Freiheit und Demokratie, und trotzdem fürchten sich immer mehr Menschen vor der Verantwortung, die Freiheit mit sich bringt, und ziehen die Sklaverei eines wohlgenährten Roboters vor; sie glauben nicht mehr an Demokratie und sind glücklich, es den politischen Experten überlassen zu können, Entscheidungen zu treffen. […]

Es gibt auch noch eine dritte Lösung, nämlich die eines demokratischen, humanistischen Sozialismus, der sich auf die ursprünglichen Grundsätze des Sozialismus gründet und den Ausblick auf eine neue, wirklich humane Gesellschaft eröffnet.

Welches sind die *Prinzipien*, die der Idee eines humanistischen Sozialismus zugrunde liegen?

- Jedes gesellschaftliche und ökonomische System ist nicht nur ein besonderes System der Beziehungen zwischen Dingen und Institutionen, sondern ein System von menschlichen Beziehungen. Jede Theorie und Praxis des Sozialismus ist daraufhin zu überprüfen, welche Art von Beziehungen zwischen den Menschen sie herbeiführt.

- Der höchste Wert in allen gesellschaftlichen und ökonomischen Einrichtungen ist der Mensch. Ziel der Gesellschaft ist es, dem Menschen die Bedingungen für die vollste Entfaltung seiner Möglichkeiten, seiner Vernunft, seiner Liebe und seiner Kreativität zu bieten. Alle gesellschaftlichen Einrichtungen müssen dazu dienen, die Entfremdung und Verkrüppelung des Menschen zu überwinden und ihn in die Lage zu versetzen, zu wirklicher Freiheit und Individualität zu gelangen. Ziel des Sozialismus ist eine Gemeinschaft, in der die volle Entwicklung jedes Einzelnen die Voraussetzung für die volle Entwicklung aller ist.
- Das höchste Prinzip des Sozialismus lautet: der Mensch hat vor den Dingen, das Leben vor dem Besitz und deshalb die Arbeit vor dem Kapital Vorrang; Macht beruht nicht auf Besitz, sondern auf schöpferischer Leistung; der Mensch darf nicht von den Umständen, sondern die Umstände müssen vom Menschen beherrscht werden.
- In zwischenmenschlichen Beziehungen muss das Prinzip gelten, dass jeder Mensch Selbstzweck ist und niemals zum Mittel für die Zwecke eines anderen gemacht werden darf. Aus diesem Prinzip ergibt sich, dass niemand einem anderen persönlich untertan sein darf, weil dieser Kapital besitzt.
- Der humanistische Sozialismus wurzelt in der Überzeugung von der Einheit der Menschheit und der Solidarität aller Menschen. Er bekämpft jede Art der Verherrlichung von Staat, Nation oder Klasse. Er steht auf dem Standpunkt, dass sich der Mensch vor allem der Menschheit und den ethischen Prinzipien des Humanismus gegenüber loyal verhalten soll. Er möchte jene Ideen und Werte neu beleben, auf die sich unsere westliche Kultur gründet.
- Der humanistische Sozialismus ist ein radikaler Gegner von Krieg und Gewalt jeder Art. Er betrachtet jeden Versuch, po-

litische und gesellschaftliche Probleme gewaltsam zu lösen, nicht nur als aussichtslos, sondern auch als unmoralisch und unmenschlich. Daher ist er kompromisslos gegen jede Art der Aufrüstung gerichtet wie auch gegen jede Politik, welche Sicherheit durch Aufrüstung zu erreichen versucht. Er glaubt, dass Friede nicht nur Nicht-Krieg bedeutet, sondern dass er ein positives Prinzip menschlicher Beziehungen ist, das sich auf die freie Zusammenarbeit aller Menschen zum allgemeinen Wohl gründet.

- Aus den sozialistischen Grundsätzen ergibt sich, dass sich jedes Mitglied der Gesellschaft nicht nur für seine Mitbürger, sondern für alle Bürger dieser Welt verantwortlich fühlt. Um die Ungerechtigkeit zu beseitigen, dass zwei Drittel der Menschheit verhungern oder umkommen, bedarf es weit größerer Anstrengungen der reichen Völker, als diese bisher unternommen haben, den unterentwickelten Ländern zu einem menschenwürdigen Lebensstandard zu verhelfen.
- Der humanistische Sozialismus tritt immer für die Freiheit ein: für die Freiheit von Angst, Not, Unterdrückung und Gewalt. Aber Freiheit ist nicht nur Freiheit von, sondern auch Freiheit zu: Es geht ihm um die Freiheit, aktiv und verantwortlich an allen Entscheidungen, die den Bürger betreffen, teilnehmen zu können; um die Freiheit, das menschliche Potenzial eines jeden so gut wie nur irgend möglich zu entwickeln.
- Produktion und Konsum müssen den Bedürfnissen der menschlichen Entwicklung untergeordnet werden, nicht umgekehrt. Folglich hat sich die gesamte Produktion nach dem Grundsatz des Nutzens für die Gesellschaft zu richten, nicht nach dem Profit, den Einzelne oder Unternehmen davon haben. Wenn daher die Wahl zu treffen ist zwischen einer erhöhten Produktion auf der einen Seite und einer größeren Freiheit und besseren menschlichen Wachstumsmöglichkeiten auf der anderen Seite, so hat man sich für den humanen und nicht für den materiellen Wert zu entscheiden.

- Das Ziel des sozialistischen Industrialismus ist nicht, die höchstmögliche ökonomische, sondern die höchstmögliche menschliche Produktivität zu erreichen. Das bedeutet, dass der Mensch den größten Teil seiner Energie bei seiner Arbeit wie auch in seiner Freizeit auf eine sinnvolle und für ihn interessante Weise einsetzen muss. Seine Beschäftigung muss anregend für ihn sein und ihm helfen, alle seine menschlichen Kräfte – seine intellektuellen wie auch seine emotionalen und künstlerischen – zu entfalten.
- Um ein menschenwürdiges Leben zu führen, müssen zwar zunächst die materiellen Bedürfnisse befriedigt werden, doch darf der Konsum nicht zum Selbstzweck werden. Alle Versuche, die materiellen Bedürfnisse künstlich um des Profits willen anzustacheln, sind zu verhindern. Die Vergeudung materieller Güter und der sinnlose Konsum nur um des Konsums willen, schaden der menschlichen Entfaltung.
- Der humanistische Sozialismus ist ein System, in dem der Mensch das Kapital und nicht das Kapital den Menschen beherrscht; in dem der Mensch seine Lebensumstände und nicht die Lebensumstände den Menschen beherrschen; in dem die einzelnen Mitglieder der Gesellschaft planen, was sie produzieren wollen, anstatt dass die Produktion sich nach den Gesetzen der unpersönlichen Mächte des Marktes und des Kapitals mit dem ihnen eigenen Bedürfnis nach maximalem Profit richten.
- Der humanistische Sozialismus verlangt die Erweiterung des demokratischen Prozesses über den rein politischen Bereich hinaus auf den wirtschaftlichen Bereich; er ist politische und industrielle Demokratie; er ist Wiederherstellung der politischen Demokratie in ihrer ursprünglichen Bedeutung: echte Beteiligung gut informierter und verantwortungsbewusster Bürger an allen sie betreffenden Entscheidungen.
- Eine Ausdehnung der Demokratie auf den ökonomischen Bereich bedeutet demokratische Kontrolle über alle wirt-

schaftlichen Aktivitäten durch die daran Beteiligten (Arbeiter, Ingenieure, Verwaltungsangestellte usw.). Dem humanistischen Sozialismus geht es nicht primär um die juristischen Besitzverhältnisse, sondern um gesellschaftliche Kontrolle der großen und mächtigen Industrien. Die Kontrolle durch ein bürokratisches Management, das selbst keine Verantwortung trägt, sondern das Profitinteresse des Kapitals repräsentiert, muss ersetzt werden durch eine Verwaltung, die im Auftrag derjenigen wirkt, die produzieren und konsumieren und auch von diesen kontrolliert wird.

- Das Ziel des humanistischen Sozialismus kann nur erreicht werden, wenn eine größtmögliche Dezentralisierung vorgenommen wird, die sich gerade noch mit jenem Minimum an Zentralisierung vereinbaren lässt, das für das Funktionieren einer Industriegesellschaft notwendig ist. Die Funktionen des zentralisierten Staates müssen auf ein Minimum reduziert werden; der zentrale Mechanismus des Gesellschaftslebens muss die freiwillige Tätigkeit aktiv zusammenarbeitender Bürger sein.
- Wenn auch die grundlegenden allgemeinen Ziele des humanistischen Sozialismus für alle Länder dieselben sind, muss dennoch jedes Land seine besonderen Ziele unter Berücksichtigung seiner eigenen Tradition und gegenwärtigen Situation formulieren und eigene Methoden zur Erreichung dieser Ziele entwickeln. Die gegenseitige Solidarität der sozialistischen Länder muss jeden Versuch eines Landes, seine Wege einem anderen aufzwingen zu wollen, ausschließen. Aus dem gleichen Geist heraus gilt der Grundsatz, dass die Schriften der Väter der sozialistischen Idee nicht zu Heiligen Schriften gemacht werden dürfen, um mit ihnen über andere Autorität auszuüben. Ihr Geist muss in den Herzen der Sozialisten lebendig bleiben und ihr Denken leiten.
- Der humanistische Sozialismus ist das unter Freiheit zustande gekommene, logische Ergebnis der Verwirklichung der

menschlichen Natur unter vernünftigen Bedingungen. Er ist die Verwirklichung der Demokratie, die in der humanistischen Tradition der Menschheit wurzelt, unter den Bedingungen einer industriellen Gesellschaft. Er ist ein Gesellschaftssystem, das ohne Gewalt arbeitet; ohne physische Gewalt, aber auch ohne die Macht hypnoider Suggestionen, mit denen Menschen zu etwas gezwungen werden, ohne es zu wissen. Der humanistische Sozialismus lässt sich nur durch den Appell an die menschliche Vernunft und an die Sehnsucht nach einem menschlicheren, sinnvolleren und reicheren Leben verwirklichen. Er gründet sich auf den Glauben an die Fähigkeit des Menschen, eine wahrhaft humane Welt aufzubauen, in der der Reichtum des Lebens und die Entfaltung des Einzelnen die höchsten Ziele der Gesellschaft sind und in der die Wirtschaft auf die ihr zukommende Rolle als Mittel zu einem erfüllteren menschlichen Leben reduziert wird.

VII

Die psychotherapeutische Beziehung

27. Meine Revision der psychoanalytischen Therapie

Viele Psychoanalytiker halten eine Revision der psychoanalytischen Therapie für notwendig. Die Frage ist nur, wie weitgehend eine Revision in Aussicht genommen wird. In den Schriften von Harry Stack Sullivan, Ronald D. Laing, mir selbst und anderen wird als wichtigster Punkt einer Revision die Veränderung der gesamten psychoanalytischen Situation angesehen: Die *Beziehung* des distanzierten Beobachters, der aufmerksam gegenüber seinem »Objekt« ist, soll zu einer der zwischenmenschlichen Kommunikation werden. Dies ist freilich nur möglich, wenn der Analytiker auf den Patienten antwortet, der dann seinerseits auf die Reaktion des Analytikers antwortet, usw. Geschieht dies, wird der Analytiker jener Erfahrungen gewahr werden, deren sich der Patient zu einem bestimmten Zeitpunkt nicht gewahr ist. Indem er mitteilt, was er sieht, fördert der Analytiker neue Antworten zutage. So führt der gesamte Prozess zu einer immer größeren Klärung.

Eine solche Art von Kommunikation ist nur möglich, wenn der Analytiker wirklich spürt, was im Patienten vor sich geht, und nicht nur einen verstandesmäßigen Zugang zum Patienten hat. Er muss sehen, sehen und nochmals sehen und so wenig wie möglich denken. Und er muss die Illusion aufgeben, dass er als Analytiker »gesund«, der Patient aber »krank« ist. Sie beide sind Menschen. Wenn das Erleben des Patienten, und sei es noch so krankhaft, nicht wenigstens eine Saite des eigenen Erlebens beim Analytiker zur Schwingung bringt, dann versteht er den Patienten nicht.

Der Analytiker wird nur dann das Vertrauen des Patienten wirklich gewinnen, wenn es sich der Analytiker auch erlaubt, verwundbar zu sein, und sich nicht hinter der Rolle des Professionellen versteckt, der die Antworten kennt, weil er für die Kenntnis der Antworten bezahlt wird. In Wirklichkeit haben sich beide, der Analytiker und der Patient, eine gemeinsame Aufgabe vorgenommen: das gemeinsame Verstehen dessen, was der Patient erlebt, und das gemeinsame Verstehen der Reaktionen des Analytikers auf das Erleben des Patienten. Es geht dabei nicht um das Verstehen des »Problems«, das der Patient hat. Der Patient »hat« kein Problem, sondern ist ein Mensch, der an seiner Art zu leben leidet.

Eine Revision der psychoanalytischen Therapie ist auch hinsichtlich der *Bedeutung der Kindheit* dringend angezeigt. Die klassische Analyse neigt dazu, im gegenwärtigen Geschehen »nichts anderes als« die Wiederholung der Vergangenheit (der frühen Kindheit) zu sehen. Dementsprechend ist das Ziel der Therapie, die Konflikte aus der Kindheit zu Bewusstsein zu bringen und das Ich des Patienten so zu stärken, dass es besser mit den verdrängten Triebwünschen umgehen kann, als es für das Kind damals möglich war. Da Freud erkannte, dass in vielen, wenn nicht in allen Fällen, das ursprüngliche kindliche Erleben nicht mehr erinnert werden kann, hoffte er, es sozusagen in einer »Neuauflage« zu finden, nämlich in dem Material, das durch die Übertragung ans Licht gebracht wird.

Viele Analytiker begannen, sich auf Rekonstruktionen dessen zu stützen, was vermutlich in der Kindheit geschehen war. Sie nahmen an, wenn der Patient verstehen könne, warum er zu dem wurde, was er jetzt ist, dann würde diese Einsicht ihn bereits heilen. Rekonstruktionswissen hat aber keinerlei heilenden Effekt; es stellt nur eine intellektuelle Annahme von tatsächlichen oder vermeintlichen Fakten und Theorien dar. Wenn direkt oder indirekt suggeriert wird, dass das Wissen dieser Fakten vom Symptom befreien wird, dann allerdings mag die Macht der Suggestion ähnlich wie bei einer Teufelsaustreibung eine »Heilung« bewirken, wenn auch keine auf analytischem Wege. Auch ist kaum zu bestreiten, dass das klassische Verständnis der psychoanalytischen Prozedur, bei der der Patient als Gegenüber des Analytikers verstanden und bewusst zum

Kind gemacht wird, die suggestiven Beeinflussungsmöglichkeiten steigert. Auf diese Weise verkommt die psychoanalytische Therapie oft zu einem puren Eindringen in die Vergangenheit des Patienten, ohne dass die Erfahrung gemacht werden kann, dass Verdrängtes wirklich aufgedeckt wird.

Das *rekonstruierende Verständnis* der psychoanalytischen Therapie führt zu einer weiteren Konsequenz: Statt die Eigenart und Bedeutung des gegenwärtigen Erlebens des Patienten wirklich zu verstehen, kommt es zu einer mechanischen Übersetzungsarbeit, bei der in allen Menschen, mit denen der Patient gegenwärtig in Kontakt steht, nur sein Vater, seine Mutter oder eine andere wichtige Bezugsperson aus seiner Kindheit gesehen werden.

Ein Beispiel: Ein Mann hat die Neigung, auf seine Arbeitskollegen neidisch zu sein und sie als Bedrohung für seine Sicherheit und seinen Erfolg anzusehen; er fühlt sich deshalb ernsthaft gestört durch das permanente Bedürfnis, seine Rivalen zu bekämpfen. Der Analytiker mag nun geneigt sein zu erklären, dies sei eine Wiederholung seiner Eifersucht auf einen Bruder, in der Hoffnung, dass diese Deutung den Patienten von seinen Rivalitätsgefühlen befreien wird. Doch selbst wenn wir annehmen, dass der Patient sich der Eifersucht erinnern kann, die er seinem Bruder gegenüber einmal gespürt hat, so reicht dieses Erinnern auf keinen Fall aus. Zuerst muss man im einzelnen genau die Eigenart seiner Eifersuchtsgefühle verstehen, und zwar damals als Kind und heute gegenüber seinen Arbeitskollegen. Erst dann wird er sich der vielfältigen unbewussten Aspekte der damaligen oder heutigen Erfahrung gewahr werden und etwa seine Unmännlichkeit, seine Ohnmacht, seine Abhängigkeit von schützenden Figuren, seinen Narzissmus, seine Größenphantasien, und was immer auch der Fall sein mag, spüren. Erst dann wird auch klar werden, dass sein Rivalisieren nicht als Wiederholung verstanden werden kann, sondern als das Ergebnis eines ganzen *Systems*, bei dem das Rivalisieren nur ein Element ist.

Man sollte nie vergessen, dass die historische Erforschung der frühen Kindheit in der psychoanalytischen Therapie kein Selbstzweck ist, sondern dem Aufdecken dessen dient, was unbewusst ist. Vieles von dem, was heute unbewusst ist, war auch schon früher unbewusst, vieles ist erst im Laufe der Zeit unbewusst geworden. Die Psychoanalyse ist nicht an der Vergangenheit als solcher interessiert, sondern nur insofern sie gegenwärtig ist. Richtet man sein Hauptaugenmerk auf die Vergangenheit in der Erwartung, dass die Gegenwart ihre Wiederholung ist, dann macht man es sich zu einfach und vergisst die Tatsache, dass vieles von dem, was wie eine Wiederholung aussieht, keine Wiederholung ist, und dass das, was jetzt verdrängt ist, kein einzelner Erfahrungsbereich (wie etwa die Kastrationsangst oder die Mutterbindung) ist, sondern ein ganzes System, ein »geheimer Plan« (»*secret plot*«), der das Leben eines Menschen bestimmt.

Selbst wenn sich der *genetische* Ansatz realisieren ließe und sämtliche verdrängten Kindheitserfahrungen aufgedeckt werden könnten, so wäre ein beträchtlicher Anteil des Unbewussten zwar aufgedeckt, aber beileibe nicht alles, da es zu vielen Verdrängungen erst später kam. Umgekehrt gilt: Wenn man über die Kindheitserfahrungen überhaupt nichts wüsste, dann würde man bei einer Art »Röntgenaufnahme« das gesamte Spektrum des Verdrängten entdecken. Eine solche »Röntgenaufnahme« lässt sich mit Hilfe eines *funktionalen* Ansatzes herstellen, indem man das »gegenwärtige« Unbewusste mit Hilfe von Übertragungsphänomenen, Träumen, Assoziationen, Versprechern und anhand der Art zu sprechen, der Gestik, der Bewegungen, des Gesichtsausdrucks, der Art der Stimme, kurz, mit allen Manifestationen des Verhaltens erforscht. (Es sei eigens betont, dass die Übertragungsphänomene weit mehr zum Ausdruck bringen als nur die ursprünglichen Kindheitserfahrungen im Hinblick auf den Vater, die Mutter usw.)

Beide Ansätze, der genetische wie der funktionale, sind legitim. Gebraucht man jedoch nur den genetischen und versteht unter Übertragung nur die Wiederholung von Kindheitserfahrungen, dann verfehlt man nicht nur einen Großteil des unbewussten Materials, sondern tendiert auch dazu, das entdeckte Material aus der Kindheit nur für die Erklärung zu benützen, *warum* der Patient zu der Persönlichkeit geworden ist, die er jetzt ist. Geschieht dies, dann hat man das grundlegende psychoanalytische Prinzip, nämlich das Unbewusste zu *erleben*, zugunsten einer historischen Erforschung aufgegeben. Mag dies für eine Psycho-Biographie eines Menschen gut (wenn auch nicht gut genug) sein, so hat es doch keinen therapeutischen Wert. Viele Patienten und Analytiker sind zufrieden, wenn die Psychoanalyse zu einer scheinbar zufriedenstellenden *Erklärung* ihrer Neurose in einer rein intellektuellen, und nicht in einer erlebnishaften Weise geführt hat.

Diese knappen Bemerkungen werden erst richtig bedeutsam, wenn die Bindung an Mutter und Vater umfassender verstanden wird: Das sehnsüchtige Verlangen nach Vater- oder Mutterfiguren kann nur teilweise als Wiederholung der früheren Vater- und Mutterbindung verstanden werden. Es wurzelt vielmehr in der gesamten psychischen Struktur eines Menschen, solange dieser nicht wirklich er selbst geworden ist.

Sicher haben die klassischen Analytiker Recht, wenn sie einen oberflächlichen und simplen erzieherischen Ansatz, der sich nur mit den aktuellen Problemen befasst, kritisieren, aber sie liegen mit ihrer Kritik völlig falsch im Hinblick auf den hier vertretenen funktionalen Ansatz. Es ist absolut nichts Oberflächliches, wenn versucht wird, tief in die verdrängten Aspekte des gegenwärtigen Erlebens einzudringen, während ein rein verstandesmäßiger Zugang zu Material aus der Kindheit sehr oberflächlich sein kann. Unser Wissen über diese Probleme ist noch unzureichend, und meiner Meinung nach wären große Anstrengungen nötig, um zu solideren Einsichten über das, was heilt, zu kommen: das In-Erinnerung-Rufen, das Wieder-Erleben oder die Rekonstruktion der Kindheitserfahrung.

Solche Untersuchungen könnten auch mehr Aufschluss bei einem anderen naheliegenden Problem bringen, über das wir fast gar nichts wissen. Ich meine die Theorien über den Zusammenhang zwischen frühen und späteren Erfahrungen. Die klassische Theorie sagt, dass die spätere Erfahrung eine Wiederholung der früheren ist, und zwar entweder als Fixierung an oder als Regression auf bestimmte prägenitale Stufen der Libido, wobei ein Kausalzusammenhang zwischen Vergangenheit und Gegenwart angenommen wird. Der Geizhals zum Beispiel stellt eine Regression auf die anale Stufe der Libido-Entwicklung dar.

Demgegenüber begreife ich die anal-hortende und die oral-sadistische (ausbeuterische) Orientierung, Sadismus und Masochismus, Biophilie und Nekrophilie, Narzissmus und inzestuöse Fixierung als Arten zu leben. In ihnen versucht der Mensch, wenn auch auf verzweifelte Weise, mit der Grundfrage seines Daseins fertig zu werden. Vom Standpunkt einer möglichst harmonischen und vitalen Erfahrung des Lebens aus mag die eine Lösung besser sein als eine andere, sie erfüllen jedoch beide die Aufgabe, ein System der Orientierung und Hingabe zu bieten. Sie können auch als eine Art »spirituelle« Orientierungen angesehen werden. Der Mensch wählt sich eine dieser Orientierungen als seine Privatreligion und lebt in Übereinstimmung mit ihr. Die jeweilige Orientierung ist sehr mächtig, und zwar nicht, weil sie das Ergebnis einer Regression auf eine prägenitale Stufe der Libido ist, sondern weil sie die Funktion erfüllt, eine Antwort auf das Leben zu sein, und dabei mit der Energie des gesamten Systems ausgestattet ist.

Was ist für die spezifische Orientierung, der ein Mensch folgt, *ausschlaggebend*? Neben konstitutionellen Faktoren ist es meines Erachtens der Gesellschafts-Charakter der gesellschaftlichen Gruppierung, in der er lebt, und in einem geringeren Ausmaß sind es auch die individuellen Gegebenheiten der Familie, in die er hineingeboren wurde. Wir verstehen deshalb die Charakterentwicklung in erster Linie als eine Antwort des Menschen auf die gesamte Konfiguration der Gesellschaft, deren Teil er ist, wobei diese Konfiguration ursprünglich durch die Familie vermittelt wird.

Man könnte vermuten, dass das Säuglingsalter und die frühe Kindheit auch die Realisierung verschiedener Formen der Orientierungen erlauben, wie sie von den Phasen der körperlichen Entwicklung her naheliegen. Die frühen biologischen Phasen sind jedoch nicht notwendig *ursächlich* für die spätere Entwicklung; vielmehr stellen sie nur *das erste Beispiel* einer Charakterbildung dar, die durch zwischenmenschliche Faktoren zustande kommt und die sich je neu von der Kindheit an im ganzen Leben manifestiert, es sei denn, neue und gegenläufige Kräfte werden in Bewegung gesetzt, wie zum Beispiel die Kraft des Gewahrwerdens.

28. Psychoanalyse der Konflikte mit irrationalen Kräften

Ich teile nicht die Auffassung, dass es [bei der Behandlung von schweren Neurosen] im Kern nur um eine Stärkung des Ichs geht. Meines Erachtens geht es bei der analytischen Behandlung im wesentlichen darum, dass der Patient den irrationalen, archaischen Teil seiner Persönlichkeit mit den eigenen gesunden, erwachsenen und normalen Teilen konfrontiert. Diese Konfrontation erzeugt einen Konflikt, der seinerseits Kräfte aktiviert, die in jedem Menschen mehr oder weniger stark vorhanden, jedoch konstitutionell gegeben sind und die nach Gesundheit und nach einem besseren Gleichgewicht zwischen dem Einzelnen und der Welt streben. *Das Entscheidende der psychoanalytischen Behandlung liegt für mich in eben diesem Konflikt, der durch das Aufeinandertreffen des irrationalen und des rationalen Teils der Persönlichkeit erzeugt wird.*

Diese Sicht der Dinge hat natürlich Konsequenzen bezüglich der psychoanalytischen Technik. Eine Konsequenz ist, dass der Patient in der Psychoanalyse sozusagen auf zwei Gleisen fahren muss: Er muss sich einerseits wie ein kleines Kind von zwei oder drei Jahren zeigen und das, was ihm unbewusst ist, selbst erleben; andererseits aber muss er gleichzeitig ein erwachsener und verantwortlicher Mensch sein, der sich mit diesem Teil von sich konfrontiert, denn nur in eben dieser Konfrontation kann er den Schock und den Konflikt fühlen sowie ein Gespür für die erforderlichen Schritte erwerben, die bei der psychoanalytischen Behandlung notwendig sind.

Im Vergleich hierzu ist die Freudsche Methode ganz anders, wobei es hier zwei Extreme gibt. Bei dem einen Extrem der Freudschen

Therapie wird der Patient letztlich künstlich zum Kind gemacht; diesem Zweck dient das ganze Setting mit der Couch und dem dahinter sitzenden Analytiker. Wie schon René Spitz zeigte, ist die künstliche Infantilisierung der wirkliche Zweck der analytischen Situation. Sie soll bewirken, dass mehr vom unbewussten Material hochkommen kann. Ich glaube jedoch, dass diese Methode den großen Nachteil hat, dass der Patient sich nie mit diesem archaischen und infantilen Material wirklich konfrontiert; vielmehr wird er gleichsam zu seinem Unbewussten, er wird ein Kind. Das, wozu es kommt, ist in gewisser Weise ein Traum, ein Traum im Wachzustand. Alles kommt hoch und tritt in Erscheinung, doch der Patient ist nicht da.

Es stimmt eben nicht, dass der Patient ein kleines Kind ist. Wenn wir für einen Moment einmal annehmen, dass es sich nicht um einen an einer schweren Psychose Erkrankten handelt, dann gilt, dass der Patient zugleich immer ein normales, erwachsenes Wesen ist, das mit Sinnen, Intelligenz und mit den verschiedensten Reaktionsmustern ausgestattet ist, die es zu einem normalen Wesen machen. Und eben dies ist der Grund, warum er auf sein eigenes Kindsein in ihm reagieren kann. Kommt es nicht zu dieser Konfrontation – und nach der Freudschen Methode kommt es im allgemeinen nicht dazu –, dann wird auch nicht der Konflikt in Erscheinung treten. Wird dieser Konflikt aber nicht in Gang gebracht, dann fehlt der psychoanalytischen Behandlung meines Erachtens eine ihrer wichtigsten Voraussetzungen.

Es gibt noch ein anderes Extrem Freudscher psychotherapeutischer Methode, das manchmal auch Psychoanalyse genannt wird. Hier degeneriert der gesamte psychoanalytische Prozess zu einer psychologischen Unterhaltung zwischen dem Analytiker und dem Erwachsenen im Patienten, wobei das Kind im Patienten überhaupt nicht mehr in Erscheinung tritt. Der Patient wird behandelt, wie wenn es überhaupt keine archaischen Kräfte in ihm gäbe. Man hofft, dass man den Patienten durch eine Art Überredung heilen wird, indem man ihm sagt: »Ihre Mutter war schlimm, Ihr Vater war schlimm, aber ich werde Ihnen helfen, Sie können sich bei mir sicher fühlen.« Vielleicht kann eine sehr leichte Neurose auf diese Weise geheilt werden, doch gibt es dafür wahrlich kürzere Methoden als eine fünfjährige Psychoanalyse. Eine schwere Neurose wird sich niemals heilen lassen, es sei denn, man hat – wie Freud sagte – ausreichend unbewusstes und bedeutsames Material ausgegraben und aufgedeckt.

Für mich ist die psychoanalytische Situation sowohl für den Patienten als auch im gewissen Sinne für den Analytiker eine paradoxe: Der Patient ist in der psychoanalytischen Situation weder nur ein Kind und ein irrationaler Mensch mit allen möglichen verrückten Phantasien, noch ist er nur der Erwachsene, mit dem man sich auf intelligente Weise über seine Symptome unterhalten kann; vielmehr muss der Analysand fähig sein, sich in derselben Stunde gleichzeitig als beides zu erleben, so dass er eben jene Konfrontation spüren kann, die das Entscheidende in Gang bringt.

Der entscheidende Punkt bei der psychoanalytischen Behandlung ist für mich der wirkliche Konflikt, der sich im Patienten auf Grund dieser Konfrontation zuspitzt. Dies lässt sich weder theoretisch bewältigen noch mit Worten erledigen. Was bedeutet es, wenn zum Beispiel ein Patient sagt: »Ich habe so sehr Angst vor meiner Mutter?« Geht es um die Angst, die wir alle kennen, wenn wir uns vor dem Lehrer in der Schule fürchteten oder vor einem Polizisten oder wenn wir Schläge erwarteten? Eine solche Angst ist nicht weltbewegend.

Der Patient kann aber auch, wenn er von seiner Angst vor seiner Mutter spricht, eine Angst meinen, die sich etwa so umschreiben lässt: »Ich soll in einen Käfig gesteckt werden. In diesem Käfig ist aber ein Löwe. Jemand tut mich hinein und schließt die Türe, und ich spüre panische Angst.« Dass es um eine solche Angst geht, zeigt sich oft in den Träumen, wenn ein Alligator oder ein Löwe oder ein Tiger den Patienten anzufallen droht. Allein mit den Worten »Ich habe Angst vor meiner Mutter« kommt man nicht an die wirkliche Angst heran, mit der der Patient zu kämpfen hat.

29. Wirkungen der psychoanalytischen Therapie

Worauf beruht die therapeutische Wirkung der Psychoanalyse? Nach meiner eigenen Sicht zeigen, kurz gesagt, drei Dinge therapeutische Wirkung: (1) Der Zuwachs an Freiheit, wenn die wirklichen Konflikte gesehen werden. [(2) Der Zuwachs an psychischer Energie, wenn die für Verdrängung und Widerstand gebundene Energie wieder zur Verfügung steht. (3) Die Befreiung des angeborenen Strebens nach Gesundung.]

(1) Die therapeutische Wirkung der Psychoanalyse beruht zum einen auf dem Zuwachs an Freiheit, sobald jemand seine wirklichen Konflikte anstelle seiner fiktiven sehen kann. Der wirkliche Konflikt einer Frau kann zum Beispiel ihre Unfähigkeit sein, sich von einer Autorität zu befreien, sie selbst zu sein und ihr eigenes Leben zu beginnen. Sie ist unfähig, frei zu sein. Ihr fiktiver Konflikt ist, ob sie den anderen Mann heiraten soll und sich von ihrem Ehemann scheiden lassen soll oder nicht. Dieser Konflikt ist fiktiv, weil er sich so nicht lösen lässt. Ihr Leben ist armselig, ob sie sich von ihrem Mann scheiden lässt oder ob sie bei ihm bleibt. Ihr Leben wird dasselbe armselige bleiben, solange sie nicht frei ist. Solange sie sich aber auf dieses spezielle Problem konzentriert, kann sie ihrem Leben kaum mehr Sinn abgewinnen, weil sie nicht an ihrem eigentlichen Konflikt arbeitet. Dieser hat mit ihrer eigenen Freiheit zu tun, mit ihrer gesamten Bezogenheit zur Welt, mit ihrem Mangel an Interesse für diese Welt, mit der großen Beschränktheit ihres Lebens in dieser Welt. All diese Fragen sind ihr nicht zugänglich. [...]

Das folgende einfache Beispiel für die Suche nach einer Lösung bei einer falschen Problemstellung lässt sich ziemlich häufig beobachten: Jemand heiratet; nach drei Jahren kommt es zum Konflikt, und die Scheidung wird eingereicht. Nach einem Jahr heiratet der Mann von neuem, und zwar genau den gleichen Typ von Frau, so dass die Beziehung wieder in einer Scheidung endet. Vorausgesetzt, er hat auf Dauer genügend Geld für diesen Mumpitz, mag sich dieser Vorgang wiederholen, bis er müde wird oder zu alt ist. Er bleibt aber dabei, dass er nie die richtige Partnerin gefunden hat. Er kommt nie auf die Idee, dass es an ihm liegt, warum er nie die richtige Partnerin findet: dass er in Wirklichkeit unfähig ist, mit einem anderen Menschen zusammenzuleben, und dass er unfähig ist, den anderen in seiner Objektivität wahrzunehmen, weshalb er notwendigerweise die falsche Partnerin wählt.

Es ist sein eigener Narzissmus, der ihn wählen macht und sich in eine Frau verlieben lässt, die ihn furchtbar bewundert und zum Beispiel eine Tendenz zur Unterwürfigkeit hat, gleichzeitig aber unterschwellig ganz masochistisch ist und ihn deshalb auf Dauer langweilt. Diese Partnerschaft ist eine schlechte Mischung, denn er verliebt sich in sie, weil sie ihn bewundert, doch nach einem Jahr merkt er, dass ihre Unterwürfigkeit ihn zu langweilen beginnt. Zuerst war er über ihre Unterwürfigkeit beglückt, denn sie gab seinem Narzissmus Auftrieb. Als er aber einmal wusste, dass sie ihn bewunderte, erlebte er ihre Unterwürfigkeit wie immer als ziemlich langweilig, so dass er jemand Neuen brauchte, der ihn bewunderte, und der ganze Kreislauf begann von vorne. Die einzige Lösung bestünde darin, dass er sich seines Narzissmus gewahr würde oder der Gründe, warum er sich bewundernde, unterwürfige Frauen wählt. Nur so könnte der Kreislauf gestoppt werden.

Wenn ein solcher Mann zum Psychoanalytiker kommt und über sein Eheproblem spricht und wie er dieses lösen könnte, dann wäre die einzig richtige Antwort: »Sie haben kein Eheproblem, Sie haben ein Problem mit sich! Sie sind das Problem, und Sie werden denselben Fehler immer wieder machen, solange Sie nicht wissen, warum Sie ihn machen. Erst wenn Sie sich ändern, wird sich etwas anderes ergeben.« Ich möchte mit diesem Beispiel nur unterstreichen, dass der Versuch, ein Problem zu lösen, wo es keine Lösung gibt, eine Sisyphusarbeit ist. Es entmutigt und kostet eine Menge Energie, denn der je neue Versuch kann von Natur aus zu keinem Erfolg führen. Man kann es bereits beim Versuch spüren, dass er wieder nicht gelingen wird, weil die ganze Herangehensweise untauglich ist. [...]

(2) Die zweite therapeutische Wirkung der Psychoanalyse resultiert aus dem Umstand, dass jede Verdrängung Energie braucht, mit der die Verdrängung aufrechterhalten wird. Oder um es einfacher zu sagen: Der Widerstand braucht eine Menge Energie. Diese Energie wird abgezogen und wird nutzlos verbraucht, vergleichbar damit, dass wir einen beträchtlichen Teil unseres nationalen Einkommens für die Rüstung ausgeben. Diese Energie wird vergeudet. Und erst wenn die Verdrängung aufgehoben wird und der Widerstand nicht mehr gefüttert werden muss, steht diese Energie wieder zur Verfügung. Die Folge ist auch hier ein Anwachsen an Energie, ein Wachstum an Freiheit, ja man kann mit Spinoza sogar sagen, es kommt zu einem Anwachsen von Tugend und Lebensfreude.

(3) Die dritte therapeutische Wirkung der Psychoanalyse ist vielleicht die wichtigste: Wenn ich die Hindernisse in mir wegräume, um mit dem in Berührung zu sein, was wirklich in mir vor sich geht, kann das mir *innewohnende Streben nach Gesundung* seine Arbeit wieder aufnehmen. Ich sage dies auf Grund meiner theoretischen Annahmen sowie meiner eigenen Erfahrungen mit mir und mit anderen bewusst in einem ganz weiten Sinne: Es gibt in jedem Menschen nicht nur eine biologische und physiologische, sondern eine ebenso gut bekannte psychologische Tendenz zum Wohl-Sein. Daran ist nichts Mysteriöses. Es ist selbst von einem Darwinschen Standpunkt aus etwas ganz Logisches, weil das Wohl-Sein dem Überleben dient.

Geistig-seelisches Wohl-Sein dient dem Überleben in einem biologischen Sinn. Je mehr Menschen Freude erleben und sich gut fühlen, desto länger werden sie leben, desto mehr Kinder werden sie haben und desto produktiver werden sie sein. Unter rein biologischer Perspektive zählt für das Überleben nur, dass die Menschen leben, heiraten und Kinder haben. Dies ist ein sehr verengtes Verständnis, das ich nicht teile. In meinem Buch *Anatomie der menschlichen Destruktivität* (1973a, GA VII, S. 230–233) habe ich eine Reihe von neueren Untersuchungen von Neurologen und Neurophysiologen zitiert, die für mich sehr überzeugend behaupten, dass es sogar in der Struktur des Gehirns bestimmte Tendenzen gibt, die nicht im eigentlichen Sinne instinktiv sind, nichtsdestotrotz aber angeboren und vorgeformt sind und die die Tendenz zu Wohl-Sein, zu Kooperation und zu Wachstum haben.

Vielleicht ist es einfacher, die Rolle der angeborenen Tendenz, das Leben zu erhalten, zu wachsen und zu leben, damit plausibel zu machen, dass ich an Notfallsituationen erinnere. In Lebensgefahr entwickeln Menschen plötzlich Kräfte und Fähigkeiten, die sie nie für möglich gehalten hätten. Solche Kräfte und Fähigkeiten sind nicht nur physischer oder geistiger Natur, sondern beziehen sich auch auf die Wahrnehmung oder andere Bereiche. Denn – und hier spielt das Biologische wirklich eine Rolle – der Impuls zu leben ist so machtvoll im Gehirn des Menschen verankert, dass in einer Situation auf Leben oder Tod eine Energie freigesetzt wird, wie sie vorher nicht nachweisbar war.

Ich möchte zur Illustration ein Erlebnis mitteilen, das für mein Denken in dieser Frage entscheidend war. Ich kannte eine Frau in Davos, die an Lungentuberkulose litt. Damals gab es noch keine Medikamente zur Behandlung von Lungentuberkulose. Die Frau war schwer krank, und die Krankheit verschlimmerte sich von Tag zu Tag. Zu einem bestimmten Zeitpunkt beriet sich der behandelnde Arzt mit anderen Fachkollegen. Gleichsam als Ergebnis kam er zu ihr und sagte ihr: »Wir hatten eben eine Konsultation. Es gibt vom Medizinischen her nichts mehr, was wir für Sie tun können. Die Frage, ob Sie leben oder sterben, hängt jetzt ganz allein von Ihnen ab.« Wie sich aus der Formulierung ersehen lässt, war der Arzt davon überzeugt, dass sie aller Wahrscheinlichkeit nach sterben werde. Die Auskunft des Arztes zeigte ihre Wirkung: Innerhalb von ein paar Wochen war die Frau auf dem Weg der Besserung, was den Ärzten wie ein Wunder vorkam. Die Frau, die sehr krank und praktisch zum Sterben verurteilt war, wurde wieder völlig gesund. Wenn dieser Arzt wie die meisten Ärzte in guter Absicht gesagt hätte: »Verlieren Sie nicht die Hoffnung, es wird schon alles wieder gut werden!«, hätte er diese Patientin sterben lassen, denn er hätte sie daran gehindert, den entscheidenden Schritt zur Mobilisierung ihrer eigenen Energie zu tun. [...]

Das dem Menschen innewohnende Streben nach Gesundung ist sowohl für die analytische Psychotherapie bedeutsam als auch für die Lebensbewältigung ohne Psychoanalyse. Jede Art falscher Ermunterung ist fatal und schädlich, es sei denn, ein Mensch ist derart hoffnungslos krank, dass die Mitteilung der ganzen Wahrheit keinerlei Wirkung mehr erwarten lässt. Wenn ich jedoch einen Menschen »ermuntere« und die Schwere seines Problems herunterspiele, dann schade ich diesem Menschen, weil ich ihn daran hindere, seine Energiereserven für den Notfall zu mobilisieren. Es gilt deshalb: Je klarer und ernster ich jemandem die Situation beschreibe, in der er sich befindet, und ihm die Alternativen aufzeige, desto eher mobilisiere ich in ihm seine eigenen Energiereserven für den Notfall; und je schlüssiger dies ist, desto größer ist für ihn die Chance, wieder gesund zu werden.

30. Therapeutisches Bezogensein als »direkte Begegnung«

Wenn wir einen Patienten wirklich verstehen, dann erleben wir in uns alles, was uns der Patient erzählt, seien es nun psychotische, kriminelle oder kindische Phantasien. Wir verstehen sie nur, wenn sie eben diese Saite in uns selbst zum Schwingen bringen. Dies ist auch der Grund, warum wir mit Autorität zum Patienten sprechen können: Wir sprechen nicht mehr über ihn, sondern über unser eigenes Erleben, das durch die Mitteilung seines Erlebens in uns manifest wurde. Auf diese Weise analysieren wir uns mit Hilfe des Patienten.

Wer auf einen Patienten in einer Weise bezogen ist, dass er ihn nicht als ein Ding »da drüben« sieht, das er erforscht, sondern versucht, in sich selbst zu erleben, was ein Patient fühlt, der erlebt sich tatsächlich ganzheitlich, die ganze Welt dessen, was nicht im Bewusstsein ist. [...]

[Ich nenne diese Art des Bezogenseins ein »Bezogensein aus der Mitte« *(central relatedness)*.] Ein überzeugendes und natürliches Symbol für das, was ich mit Bezogensein aus der Mitte meine, ist tatsächlich die sexuelle Liebe, weil im Vollzug der sexuellen Liebe Mann und Frau sich vergessen. Hören sie nämlich nicht auf, über sich nachzudenken, dann ist der Mann impotent und die Frau frigide. Denn sobald man sich nicht ganz auf das Erleben einlässt, sondern zu einem Objekt wird, das über sein Tun nachdenkt, ist man selbst auf dieser physiologischen Ebene zum Vollzug unfähig. Ich sage, dass die sexuelle Liebe ein sehr bezeichnendes *Symbol* dieser Art von Bezogensein ist; ich sage nicht, dass zwei Menschen, die miteinander schlafen, deshalb in dieser Weise aufeinander bezogen sind. Es ist nur eine Weisheit unseres Körpers, und ich bin mir sicher, dass es viele Menschen gibt, deren Körper sehr weise ist, während ihr Geist furchtbar dumm ist, genauso wie es andere Menschen gibt, deren Körper nicht sehr weise ist, die aber dennoch intensiv auf andere Menschen bezogen sein können. Kurzum, ich glaube nicht, dass es eine Entsprechung zwischen dem sexuellen Verhalten und den charakterologischen Verhaltensmustern gibt. Das Erleben der sexuellen Liebe dient mir hier nur als Symbol, weil ich es fast für unmöglich halte, das Bezogensein aus der Mitte begrifflich zu fassen. Man kann eigentlich immer nur einige Aspekte beschreiben.

Die Kennzeichnung »Bezogensein aus der Mitte« will deutlich machen, dass es um ein Bezogensein geht, das jeweils von der Mitte *(center)* zur Mitte geht, und nicht von der Oberfläche des einen zur Oberfläche des anderen. Auch wenn dies wiederum nur Worte sind, so haben wir doch ein Gespür dafür, was aus der Mitte kommt und was oberflächlich ist. Aus der Mitte heraus bezogen zu sein, setzt voraus, dass man am anderen wirklich interessiert ist. Wir können aufmerksam und mit Interesse zuhören, über den anderen nachdenken, und doch bleibt der andere draußen. Wir können auf einen anderen bezogen sein und über ihn nachdenken, wie ein Physiologe im Labor mit Recht über das Kaninchen oder der Chemiker über eine Flüssigkeit nachdenkt, mit äußerster Interessiertheit und

Konzentration, und doch bleibt der andere jemand »da drüben«, und ich bin hier.

Man kann sich den Unterschied des Bezogenseins bewusst machen, indem man unterscheidet zwischen einem Mangel an Interesse, einem Interesse und dem, was ich die *direkte Begegnung* mit dem anderen nenne, und zwar nicht nur mit den Patienten, sondern mit jedem Menschen. Meistens werden wir jene Art von Interesse am anderen bei uns finden, die der Vorstellung vom Selbst als einem Ego entspricht: der andere ist nett, intelligent, ein bisschen schwach, ein bisschen stark, er ist dies und das. Wir denken noch immer um ihn herum und über ihn nach, doch wir sehen ihn nicht ganz.

Die indische und viele andere Philosophien haben ein Wort, um diese Art von Bezogensein aus der Mitte zu kennzeichnen [das es im Deutschen nicht gibt, weshalb es sich nur emphatisch etwa so ausdrücken lässt]: »*Dies bist einfach du* [...]. Ich muss dich nicht beschreiben, ich muss keine Abhandlung über dich schreiben, dies bist einfach du. Ich sehe dich so, wie auch ich mich sehen kann: Dies bin ich.«

Wer sich oder den anderen in dieser Weise sehen kann, *hört auf zu urteilen*. Ich möchte damit nicht sagen, dass zu urteilen falsch sei; im Gegenteil, wir müssen sehr wohl über andere und uns selbst urteilen. Zu urteilen ist eine rationale Notwendigkeit, denn wenn wir nicht sehen, dass wir zur Hölle fahren, gehen wir unweigerlich zugrunde. Wir müssen uns ein Urteil bilden, wohin wir uns entwickeln, was unseren Grundsätzen und den Gesetzen der menschlichen Natur entspricht. Doch solche Urteile sind Verstandesurteile. Wer jedoch einen anderen Menschen sieht, ihn wirklich sieht, und sei er der gemeinste Schurke, hört mit dem Urteilen auf, wenn er ihn wirklich und ganz sieht. Das Gleiche gilt für einen selbst. Wer immer man ist, an diesem Punkt hört das Schuldgefühl auf, weil man fühlt: »*Dies bin ich.*« [...]

Wer sich selbst oder einen anderen Menschen in Gänze sehen kann, urteilt deshalb nicht, weil er von diesem Gefühl, von diesem Erleben »Das bist du« völlig überwältigt ist und auch von dem Gefühl »Wer könnte hier noch urteilen?« In Wirklichkeit komme ich nicht einmal auf die Idee, so zu fragen, denn wenn ich ihn in dieser Weise erlebe, erlebe ich mich selbst. Ich sage: »So, das bist du«, und fühle in gewisser Weise ganz unmissverständlich: »Und das bin ich auch!« [...]

Kann ich den anderen in der beschriebenen Weise sehen, dann höre ich nicht nur zu urteilen auf, sondern es stellt sich ein Gefühl der Einheit, des Teilens, des Einsseins ein, das sehr viel stärker ist als ein Gefühl der Freundlichkeit oder des Nettseins. Es stellt sich ein Gefühl der Solidarität ein, wenn zwei Menschen zueinander sagen können oder auch nur einer zum anderen gerechtfertigterweise sagen kann: »Dies bist du, und ich teile es mit dir.« Dies ist ein unglaublich wichtiges Erlebnis: das Erleben, ganz und gar zu lieben. Es ist die befriedigendste, wunderbarste und belebendste Erfahrung, die zwei Menschen machen können.

Das *Gefühl der Solidarität* ist eine der wichtigsten therapeutischen Erfahrungen, die wir einem Patienten ermöglichen können. In diesem Augenblick fühlt sich der Patient nicht mehr isoliert. In jeder Neurose und bei allen Beschwerden, die ein Patient hat, ist das Gefühl des Isoliertseins, ob er sich dessen bewusst ist oder nicht, das Kernproblem seines Leidens (auch wenn es noch andere zentrale Probleme gibt). In dem Augenblick, in dem er fühlt, dass ich dies mit ihm teile und sagen kann: »Dies bist du«, und ich sage dies weder freundlich noch unfreundlich, bedeutet dies ein Befreitwerden aus seiner Isolation. Denn ein anderer Mensch sagt ihm: »Dies bist du«, steht zu ihm und teilt dies mit ihm.

Im Laufe der Jahre habe ich in wachsendem Maße die Erfahrung gemacht, dass das Sprechen auf Grund eigenen Erlebens und in dieser Art von Bezogensein auf den Patienten es möglich macht, dass man dem Patienten alles sagen kann, ohne dass er sich verletzt fühlt. Er wird sich im Gegenteil sehr erleichtert fühlen, dass es jemanden gibt, der ihn wirklich sieht und das Problem schon die ganze Zeit über kennt. Wir sind oft so naiv und glauben, der Patient dürfe dieses und jenes nicht wissen, weil er sonst geschockt wäre. Tatsache ist aber, dass der Patient es schon die ganze Zeit über weiß, sich aber nicht erlaubt, es zu Bewusstsein kommen zu lassen. Wenn wir es ihm sagen, ist er erleichtert, denn in Wirklichkeit wusste er es schon immer. […]

Es ist meine Überzeugung, dass man die eigene Art des Bezogenseins auf den Patienten und den eigenen Wirklichkeitssinn in Bezug auf den Patienten nicht trennen kann von der allgemeinen Art des Bezogenseins auf Menschen und dem Wirklichkeitssinn, den man auch sonst zu erkennen gibt. Wer gegenüber Freunden und der ganzen Welt naiv und blind ist, wird es ganz genauso auch gegenüber seinen Patienten sein. Er wird dann nur bestimmte kleine Beobachtungen herausgreifen, von denen er bei der Ausbildung zur psychoanalytischen Technik gelernt hat, dass sie dieses oder jenes bedeuten, aber er wird den Menschen nicht wirklich verstehen. Wirklich auf einen Menschen bezogen zu sein, hängt nicht in erster Linie vom Gegenüber ab, sondern ist eine Fähigkeit, eine Orientierung, ist etwas in mir und nicht etwas im Gegenüber. Wer deshalb in Bezug auf sich selbst, auf seinen Ehepartner, seine Kinder, seine Freunde, die ganze Welt ein Gefangener seiner Fiktionen und seines mangelhaften Wirklichkeitssinnes ist, der ist dieser Gefangene auch, wenn es um den Patienten geht.

Aus diesem Zusammenhang ergibt sich eine Konsequenz, die bei manchen auf Widerspruch stoßen wird: Wenn wir als Psychoanalytiker wirklich das Unbewusste – und also auch jenen Teil in uns und im Patienten – verstehen wollen, den es schon immer gibt, den aber der von mir so genannte »gesellschaftliche Filter« nicht zu Bewusstsein kommen lässt, dann müssen wir den Bezugsrahmen unserer Gesellschaft in der Tat transzendieren. Deshalb behaupte ich, wir können das Unbewusste nur dann vollständig verstehen, wenn wir kritisch sind und uns der Grenzen unserer eigenen Kultur und Gesellschaftsmuster bewusst sind.

Wenn auch wir wie alle anderen auf sie hereinfallen, dann können wir in Wirklichkeit auch nicht mehr verstehen als jene minimalen Unterschiede, mit denen sich der Mensch mehr dissoziiert als der Ruf der Pflicht bzw. der sozialen Pflicht erlaubt. Wir verstehen dann das bisschen Mehr an Furcht und Angst, das Stückchen mehr Entfremdung, doch dieses kleine individuelle Anderssein reicht bei weitem nicht dazu aus, einen Menschen ganz zu verstehen. Meiner Meinung nach ist das kritische Verständnis und Gewahrsein der Fiktionen in den bei uns gängigen gesellschaftlichen Verhaltensmustern eine unverzichtbare Voraussetzung für das volle Bewusstsein des dissoziierten Teils in einem anderen Menschen. Darum ist es unbedingt notwendig, andere Gesellschaften und andere Kulturen zu verstehen, angefangen bei den primitiven bis zu den zivilisierten, um einfach andere Möglichkeiten von Gesellschaftsstrukturen und Erfahrungen, die für jene bewusst, für uns aber unbewusst sind, zu entdecken und zu verstehen.

Um dies mit einem Beispiel zu verdeutlichen: Bei den Vorfahren der Germanen gab es im frühen Mittelalter eine geheime Gesellschaft, genannt die Berserker, was wörtlich »Bärenhemdige« heißt. Wer bei den Berserkern aufgenommen war, hatte die Aufgabe, sich in ein Raubtier, in einen Bären zu verwandeln. Dies galt als die höchste spirituelle Errungenschaft. Man war heilig, wenn man sich zum Tier zurückbegeben konnte, zum Tier wurde. Und wer zum Tier wurde, war zu einer unbändigen, verrückten Wut fähig. Doch dies alles war ganz bewusst, denn bei dieser verrückten Wut fühlte er, dass er alles Menschliche zurückgelassen hatte und zum Tier geworden war und dass dies sein ursprüngliches Leben war. (Es mutet seltsam an, dass zwischen den Bärenhemden und den Braunhemden nur knapp zweitausend Jahre liegen. Doch zeichnete einen Menschen wie Hitler genau diese besondere Art von Verrücktheit aus, und die verrückten Wutausbrüche waren für ihn etwas ganz Charakteristisches.)

Das Beispiel mit den Berserkern ist nur eines von tausend anderen. Wenn ich einen Menschen mit einer verrückten Wut verstehen will, dann hilft die Kenntnis der Berserker in der Tat sehr viel. Denn jetzt kann ich sehen, dass die verrückte Wut nicht nur eben eine individuelle Besonderheit ist, die mit diesem Menschen und der Aggressivität und Destruktivität seiner Mutter usw. zu tun hat. Nein, diese Wut ist eine Antwort auf das Leben. Sie ist seine Religion, seine zufällig geheime und private Religion. Je mehr wir deshalb über andere Erlebensformen außerhalb unseres eigenen kulturellen Bezugsrahmens wissen, desto mehr sind wir fähig, uns selbst und andere zu verstehen und das zu erleben, was in unserer Gesellschaft zufällig vom Bewusstsein ausgeschlossen bleiben muss, weil es nicht in diese Gesellschaft passt.

VIII

Religion und Humanismus

31. Religion als Orientierungsrahmen

So wie ich den Begriff »Religion« hier verwende, bezeichnet er nicht nur ein System, das notwendigerweise mit einem Gottesbegriff oder mit Idolen operiert, und nicht nur ein System, das als Religion anerkannt ist, sondern *jedes von einer Gruppe geteilte System des Denkens und Handelns, das dem Einzelnen einen Rahmen der Orientierung und ein Objekt der Hingabe bietet.* In diesem weit gefassten Sinn ist in der Tat keine Gesellschaft der Vergangenheit, der Gegenwart und selbst der Zukunft vorstellbar, die keine »Religion« hat.

Diese Definition von »Religion« sagt nichts über ihren spezifischen Inhalt aus. Objekt der Hingabe können Tiere oder Bäume sein, Idole aus Gold oder Holz, ein unsichtbarer Gott, ein Heiliger oder ein diabolischer Führer; die Vorfahren, die Nation, die Klasse oder Partei, Geld oder Erfolg.

Die jeweilige Religion kann den Hang zur Destruktivität fördern oder die Bereitschaft zur Liebe, die Herrschsucht oder die Solidarität; sie kann die Entfaltung der seelischen Kräfte begünstigen oder lähmen. Die Anhänger einer bestimmten Überzeugung mögen ihr System als ein religiöses ansehen, das sich grundsätzlich vom säkularen Bereich unterscheidet, oder sie mögen glauben, keine Religion zu haben und ihre Hingabe an bestimmte angeblich diesseitige Ziele wie Macht, Geld oder Erfolg einzig und allein mit praktischen Notwendigkeiten erklären. Die Frage ist jedoch nicht: *Religion oder nicht?*, sondern vielmehr: *Welche Art von Religion?* Fördert sie die menschliche Entwicklung, die Entfaltung spezifisch menschlicher Kräfte, oder lähmt sie das menschliche Wachstum?

Eine bestimmte Religion ist, sofern es ihr gelingt, das menschliche Verhalten zu motivieren, mehr als die Summe ihrer Doktrinen und Überzeugungen; sie ist in einer spezifischen Charakterstruktur des Individuums und, falls sie von einer Gruppe geteilt wird, in deren Gesellschafts-Charakter verwurzelt. Unsere religiöse Haltung ist somit als Aspekt unserer Charakterstruktur anzusehen, denn *wir sind, wofür wir uns hingeben, und an was wir uns hingeben, das motiviert unser Verhalten.*

Häufig ist sich der Einzelne jedoch des wirklichen Gegenstands seiner persönlichen Hingabe gar nicht bewusst und verwechselt seine »offizielle« Religion mit seiner wahren, wenn auch *geheimen* Religion. Wenn ein Mann beispielsweise die Macht verehrt, sich aber offiziell zu einer Religion der Liebe bekennt, dann ist die Religion der Macht sein geheimer Glaube, während seine so genannte offizielle Religion, beispielsweise das Christentum, nichts weiter als eine Ideologie für ihn ist.

Das religiöse Bedürfnis wurzelt in den Existenzbedingungen der *Spezies Mensch.* Der Mensch ist ebenso eine eigene Spezies wie der Schimpanse, das Pferd oder die Schwalbe. Jede Spezies ist anatomisch und physiologisch durch bestimmte Eigenschaften definiert. Biologisch gesehen besteht Übereinstimmung darüber, was den Menschen als Spezies charakterisiert. Ich habe vorgeschlagen, die Spezies Mensch, das heißt die menschliche Natur, auch *psychisch* zu definieren. [...]

Da die Spezies Mensch kaum von Instinkten motiviert ist, die ihr sagen, wie sie zu handeln hat, und sie andererseits über Selbstbewusstsein, Vernunft und Vorstellungsvermögen verfügt – neue Qualitäten, die über die Fähigkeit selbst der klügsten Primaten zu instrumentellem Denken hinausgehen – brauchte sie einen *Rahmen der Orientierung* und ein *Objekt der Hingabe,* um überleben zu können.

Ohne eine »Landkarte« unserer natürlichen und gesellschaftlichen Umwelt, ohne ein strukturiertes und kohärentes Bild der Welt und des Platzes, den wir darin einnehmen, wäre der Mensch verwirrt und unfähig, zielgerichtet und konsequent zu handeln, denn er hätte keine Orientierungsmöglichkeit und fände keinen festen Punkt, der es ihm gestattet, alle die Eindrücke zu ordnen, die auf ihn einstürmen. Unsere Welt erscheint uns sinnvoll, und der Konsens mit unseren Mitmenschen gibt uns die Gewissheit, dass unsere Ideen richtig sind. Selbst wenn unser Weltbild falsch ist, erfüllt es seine psychologische Funktion. Aber es war nie völlig falsch oder vollkommen richtig, sondern stets eine annähernde Erklärung der Phänomene, die ausreichte, um dem Menschen das Leben zu ermöglichen. Unser Weltbild entspricht nur in dem Maße der Wirklichkeit, wie unsere *Lebenspraxis* frei von Widersprüchen und Irrationalität ist.

Das Bemerkenswerteste ist, dass es keine Kultur gibt, die ohne einen solchen Orientierungsrahmen auskäme. Das gleiche gilt für jedes Individuum. […] Aber ein Weltbild allein reicht als Richtschnur des Handelns nicht aus; wir brauchen auch ein Ziel, an dem wir uns orientieren können. Tiere haben keine derartigen Probleme. Ihre Instinkte versehen sie sowohl mit einem »Weltbild« als auch mit Zielen. Aber da uns die Determinierung durch den Instinkt fehlt und wir andererseits ein Gehirn haben, das es uns gestattet, uns viele Richtungen vorzustellen, in die wir gehen können, brauchen wir ein Objekt totaler Hingabe, einen Brennpunkt für all unser Streben und zugleich eine Grundlage für unsere tatsächlichen – nicht nur die proklamierten – Werte. Wir brauchen ein solches Objekt der Hingabe, um unsere Energien in eine Richtung zu lenken, um unsere isolierte Existenz mit all ihren Zweifeln und Unsicherheiten zu transzendieren und um unser Bedürfnis, dem Leben einen Sinn zu geben, erfüllen zu können.

Die sozio-ökonomische Struktur, die Charakterstruktur und die religiöse Struktur sind voneinander untrennbar. Wenn das religiöse System nicht dem vorherrschenden Gesellschafts-Charakter entspricht, wenn es in Widerspruch zur gesellschaftlichen Praxis steht, ist es nur eine Ideologie. Die eigentlich wirksame religiöse Struktur verbirgt sich dahinter, auch wenn sie uns nicht als solche bewusst wird – es sei denn, die der religiösen Charakterstruktur eigenen menschlichen Energien wirken als Sprengstoff und tendieren dazu, die gegebenen sozio-ökonomischen Bedingungen zu unterminieren. Wie es jedoch immer Ausnahmen von dem vorherrschenden Gesellschafts-Charakter gibt, so gibt es auch Ausnahmen von dem dominanten religiösen Charakter. Diese Menschen sind oft die Führer religiöser Revolutionen oder begründen neue Religionen.

Eine spezifisch »religiöse« Orientierung ist der erlebnismäßige Kern aller »Hochreligionen«, doch im Laufe ihrer Entwicklung wurde sie weitgehend pervertiert. Wie der Einzelne seine persönliche Orientierung bewusst einschätzt, ist nicht maßgebend; er kann »religiös« sein, ohne sich dafür zu halten, und er kann ebenso gut nicht religiös sein, obwohl er sich als Christ fühlt. Wir haben keine Bezeichnung für den *erfahrungsmäßigen Inhalt* einer Religion, abgesehen von ihren begrifflichen und institutionellen Aspekten. Ich gebrauche daher Anführungszeichen, wenn ich »religiös« im Sinne einer *erlebten* subjektiven Orientierung verwende, ungeachtet des Vorstellungsrahmens, innerhalb dessen sich die »Religiosität« eines Menschen äußert.

32. Autoritäre und humanistische Religion

Welches ist das Prinzip *autoritärer* Religion? Die Definition der Religion im *Oxford Dictionary*, womit die Religion an sich gemeint ist, ist eine ziemlich genaue Beschreibung autoritärer Religion. Sie lautet: »(Religion ist) die Anerkennung einer höheren, unsichtbaren Macht von Seiten des Menschen; einer Macht, die über sein Schicksal bestimmt und Anspruch auf Gehorsam, Verehrung und Anbetung hat.«

Hier wird der Schwerpunkt auf die Anerkenntnis gelegt, dass der Mensch von einer außerhalb von ihm liegenden Macht beherrscht wird. Aber dies allein macht noch nicht die autoritäre Religion aus. Ausschlaggebend ist die Vorstellung, diese Macht habe wegen der

Herrschaft, die sie ausübt, *Anspruch* auf »Gehorsam, Verehrung und Anbetung«. Ich habe das Wort »Anspruch« hervorgehoben, weil es zeigt, dass der Grund für Anbetung, Gehorsam und Verehrung nicht in den sittlichen Eigenschaften der Gottheit liegt, nicht in ihrer Liebe und Gerechtigkeit, sondern in der Tatsache, dass ihr die Herrschaft, also die Macht über den Menschen zusteht. Weiterhin bedeutet das, dass die höhere Macht ein Recht hat, den Menschen zu zwingen, sie anzubeten, und dass Mangel an Verehrung und Gehorsam Sünde bedeuten.

Das wesentliche Element autoritärer Religion und autoritärer religiöser Erfahrung ist die Unterwerfung unter eine Macht jenseits des Menschen. Die Haupttugend bei diesem Typ von Religion ist Gehorsam, die Kardinalsünde Ungehorsam. In dem Maße, als die Gottheit als allmächtig oder allwissend dargestellt wird, ist im Gegensatz dazu der Mensch macht- und bedeutungslos. Nur insofern er durch völlige Unterwerfung die Gnade oder Hilfe der Gottheit erwirbt, vermag er Stärke zu empfinden. Die Unterwerfung unter eine machtvolle Autorität ist einer der Wege, auf denen der Mensch dem Gefühl des Alleinseins und der Begrenztheit entgeht. Beim Akt der Unterwerfung verliert er seine Unabhängigkeit und Integrität als Individuum, aber er gewinnt das Gefühl, von einer Ehrfurcht erweckenden Macht beschützt zu sein, von der er sozusagen ein Teil wird. […]

Autoritäre weltliche Religion folgt demselben Prinzip. Hier wird der »Führer« oder der »Vater seines Volkes« oder der Staat oder die Rasse oder das sozialistische Vaterland zum Gegenstand der Anbetung; das Leben des Einzelnen wird bedeutungslos, und der Wert des Menschen besteht gerade in der Verleugnung seines Wertes und seiner Stärke.

Häufig stellt eine autoritäre Religion ein so abstraktes und fern liegendes Ideal auf, dass es kaum eine Beziehung zum wirklichen Leben und wirklichen Menschen hat. Das Leben und das Glück von Personen, die jetzt und hier leben, kann Idealen, wie dem »Leben nach dem Tode« oder der »Zukunft der Menschheit«, aufgeopfert werden; die angeblichen Ziele rechtfertigen alle Mittel und werden zu Symbolen, in deren Namen religiöse oder weltliche »Eliten« das Leben ihrer Mitmenschen beherrschen.

Humanistische Religion hingegen bewegt sich um den Menschen und seine Stärke. Der Mensch muss seine Kraft der Vernunft entwickeln, um sich selbst, seine Beziehung zum Mitmenschen und seine Stellung im Universum zu verstehen. Er muss die Wahrheit erkennen, sowohl hinsichtlich seiner Grenzen, als auch seiner Möglichkeiten. Er muss seine Kräfte der Liebe für andere, aber auch für sich selbst, zum Wachsen bringen und muss die Solidarität mit allen lebenden Wesen erfahren. Er braucht Prinzipien und Normen, die ihn zu diesem Ziele führen.

Religiöse Erfahrung bei dieser Art von Religion heißt Erfahrung des Einsseins mit dem All, gegründet auf der Bezogenheit zur Welt, wie sie jemand in Denken und Liebe erfasst. Das Ziel des Menschen in einer humanistischen Religion besteht darin, seine größte Stärke, nicht seine äußerste Ohnmacht zu erreichen; Selbstverwirklichung ist Tugend, nicht Gehorsam. Glaube bedeutet Sicherheit der Überzeugung, die auf der eigenen Erfahrung im Denken und Fühlen aufbaut, nicht aber die Annahme von Lehrsätzen, auf Grund der Achtung vor dem, der sie vorgibt. Die vorwiegende Stimmung ist Freude, während sie in autoritären Religionen in Leid und Schuld besteht.

Insofern humanistische Religionen theistisch sind, ist Gott das Symbol für *des Menschen eigene Kräfte,* die er in seinem Leben zu verwirklichen sucht, und nicht ein Symbol für Gewalt und Herrschaft, also für *Macht über den Menschen.* [...]

Während Gott in einer humanistischen Religion das Bild des höheren Selbst des Menschen ist, ein Symbol dessen, was der Mensch potentiell ist oder werden sollte, wird er in einer autoritären Religion zum einzigen Besitzer dessen, was ursprünglich dem Menschen gehörte: seiner Vernunft und seiner Liebe. Je vollkommener Gott wird, desto unvollkommener wird der Mensch. Er *projiziert* das Beste, was er hat, auf Gott und schwächt sich auf diese Weise selbst.

Nunmehr ist alle Liebe, alle Weisheit, alle Gerechtigkeit bei Gott, und der Mensch ist dieser Eigenschaften beraubt, ist leer und arm. Er hatte mit einem Gefühl der Kleinheit begonnen, nun aber ist er völlig ohnmächtig und schwach. Alle seine Kräfte hat er auf Gott übertragen. [...] Alles an ihm gehört jetzt Gott, und ihm ist nichts geblieben. *Sein einziger Zugang zu sich selbst geht durch Gott.*

In der Anbetung Gottes sucht er mit dem Teil seiner selbst in Berührung zu kommen, den er durch die Projektion verloren hat. Nachdem er Gott alles, was sein war, gegeben hat, betet er zu ihm, er möge ihm etwas von dem zurückgeben, was ihm ursprünglich zu Eigen war. Da er dies aber preisgegeben hat, ist er ganz und gar auf Gottes Gnade angewiesen. Er muss sich notwendig wie ein »Sünder« vorkommen, da er sich selbst all dessen, was gut ist, beraubt hat, und nur durch Gottes Erbarmen oder Gnade kann er das zurückerhalten, was allein ihn menschlich macht. Um Gott zu bewegen, dass er ihn seiner Liebe teilhaftig werden lässt, muss er ihm beweisen, wie sehr er der Liebe entbehrt; damit Gott ihn mit seiner überlegenen Weisheit leite, hat er zu gestehen, wie bar aller Weisheit er ist, wenn er sich selbst überlassen ist.

33. Gotteserfahrung mit und ohne Gottesbegriff

Ist die religiöse Erfahrung notwendigerweise an eine theistische Auffassung gebunden? Ich glaube nicht. Man kann eine »religiöse« Erfahrung als eine menschliche Erfahrung beschreiben, die gewissen typisch theistischen, wie auch nicht-theistischen, atheistischen oder selbst anti-theistischen Vorstellungen gemeinsam zugrunde liegt. Der Unterschied liegt in der Art, wie diese Erfahrung begrifflich erfasst wird, nicht im Erfahrungssubstrat, welches den unterschiedlichen begrifflichen Formulierungen zugrunde liegt. Diese Art der Erfahrung kommt am klarsten in der christlichen, islamischen und jüdischen Mystik sowie im Zen-Buddhismus zum Ausdruck. Wenn man daher die Erfahrung und nicht seine begriffliche Fassung analysiert, so kann man *von einer theistischen ebenso wie von einer nicht-theistischen religiösen Erfahrung sprechen.*

Bleibt noch die erkenntnistheoretische Schwierigkeit. Es gibt in den abendländischen Sprachen kein Wort für das Substrat dieser Art religiöser Erfahrung außer im Zusammenhang mit dem Theismus. Daher ist es eine zweideutige Sache, sich des Wortes »religiös« zu bedienen, und selbst das Wort »spirituell« ist nicht viel besser, da es ebenfalls einen irreführenden Beiklang hat. Daher ziehe ich es vor, wenigstens in diesem Buch von der *X-Erfahrung* zu sprechen, die sich in religiösen und philosophischen Systemen (zum Beispiel in dem Spinozas) findet, ob sie nun eine Gottesvorstellung enthalten oder nicht.

Eine psychologische Analyse der X-Erfahrung würde weit über den Bereich dieses Buches hinausgehen. Ich möchte jedoch wenigstens kurz auf folgende Hauptgesichtspunkte des Phänomens hinweisen:

1. Das erste charakteristische Element ist, dass man *das Leben als ein Problem* erfährt, als eine »Frage«, die einer Antwort bedarf. Ein Mensch ohne diese X-Erfahrung empfindet keine tiefe oder doch jedenfalls keine bewusste Unruhe über die existenziellen Dichotomien des Lebens. Das Leben als solches ist ihm kein Problem, das Bedürfnis nach einer Lösung quält ihn nicht. Wenigstens bewusst genügt es ihm, den Sinn seines Lebens in seiner Arbeit oder dem Vergnügen oder in Macht oder Ruhm oder auch – wie das beim ethischen Menschen der Fall ist – darin zu finden, dass er seinem Gewissen entsprechend handelt. Für ihn hat das irdische Leben seinen Sinn, und er leidet nicht unter seiner Absonderung von Mensch und Natur und unter dem leidenschaftlichen Wunsch, diese Absonderung zu überwinden und zum Eins-Werden *(at-one-ment)* zu gelangen.
2. Für die X-Erfahrung gibt es eine klar umrissene Hierarchie der Werte. Der höchste Wert ist die optimale Entwicklung der eigenen Kräfte der Vernunft, der Liebe, des Mitgefühls und des Mutes. Alle weltlichen Leistungen sind diesen höchsten

humanen (oder spirituellen oder X-)Werten untergeordnet. Diese Hierarchie der Werte erfordert kein Asketentum; sie schließt weltliche Vergnügungen und Freuden nicht aus, sie macht aber den weltlichen Teil des Lebens zu einem Bestandteil des spirituellen Lebens; oder besser gesagt, das weltliche Leben ist von den spirituellen Zielsetzungen durchdrungen.

3. Verwandt mit der Hierarchie der Werte ist ein anderer Aspekt der X-Erfahrung. Für den Durchschnittsmenschen ist besonders in einer materialistischen Kultur das Leben ein Mittel zu Zwecken, die außerhalb der Person selbst liegen. Solche Zwecke sind: Lust, Geld, Macht, die Erzeugung und Verteilung von Gebrauchsgütern und so fort. Wenn der Mensch nicht von anderen für deren Zwecke benutzt wird, benutzt er sich selbst für seine eigenen Zwecke; in beiden Fällen wird er ein Mittel zum Zweck. Für den X-Menschen dagegen ist der Mensch ausschließlich Zweck und nie Mittel zum Zweck. Außerdem besteht seine Gesamteinstellung zum Leben darin, dass er auf alles, was geschieht, von dem Standpunkt aus reagiert, ob es dazu beiträgt oder nicht, ihn so zu verwandeln, dass er humaner wird. Ob es sich um Kunst oder Wissenschaft, um Freude oder Kummer, um Arbeit oder Spiel handelt, alles, was geschieht, ist für ihn ein Anreiz, stärker und empfindungsfähiger zu werden.

Dieser Prozess der ständigen inneren Umwandlung, bei dem man im Akt des Lebens ein Teil der Welt wird, ist das Ziel, dem alle anderen Ziele untergeordnet sind. Der Mensch ist kein Subjekt, das der Welt gegenübersteht, um *diese* zu verwandeln; er ist vielmehr in der Welt und nimmt sein In-der-Welt-Sein zum Anlass, sich ständig selbst zu wandeln. Daher ist die Welt (der Mensch und die Natur) kein ihm gegenüberstehendes Objekt, sondern das Medium, in dem er seine eigene Realität und die Realität der Welt immer tiefer entdeckt. Er ist auch kein »Subjekt«, der kleinste unteilbare Teil der menschlichen Substanz (ein Atom, ein Individuum) und nicht einmal Descartes' stolzes denkendes Subjekt, sondern ein Selbst, das gerade so lebendig und stark ist, dass es aufhört, sich an sich selbst zu klammern, und das ist, indem es reagiert.

4. Noch spezieller kann man die X-Einstellung auch folgendermaßen beschreiben: als ein Loslassen des eigenen »Ichs«, der eigenen Gier und damit der eigenen Angst, als das Aufgeben des Wunsches, sich an das »Ich« zu klammern, als ob dieses ein unzerstörbares, separates Gebilde wäre; als ein Leerwerden, um sich mit »Welt« füllen zu können, um auf sie zu reagieren, mit ihr eins zu werden, sie zu lieben. Leer werden ist kein Ausdruck von Passivität, sondern von *Offenheit*. Wenn man nicht leer werden kann, wie kann man dann auf die Welt reagieren? Wie kann man sehen, hören, fühlen, lieben, wenn man ganz vom eigenen Ich erfüllt ist, wenn man von Gier angetrieben wird?
5. Die X-Erfahrung kann man auch als eine Erfahrung der Transzendenz bezeichnen. Aber hier stehen wir wieder vor dem gleichen Problem wie bei dem Wort »religiös«. Das Wort »Transzendenz« benutzt man herkömmlicherweise im Sinne von Gottes »Transzendenz«. Als menschliches Phänomen aber bedeutet es, dass man sein Ich transzendiert, dass man das Gefängnis seiner Selbstsucht und Isolierung verlässt. Ob man dieses Transzendieren als auf Gott gerichtet auffasst, ist eine Angelegenheit der begrifflichen Formulierung. Die Erfahrung ist im wesentlichen dieselbe, ob sie sich nun auf Gott bezieht oder nicht.

Die X-Erfahrung, ob theistisch oder nicht, ist durch die Verminderung – und in ihrer vollkommensten Form durch das Verschwinden – des Narzissmus gekennzeichnet. Um offen für die Welt zu werden, um mein Ich zu transzendieren, muss ich fähig sein, meinen Narzissmus zu reduzieren oder ganz aufzugeben. Ich muss außerdem alle Formen der inzestuösen Fixierung und der Gier aufgeben.

Ich muss meine Destruktivität und meine nekrophilen Tendenzen überwinden. Ich muss fähig werden, das Leben zu lieben. Außerdem muss ich ein Kriterium besitzen, um zwischen einer falschen X-Erfahrung, die in Hysterie und anderen Formen geistig-seelischer Krankheit wurzelt, und der nicht-pathologischen Erfahrung der Liebe und Vereinigung unterscheiden zu können. Ich muss eine Vorstellung haben von der echten Unabhängigkeit und muss unterscheiden können zwischen einer rationalen und einer irrationalen Autorität, zwischen Idee und Ideologie, zwischen der Bereitschaft, für meine Überzeugungen zu leiden, und Masochismus.

Aus all diesen Erwägungen ergibt sich, dass die Analyse der X-Erfahrungen sich von der Ebene der Theologie auf die der Psychologie und speziell der Psychoanalyse verschiebt, und dies vor allem deshalb, weil es notwendig wird, zwischen bewusstem Denken und gefühlsmäßiger Erfahrung zu unterscheiden, was in adäquaten Begriffen ausgedrückt werden kann oder auch nicht. Zweitens deshalb, weil die psychoanalytische Theorie die Möglichkeit gibt, diese unbewussten Erfahrungen, die der X-Erfahrung zugrunde liegen oder die ihr andererseits zuwiderlaufen und sie blockieren, zu verstehen. Wenn man die unbewussten Prozesse nicht versteht, ist es schwer, den relativen und oft zufälligen Charakter unseres bewussten Denkens richtig einzuschätzen. Wenn die Psychoanalyse aber die X-Erfahrung verstehen will, muss sie ihr Begriffssystem über das von Freud vorgezeichnete hinaus erweitern. Das zentrale Problem des Menschen ist nicht das seiner Libido; es sind die mit seiner Existenz gegebenen Dichotomien, seine Isolierung, seine Entfremdung, sein Leiden, seine Angst vor der Freiheit, sein Wunsch nach Einheit, seine Fähigkeit zu Hass und Zerstörung, seine Fähigkeit zu Liebe und Vereinigung.

Kurz, wir brauchen eine empirische psychologische Anthropologie, die die X-Erfahrung und die Nicht-X-Erfahrung als menschliche Erlebnisphänomene ohne Rücksicht auf ihre begriffliche Formulierung untersucht. Eine solche Untersuchung könnte zu einem rationalen Nachweis der Überlegenheit der X-Methode über alle anderen Methoden führen, ein Nachweis, den Buddha methodologisch bereits erbracht hat. Es könnte sein, dass, während das Mittelalter sich mit dem Beweis von Gottes Existenz mit philosophischen und logischen Argumenten befasste, die Zukunft sich damit beschäftigen wird, die grundsätzliche Richtigkeit der X-Methode auf der Grundlage einer hochentwickelten Anthropologie darzulegen.

Fassen wir die Hauptgedanken noch einmal zusammen: Die Idee des Einen Gottes ist eine neue Antwort zur Lösung der Dichotomien der menschlichen Existenz; der Mensch kann zum Einssein mit der Welt nicht dadurch gelangen, dass er zu einem vormenschlichen Zustand regrediert, sondern nur durch die volle Entwicklung seiner spezifisch menschlichen Eigenschaften: der Liebe und der Vernunft. Die Verehrung Gottes ist vor allem die Negation des Götzendienstes. Die Gottesvorstellung hat sich zunächst entsprechend der politischen und gesellschaftlichen Vorstellung von einem Stammeshäuptling oder Stammeskönig herausgebildet. Dann entwickelt sich das Bild eines konstitutionellen Monarchen, der verpflichtet ist, sich dem Menschen gegenüber an seine eigenen Prinzipien zu halten: an die von Liebe und Gerechtigkeit. Er wird zum namenlosen Gott, zu dem Gott, über den man keine Wesensattribute aussagen kann. Dieser Gott ohne Attribute wird »im Schweigen« verehrt. Er ist kein autoritärer Gott mehr. Der Mensch muss völlig unabhängig werden, und das heißt auch unabhängig von Gott. In der »negativen Theologie« wie auch in der Mystik finden wir den gleichen revolutionären Geist der Freiheit, der den Gott der Revolution gegen Ägypten kennzeichnet.

34. Credo eines Humanisten

- Ich glaube, dass sich die Einheit des Menschen aus der Tatsache ergibt, dass der Mensch ein sich seiner selbst bewusstes Leben ist. Darin unterscheidet er sich von anderen Lebewesen. Der Mensch ist sich seiner selbst bewusst: seiner Zukunft (das heißt der Tatsache, dass er sterben muss), seiner Kleinheit und seiner Ohnmacht; er nimmt die anderen als andere wahr; er lebt in der Natur und ist ihren Gesetzen unterworfen, auch wenn er sie mit seinem Denken übersteigt.

- Ich glaube, dass der Mensch das Ergebnis einer natürlichen Evolution ist, die aus dem Konflikt entspringt, dass er in der Natur gefangen und gleichzeitig von ihr getrennt ist, und aus dem Bedürfnis, Einheit und Harmonie mit der Natur zu finden.

- Ich glaube, dass die Natur des Menschen in einem Widerspruch zu fassen ist, der in den Bedingungen der menschlichen Existenz wurzelt und eine Suche nach Lösungen notwendig macht, die ihrerseits neue Widersprüche und das Bedürfnis nach neuen Antworten erzeugen.

- Ich glaube, dass jede Antwort, die auf diese Widersprüche gegeben wird, die Voraussetzung erfüllt und dem Menschen hilft, sein Gefühl des Abgetrenntseins zu überwinden und ein Gespür der Zustimmung, der Einheit und der Zugehörigkeit zu erlangen.

- Ich glaube, dass der Mensch bei jeder Antwort, die er auf diese Widersprüche gibt, nur die Möglichkeit der Wahl hat, entweder vorwärts oder rückwärts zu gehen. Diese Wahlmöglichkeiten, die sich in bestimmten Handlungen manifestieren, sind die Wege, auf denen wir in unserem Menschsein regredieren oder progredieren.

- Ich glaube, dass der Mensch grundsätzlich die Wahl hat zwischen Leben und Tod, zwischen Kreativität und destruktiver Gewalt, zwischen Wirklichkeitssinn und Illusion, zwischen Objektivität und Intoleranz, zwischen brüderlicher Unabhängigkeit und einer Bezogenheit auf Grund von Über- und Unterordnung.

- Ich glaube, dass man dem Leben die Bedeutung andauernder Geburt und beständiger Entwicklung zuschreiben kann.

- Ich glaube, dass man dem Tod die Bedeutung des Endes von Wachstum und ständiger Wiederholung zuschreiben kann.

- Ich glaube, dass der Mensch, der die regressive Antwort gibt, dadurch Einheit zu finden versucht, dass er sich von der unerträglichen Angst vor Einsamkeit und Unsicherheit zu befreien versucht, indem er das, was ihn menschlich macht und zum Problem wird, entstellt. Die regressive Orientierung entwickelt sich in drei Erscheinungsweisen, die getrennt oder im Verbund auftreten: in der Nekrophilie, im Narzissmus und in der inzesthaften Symbiose.

  Mit Nekrophilie meine ich die Liebe zu allem, was mit Gewaltanwendung und Destruktivität zu tun hat; der Wunsch zu töten; die Bewunderung von Macht; das Angezogensein von Totem, von Selbstmord, von Sadismus; der Wunsch, Organisches mit Hilfe von »Ordnungschaffen« in Anorganisches zu verwandeln. Da dem Nekrophilen die erforderlichen Eigenschaften für Kreatives abgehen, ist es ihm in seiner Unfähigkeit ein Leichtes, zu zerstören, denn für ihn dreht sich alles nur um Gewalt.

  Mit Narzissmus meine ich, dass der Mensch aufhört, ein lebendiges Interesse an der Außenwelt zu zeigen und eine starke Bindung an sich selbst, an seine eigene Gruppe, an den eigenen Klan, die eigene Religion, Nation, Rasse usw. entwickelt. Dabei kommt es zu gravierenden Verzerrungen in seinem rationalen Urteilsvermögen. Ganz allgemein entsteht das Bedürfnis nach narzisstischer Befriedigung, wenn materielle und kulturelle Armut kompensiert werden muss.

Mit inzesthafter Symbiose meine ich die Tendenz, an die Mutter und ihre Ersatzfiguren – das Blut, die Familie, den Stamm – gebunden zu bleiben, der unerträglichen Bürde der Verantwortung, der Freiheit und des Bewusstseins zu entfliehen und in einem Hort von Sicherheit und Abhängigkeit Schutz und Liebe zu bekommen. Dafür bezahlt der Einzelne mit dem Ende seiner eigenen menschlichen Entwicklung.

- Ich glaube, dass der Mensch, der sich für das Vorwärtsgehen entscheidet, eine neue Einheit finden kann, indem er alle seine menschlichen Kräfte zur vollen Entfaltung bringt. Diese können sich in drei Weisen entfalten und allein oder im Verbund in Erscheinung treten: in der Biophilie, in der Liebe zur Menschheit und zur Natur und in Unabhängigkeit und Freiheit.

- Ich glaube, dass die Liebe sozusagen der »Hauptschlüssel« ist, mit dem sich die Tore zum Wachstum des Menschen öffnen lassen. Ich meine damit Liebe zu und Einssein mit jemand anderem oder etwas außerhalb von mir selbst, wobei das Einssein besagt, dass man sich auf andere bezieht und sich mit anderen eins fühlt, ohne damit sein Gespür für die eigene Integrität und Unabhängigkeit einschränken zu müssen. Liebe ist eine produktive Orientierung, zu deren Wesen es gehört, dass folgende Merkmale gleichzeitig vorhanden sind: Man muss sich für das, womit man eins werden will, interessieren, sich für es verantwortlich fühlen, es achten und es verstehen.

- Ich glaube, dass die Praxis der Liebe das menschlichste Tun ist, das den Menschen ganz zum Menschen macht und ihm zur Freude am Leben gegeben ist. Für diese Praxis der Liebe gilt aber – wie für die Vernunftfähigkeit: Sie ist sinnlos, wenn sie nur halbherzig vollzogen wird.

- Ich glaube, dass man erst »frei von« seinen inneren und/oder äußeren Bindungen sein muss, um »frei zu« etwas sein zu können: zu schöpferischem, gestaltendem Tun, zu mehr Erkenntnis usw. Erst dann ist man fähig, ein freies, tätiges, verantwortliches Wesen zu sein.

- Ich glaube, dass Freiheit die Fähigkeit ist, der Stimme der Vernunft und des Wissens zu folgen und den Stimmen irrationaler Leidenschaften zu widerstehen. Sie ist die Befreiung, die den Menschen freispricht und ihm den Weg ebnet, seine eigenen vernünftigen Fähigkeiten zu gebrauchen, die Welt in ihrer Objektivität zu verstehen und den Platz, den der Mensch darin einnimmt, zu erkennen.

- Ich glaube, dass der »Kampf für die Freiheit« im allgemeinen ausschließlich die Bedeutung hatte, gegen jene Autorität zu kämpfen, die einem aufgedrängt wurde und deren Ziel es war, den Willen des Einzelnen zu brechen. Heute sollte der »Kampf für die Freiheit« bedeuten, dass wir uns einzeln und gemeinsam von jener »Autorität« befreien, der wir uns »freiwillig« unterworfen haben. Wir sollten uns von jenen inneren Mächten befreien, die uns zu dieser Unterwerfung zwingen, weil wir unfähig sind, die Freiheit zu ertragen.

- Ich glaube, dass Freiheit keine konstante Wesenseigenschaft ist, die wir haben oder auch nicht haben. Vermutlich gibt es sie in Wirklichkeit nur als Akt unserer Selbstbefreiung, wenn wir von unserer Freiheit wählen zu können Gebrauch machen.

Jeder Schritt im Leben, der den Grad der Reife des Menschen erhöht, erhöht auch seine Fähigkeit, die freimachende Alternative zu wählen.

- Ich glaube, dass die Wahlfreiheit nicht für alle Menschen in jedem Augenblick in gleicher Weise gegeben ist. Wer ausschließlich nekrophil, narzisstisch oder symbiotisch-inzestuös orientiert ist, hat nur die »Wahl«, sich regressiv zu entscheiden. Der freie Mensch, der von irrationalen Bindungen befreit ist, kann keine regressive Wahl mehr treffen.

- Ich glaube, dass es das Problem der Wahlfreiheit nur bei Menschen mit gegenläufigen Orientierungen gibt, und dass diese Freiheit immer stark von unbewussten Wünschen und von beschwichtigenden Rationalisierungen bedingt wird.

- Ich glaube, dass niemand seinen Nächsten dadurch »retten« kann, dass er für ihn eine Entscheidung trifft. Die einzige Hilfe besteht darin, dass er ihn in aller Aufrichtigkeit und Liebe sowie ohne Sentimentalität und Illusionen auf mögliche Alternativen hinweisen kann. Das erkennbare Bewusstwerden befreiender Alternativen kann in einem Menschen alle seine verborgenen Energien wachrufen und ihn auf den Weg bringen, auf dem er das Leben statt den Tod wählt.

- Ich glaube, dass der Mensch die Gleichheit aller Menschen spüren kann, wenn er sich ganz und gar zu erkennen versucht und dabei merkt, dass er den anderen gleicht, und er sich mit ihnen identifiziert. Jeder einzelne Mensch trägt die Menschheit in sich. Die *conditio humana* ist eine und für alle Menschen gleich trotz der unübersehbaren Unterschiede bezüglich Intelligenz, Begabung, Körpergröße, Hautfarbe usw.

- Ich glaube, dass man an die Gleichheit der Menschen gerade deshalb erinnern muss, weil damit ein Ende gemacht werden muss, dass der Mensch ein Instrument des anderen wird.

- Ich glaube, dass Brüderlichkeit die auf den Nächsten gerichtete Liebe ist. Sie bleibt freilich eine Worthülse, solange nicht alle inzesthaften Bindungen ausgemerzt sind, die den Menschen daran hindern, über den »Bruder« in objektiver Weise zu urteilen.

- Ich glaube, dass der Einzelne so lange nicht mit der Menschheit in sich in engen Kontakt kommen kann, solange er sich nicht anschickt, seine Gesellschaft zu transzendieren und zu erkennen, in welcher Weise diese die Entwicklung seiner menschlichen Potenziale fördert oder hemmt. Kommen ihm die Tabus, Restriktionen, entstellten Werte ganz »natürlich« vor, dann ist dies ein deutlicher Hinweis darauf, dass er keine wirkliche Kenntnis der menschlichen Natur hat.

- Ich glaube, dass die Gesellschaft in ihrer stimulierenden und zugleich hemmenden Funktion schon immer in Konflikt mit dem Menschsein ist. Erst wenn der Zweck der Gesellschaft mit der des Menschseins identisch ist, wird die Gesellschaft aufhören, den Menschen zu lähmen und sein Streben nach Herrschaft zu beflügeln.

- Ich glaube, dass man auf eine gesunde und vernünftige Gesellschaft hoffen kann und muss. Eine solche Gesellschaft fördert die Fähigkeit des Menschen zur Nächstenliebe, zur Arbeit und zum Gestalten, zur Entwicklung seiner Vernunft und zu einer objektiv richtigen Selbstwahrnehmung, die in der Erfahrung seiner produktiven Energie gründet.

- Ich glaube, dass man für die breite Bevölkerung auf die Wiedergewinnung psychischer Gesundheit hoffen kann und muss. Diese zeichnet sich durch die Fähigkeit zur Liebe und zu schöpferischem Tun aus, durch die Befreiung von inzesthaften Bindungen an den Klan und an den Boden, durch ein Identitätserleben, bei dem der Einzelne sich als das Subjekt und den Vollzieher seiner eigenen Kräfte erfährt, durch die Fähigkeit, sich von der Wirklichkeit innerhalb und außerhalb von einem selbst berühren zu lassen und die Entwicklung von Objektivität und Vernunft zu verwirklichen.

- Ich glaube, dass in dem Maße, in dem unsere Welt verrückt und unmenschlich zu werden scheint, eine immer größere Zahl von Menschen die Notwendigkeit spürt, sich zusammenzutun und mit Menschen zusammenzuarbeiten, die ihre Sorgen teilen.

- Ich glaube, dass diese Menschen guten Willens nicht nur zu einer menschlichen Deutung der Welt kommen sollten, sondern auch auf den Weg hierzu verweisen und für eine mögliche Veränderung arbeiten müssen. Eine Deutung ohne den Wunsch nach Veränderung ist nutzlos. Eine Veränderung ohne vorausgehende Deutung ist blind.

- Ich glaube, dass die Verwirklichung einer Welt möglich ist, in der der Mensch viel sein kann, selbst wenn er wenig hat; in der der vorherrschende Beweggrund seines Lebens nicht das Konsumieren ist; in der der Mensch das erste und das letzte Ziel ist; in der der Mensch den Weg finden kann, seinem Leben einen Sinn zu geben, und in der er auch die Stärke finden kann, frei und illusionslos zu leben.

Quellen- und Copyrighthinweise

Die Texte dieser Sammlung sind der von Rainer Funk herausgegebenen *Erich Fromm Gesamtausgabe in zwölf Bänden* entnommen, die 1999 bei der Deutsche Verlags-Anstalt und dem Deutschen Taschenbuch Verlag in München verlegt wurden. Seit 2016 liegt diese Gesamtausgabe auch als seitengleiches E-Book vor und enthält im virtuellen Band X noch einige weitere Beiträge Fromms in deutscher Sprache, die in der Print-Gesamtausgabe nicht enthalten sind.

Die Texte und Textnachweise des vorliegenden *Lesebuches* orientieren sich an diesen Gesamtausgaben. Die Urheberrechte liegen bei Erich Fromm bzw. beim Erich Fromm Estate. Die Copyrightangaben bei den nachfolgenden Quellenhinweisen beziehen sich auf die Rechte an den deutschen Texten von Erich Fromm. Den genannten Rechteinhabern sei an dieser Stelle herzlich für die Abdruckerlaubnis gedankt.

I. Psychoanalyse der Gesellschaft

1. *Die Verbindung von Psychoanalyse und Soziologie* ist dem Beitrag *Psychoanalyse und Soziologie* (1929) entnommen; GA I, S. 3–5. – Copyright © 2020 by Erich Fromm Estate.
2. *Zur Methode der Analytischen Sozialpsychologie* ist dem Kapitel »Methodik und Problemstellung« der Schrift *Die Entwicklung des Christusdogmas* (1930a) entnommen; GA VI, S. 13–17. – Copyright © 2020 by Erich Fromm Estate.
3. *Der sozial typische Charakter* ist dem 1937 entstandenen Beitrag *Die Determiniertheit der psychischen Struktur durch die Gesellschaft. Zur Methode und Aufgabe einer Analytischen Sozi-*

alpsychologie (1992e [1937]) entnommen; GA XI, S. 163–168 passim. – Copyright © 2020 by Erich Fromm Estate.

4. *Die Aufgabe des Gesellschafts-Charakters* ist dem Beitrag *Über psychoanalytische Charakterkunde und ihre Anwendung zum Verständnis der Kultur* (1949c) entnommen; Übersetzung aus dem Englischen von M. Sprengler und Rainer Funk; GA I, S. 209–214 passim. – Copyright © 2020 by Erich Fromm Estate.
5. *Mein wissenschaftlicher Ansatz* ist dem Beitrag *Über meinen psychoanalytischen Ansatz* (1990d [1969]) entnommen; Übersetzung aus dem Englischen von Rainer Funk; GA XII, S. 13–19 passim. – Copyright © 2020 by Erich Fromm Estate.
6. *Eine humanistische Wissenschaft vom Menschen* (1991g [1957]) ist dem Beitrag *The Humanistic Science of Man* entnommen; Übersetzung aus dem Englischen von Rainer Funk; GA XI, S. 545–550. – Copyright © 2020 by Erich Fromm Estate.

II. Das humanistische Menschenbild

7. *Gibt es eine Natur des Menschen?* ist der *Einleitung* (1968g) in Erich Fromm und Ramón Xirau (Hg.) *The Nature of Man. Readings selected* entnommen; Übersetzung aus dem Englischen von Liselotte und Ernst Mickel; GA IX, S. 375–382 passim. – Copyright © 2020 by Erich Fromm Estate.
8. *Die grundlegende Alternative des Menschen* ist dem Kapitel »Freiheit, Determinismus, Alternativismus« des Buches *Die Seele des Menschen* (1964a) entnommen; Übersetzung aus dem Englischen von Liselotte und Ernst Mickel; GA II, S. 241–245. – Copyright © 2020 by Erich Fromm Estate.

9. *Existenzielle Bedürfnisse und das Wohl-Sein des Menschen* ist dem Beitrag *Psychologie und Werte* entnommen (1959b); Übersetzung aus dem Englischen von Liselotte und Ernst Mickel; GA IX, S. 331–341 passim. – Copyright © 2020 by Erich Fromm Estate.
10. *Die angeborene Fähigkeit zur Biophilie* ist dem Buch *Die Seele des Menschen* (1964a) entnommen; Übersetzung aus dem Englischen von Liselotte und Ernst Mickel; GA II, S. 186 f. und 191 f. – Copyright © 2020 by Erich Fromm Estate.

III. Die Bedeutung der Charakterbildung

11. *Der Charakter als Ersatz für den Instinkt* ist dem Beitrag *Über biologische und soziale Wurzeln der menschlichen Destruktivität* (1976e) entnommen; (virtuelle) GA X, S. 244–250. – Copyright © 2020 by Erich Fromm Estate.
12. *Der autoritäre Charakter* ist dem 1957 entstandenen Rundfunk-Vortrag *Die autoritäre Persönlichkeit* (1957c) entnommen; (virtuelle) GA X, S. 146–150. – Copyright © 2020 by Erich Fromm Estate.
13. *Der Marketing-Charakter* ist dem 1951 veröffentlichen Vortrag *Mann und Frau* (1951b) entnommen; Übersetzung aus dem Englischen von Liselotte und Ernst Mickel; GA VIII, S. 391–394. – Copyright © 2020 by Erich Fromm Estate.
14. *Der narzisstische Charakter* ist dem Abschnitt »Den eigenen Narzissmus entdecken« in: *Therapeutische Aspekte der Psychoanalyse* (1991d [1974]) entnommen; Übersetzung aus dem Englischen von Rainer Funk; GA XII, S. 357–362. – Copyright © 2020 by Erich Fromm Estate.
15. *Der nekrophile Charakter* enthält einen Abschnitt aus dem Buch *Die Seele des Menschen* (1964a) sowie aus dem Beitrag

Die Faszination der Gewalt und die Liebe zum Leben (1967f); Übersetzung aus dem Englischen von Liselotte und Ernst Mickel bzw. von Rainer Funk; GA II, S. 81–83 und GA XI, S. 345–348. – Copyright © 2020 by Erich Fromm Estate.

IV. Das Unbewusste

16. *Das Unbewusste nach Sigmund Freud* ist dem Buch *Sigmund Freuds Psychoanalyse – Größe und Grenzen* (1979a) entnommen; Übersetzung aus dem Englischen von Liselotte und Ernst Mickel; GA VIII, S. 278–281. – Copyright © 2020 by Erich Fromm Estate.
17. *Verdrängung, Widerstand, Übertragung* ist dem Vortrag *Psychologie für Nichtpsychologen* (1974a) entnommen; GA VIII, S. 80–85. – Copyright © 2020 by Erich Fromm Estate.
18. *Das gesellschaftliche Unbewusste* ist dem Beitrag *Psychoanalyse und Zen-Buddhismus* (1960a) entnommen; Übersetzung aus dem Englischen von Marion Steipe und Rainer Funk; GA VI, S. 322–326. – Copyright © 2020 by Erich Fromm Estate.
19. *Das Unbewusste ist der ganze Mensch* ist dem Beitrag *Humanismus und Psychoanalyse* entnommen (1963f); Übersetzung aus dem Englischen von Liselotte und Ernst Mickel. GA IX, S. 8–11. – Copyright © 2020 by Erich Fromm Estate.

V. Das Selbst

20. *Individuation und Wachstum des Selbst* ist dem Buch *Die Furcht vor der Freiheit* (1941a) entnommen; Übersetzung aus dem Englischen von Liselotte und Ernst Mickel; GA I, S. 231–236 passim. – Copyright © 2020 by Erich Fromm Estate.

21. *Freiheit von und Freiheit für* ist dem Buch *Die Furcht vor der Freiheit* (1941a) entnommen; Übersetzung aus dem Englischen von Liselotte und Ernst Mickel; GA I, S. 236–239 passim. – Copyright © 2020 by Erich Fromm Estate.
22. *Selbstliebe und Selbstsucht* ist dem Aufsatz *Selfishness and Self-Love* (1939b) entnommen; Übersetzung aus dem Englischen von Rainer Funk; (virtuelle) GA X, S. 106 und 119–121. – Copyright © 2020 by Erich Fromm Estate.

VI. Seelische Gesundheit und Gesellschaft

23. *Gesellschaftlich ausgeprägte psychische Defekte* ist dem Kapitel »Kann eine Gesellschaft krank sein? – Die Pathologie der Normalität« des Buches *Wege aus einer kranken Gesellschaft* (1955a) entnommen; Übersetzung aus dem Englischen von Liselotte und Ernst Mickel. GA IV, S. 13–18. – Copyright © 2020 by dtv-Verlagsgesellschaft.
24. *Was ist seelische Gesundheit?* ist dem Buch *Wege aus einer kranken Gesellschaft* (1955a) entnommen; Übersetzung aus dem Englischen von Liselotte und Ernst Mickel. GA V, S. 52–56 passim. – Copyright © 2020 by dtv-Verlagsgesellschaft.
25. *Visionen einer seelisch gesunden Gesellschaft* ist Vorträgen zum Thema *Die Pathologie der Normalität des heutigen Menschen* (1991e [1953])entnommen; Übersetzung aus dem Englischen von Rainer Funk; GA XI, S. 257–260 und 264–266. – Copyright © 2020 by Erich Fromm Estate.
26. *Die Alternative eines humanistischen Sozialismus* ist dem Artikel *Den Vorrang hat der Mensch!* (1960b) entnommen; Übersetzung aus dem Englischen von Liselotte und Ernst Mickel. GA V, S. 24 und 30–33. – Copyright © 2020 by Erich Fromm Estate.

VII. Die psychotherapeutische Beziehung

27. *Meine Revision der psychoanalytischen Therapie* ist dem Beitrag *Die dialektische Revision der Psychoanalyse* (1990f [1969]) entnommen; Übersetzung aus dem Englischen von Rainer Funk; GA XII, S. 64–68. – Copyright © 2020 by Erich Fromm Estate.
28. *Psychoanalyse der Konflikte mit irrationalen Kräften* ist dem Beitrag *Wirkfaktoren der psychoanalytischen Behandlung* (1991c [1964]) entnommen; Übersetzung aus dem Englischen von Rainer Funk; GA XII, S. 248–250. – Copyright © 2020 by Erich Fromm Estate.
29. *Wirkungen der psychoanalytischen Therapie* ist dem Beitrag *Therapeutische Aspekte der Psychoanalyse* (1991d [1974]) entnommen; Übersetzung aus dem Englischen von Rainer Funk; GA XII, S. 293–296. – Copyright © 2020 by Erich Fromm Estate.
30. *Therapeutisches Bezogensein als »direkte Begegnung«* ist dem Beitrag *Das Unbewusste und die psychoanalytische Praxis* (1992g [1959]) entnommen; Übersetzung aus dem Englischen von Rainer Funk; GA XII, S. 221–227 passim. – Copyright © 2020 by Erich Fromm Estate.

VIII. Religion und Humanismus

31. *Religion als Orientierungsrahmen* ist dem Buch *Haben oder Sein* (1976a) entnommen; Übersetzung aus dem Englischen von Brigitte Stein und Rainer Funk; GA II, S. 366–368 passim. – Copyright © 2020 by by Erich Fromm Estate.

32. *Autoritäre und humanistische Religion* ist dem Buch *Psychoanalyse und Religion* (1950a) entnommen; Übersetzung aus dem Englischen von Elisabeth Rotten und Rainer Funk. GA VI, S. 248–250 und 255 f. passim – Copyright © 2020 by Erich Fromm Estate.

33. *Gotteserfahrung mit und ohne Gottesbegriff* ist dem Buch *Ihr werdet sein wie Gott* (1966a) entnommen; Übersetzung aus dem Englischen von Liselotte und Ernst Mickel. GA VI, S. 117–121 passim. – Copyright © 2020 by Erich Fromm Estate.

34. *Credo eines Humanisten* ist identisch mit dem Beitrag *Credo eines Humanisten* (1992q [1965]); Übersetzung aus dem Englischen von Rainer Funk; GA XI, S. 593–596. – Copyright © 2020 by Erich Fromm Estate.